U0560598

本书为浙江工业大学人文社会科学后期资助项目及日本欧亚财团资助项目
"Language Science and Technology Toward Asian Community"研究成果，
并受到浙江工业大学外国语学院学术专著出版基金资助

论元显著性与句子加工

有关语序、格标记、有生性的神经类型学发现

王路明◎著

ZHEJIANG UNIVERSITY PRESS
浙江大学出版社
·杭州·

图书在版编目（CIP）数据

论元显著性与句子加工：有关语序、格标记、有生性的神经类型学发现 / 王路明著. —杭州：浙江大学出版社，2023.6
  ISBN 978-7-308-23870-0

  Ⅰ．①论… Ⅱ．①王… Ⅲ．①神经语言学－研究 Ⅳ．①H0-05

中国国家版本馆 CIP 数据核字（2023）第 099390 号

论元显著性与句子加工

——有关语序、格标记、有生性的神经类型学发现

王路明　著

责任编辑　蔡圆圆
责任校对　许艺涛
封面设计　续设计
出版发行　浙江大学出版社
　　　　　（杭州市天目山路 148 号　邮政编码 310007）
　　　　　（网址：http://www.zjupress.com）
排　　版　浙江时代出版服务有限公司
印　　刷　广东虎彩云印刷有限公司绍兴分公司
开　　本　710mm×1000mm　1/16
印　　张　16.25
字　　数　232 千
版 印 次　2023 年 6 月第 1 版　2023 年 6 月第 1 次印刷
书　　号　ISBN 978-7-308-23870-0
定　　价　78.00 元

版权所有　侵权必究　印装差错　负责调换

浙江大学出版社市场运营中心联系方式：(0571) 88925591；http://zjdxcbs.tmall.com

前　言

　　世界语言具有多样性，而大脑是进行语言加工的唯一的生物学基础。大脑如何加工语言？不同语言在加工时又表现出怎样的共性和差异？随着认知神经科学技术在句子加工领域的运用和普及，我们可以更直接、更准确地回答这些问题。本书从跨语言视角介绍简单句加工的经典理论、认知神经模型以及相应的脑电研究成果，旨在为初涉神经语言学的师生提供一定的理论基础和实证参考。

　　本书关注简单句加工。简单句是我们日常使用的最基本句式，又称无标记句式，其结构看似简单，却在心理语言学中长期占据句子加工的主要议题，也是各种理论观点进行交锋的重要阵地。这种局面一直延续至今，从心理语言学到神经语言学，当我们能够借助更加灵敏的脑电技术锁定简单句中的各个成分，能够直接观测到某一成分上精确到毫秒的大脑反应，那么重审简单句加工，验证各种理论，甚至构建新的理论模型也就成为必然。

　　句子加工过程涉及多种信息，本书将聚焦语序、格标记和有生性这三种信息，考察它们在简单句加工中的作用。选择它们的原因是：首先，它们是跨语言存在的语法范畴，都是参与题元角色分配的显著性信息，我们可以比较它们在不同语言中的作用，从而找出句子加工的跨语言共性和差异；其次，它们具有悠久的语言类型学和心理语言学的研究传统，对它们进行神经语言学研究也可以为今后研究其他显著性信息提供范式。在这三种信息中，中国读者可能对格标记比较陌生，因为汉语没有格标记或者说没有外显的格标记，英语也只有少数几个代表形式。但是放眼世界，具有格标记的语言数量众多，而且格标记与语序、有生性有着千丝万缕的联系，这为我们认识其他语言、了解信息之间的相互作用带来很多启示。

从学科角度来看，这本书的研究成果受益于语言类型学和神经语言学的合作对话。众所周知，语言类型学和心理语言学的合作由来已久，随着神经语言学对心理语言学的继承和发展，语言类型学和神经语言学之间的对话也水到渠成。2006年至2009年在德国莱比锡的两大马普研究所，即演化人类学马普研究所（MPI for Evolutionary Anthropology）和人类认知与脑科学马普研究所（MPI for Human Cognitive and Brain Sciences）分别聚集了一批语言类型学和神经语言学的世界级顶尖学者，使得这两个领域的融合成为可能，其中由青年学者巴尔塔泽·比克尔（Balthasar Bickel）和伊娜·邦可塞尔-史莱塞夫斯基（Ina Bornkessel-Schlesewsky）共同成立的神经类型学（Neurotypology）课题组就是标志性产物。本人有幸目睹和参与神经类型学的成长，与来自不同国家的博士生接受语言学和实证科学的训练。安吉拉·弗里德里西（Angela Friederici）、伯纳德·考姆利（Bernard Comrie）、马丁·哈思贝尔马斯（Martin Haspelmath）、罗伯特·范·范林（Robert Van Vanlin）、安德烈·马尔丘科夫（Andrej Malchukov）、迈克尔·西萨夫（Michael Cysouw），这些在书中结识的如雷贯耳的名字变成在身边行走的活生生的人。能够聆听他们的讲座，收获点评和洞见，时至今日，仍然有一种在学术殿堂里徜徉的梦境之感。

合作带来共赢。如何把握语言的共性和差异是语言类型学和神经语言学研究者的共同话题。语言类型学的跨语言概括为神经语言学研究者提供了实证灵感和完善句子加工模型的动力，而神经语言学的实证结果也促使语言类型学研究者把目光从语言特征的统计描述转向人类大脑深处，探索语言多样性背后共通的神经机制，尝试从句子加工方式异同的角度看待世界语言类型。

　　回国后本人始终站在本科教育第一线。2019 年 1 月落成的浙江工业大学"跨语言对比与脑科学实验室"已成为科研育人平台。许多优秀学子进入国内外知名学府进行语言学(包括语言类型学、心理/神经语言学、计算语言学等)深造。本人深知神经语言学对广大文科背景的师生而言具有一定技术门槛,但是环顾四周,我们的生活早已离不开现代技术,现代语言学也不例外,更何况是倚重技术的神经语言学。事实上,即便是已经入门的专业人员也需要不断学习新的数据分析技术,努力跟上国际同行步伐。但在这本书中,本人更看重为什么要进行实验,有意压缩了许多实验的技术细节(包括实验设计、数据分析、统计结果各个方面,除了第五章略为详细),旨在向读者传递这样的信号:神经语言学绝非只是利用实验技术去印证一些语言学理论,而是利用实验技术去解决语言学理论上还未解决的问题,更何况神经语言学从诞生那刻起就有超越语言学、认识大脑的自身取向。

　　年轻一代永远是一门学科的生力军。对于今后想从事神经语言学特别是神经类型学研究的有志青年,除了建议跟踪国内外相关课题组的最新成果,本人还推荐语言结构的在线世界图集(The World Atlas of Language Structure Online)(Haspelmath,Dryer,Gil,& Comrie,2008),这是线上公开的查询世界语言特征分布的语料库,集成了语言类型学学者大规模跨语言调查的成果。也推荐三个心理/神经语言学界最知名的国际年会,一个是始于1988 年,每年 3 月在美国不同城市举办的人类句子加工大会(CUNY,2022年起改称 Human Sentence Processing,HSP);另一个是始于 1995 年,每年 9月在欧洲不同城市举办的语言加工机制大会(Architectures and Mechanisms for Language Processing,AMLaP)。这两个学会都只安排了一个主会场,以口头发表的形式介绍重量级的前沿发现,其他发表皆以海报形式给志趣相同者充分的交流时间。这两大会议在 2020 年起受到全球新冠疫情的影响,启动了线上会议的形式。最后一个国际会议相对年轻但是影响力不容忽视,它就是2010 年 11 月成立的语言神经生物学学会(Society for the Neurobiology of Language,SNL),该学会通常在每年 8 月或 10 月的欧美不同城市举办年会。与上述两大会议相比，该会议更具神经生物学色彩，吸引了神经语言学队伍中那些有着强烈生物学志趣的研究者以及对语言加工感兴趣的脑解剖专家。近年来神经语言学领域顶尖期刊如《脑与语言》（*Brain and Language*）、《语言、认知与神经科学》（*Language, Cognition and Neuroscience*）[前身为《语言与认知加工》（*Language and Cognitive Processes*）]也越来越看重语言加工背后的神经生物学机制。

本人在写作过程中，立足跨语言视角，尽可能多地展现不同语言的实验发现。同时，在案例的挑选上，也尽可能多地选择那些能够加深我们对句子加工理解的实验，避免简单堆砌同类实验。本书共有六章，具体安排如下：第一章为句子加工概论，介绍句子加工的基本原则、神经类型学的基本思想、早期有关语序、格标记、有生性的心理语言学理论和实验发现；第二章介绍脑电和事件相关电位的原理和方法；第三章介绍神经类型学的研究成果，即扩展的论元依存模型，它是基于跨语言脑电实验数据而构建起来的句子加工认知神经模型。在这一模型框架下，语序、格标记和有生性都是参与题元角色分配的论元显著性信息。前三章奠定了基础理论和研究方法。第四章和第五章是实证研究，在扩展的论元依存模型下演绎母语加工和二语加工中论元显著性信息的作用。第六章是跨语言视角下的句子加工研究展望。

本人所在的外国语学院尝试在本科阶段开展一些跨语言工作和实证训练。在中国影响力日益增强的当今世界，我们期待更多具有全球视野的青年人投身于神经语言学领域，共同推动汉语研究的现代化和国际化。成稿过程中，本人由衷地感谢家人提供安静的书桌，也由衷地感谢2014年以来不断在我身边涌现的优秀学子们，他们的迷茫和求索也在不断刺激科研人承担更多教书育人的责任。本书存在瑕疵以及不尽如人意之处，皆受本人认知和精力所限，将来若有修订机会，当推出2.0版、3.0版直至满意。

目　录

母语和二语加工实证篇

总结和展望篇

基础理论和方法篇

第一章　句子加工

　　语言是人类交际的工具,也是人类区别于动物的重要特征。目前世界上有 7000 多种语言,它们的音系、形态、句法各有不同。尽管语言如此多样,加工语言的生物学基础却只有一个,那就是人类的大脑。因此,大脑在理解或产出语言时一定遵循某些原则定律,而这些原则定律应当具备跨语言类型和跨句子类型的普遍意义。以语言理解为例,当我们聆听句子或者阅读句子时,首先需要识别听觉信号或者视觉信号,将最小单位的音素或者语素组建成词语,联结词语的语义特征和句法特征。然后根据词性、屈折变化、语序、格标记和有生性等信息,进一步构建句法结构,联结词义获得句义。有时上下文的语境等句外因素也会影响句义。可见语言理解的过程十分复杂,但人类大脑似乎在眨眼之间就能完成上述任务。

　　人类大脑的这种高效性值得深思。句子具有歧义(ambiguity),一个词语或词组往往具有多种含义,一个句子也可能具有多种结构和解读。如果从句子加工的角度看待句子,那么歧义更是普遍存在,因为在这一角度下句子不再是文本中的静态模样,而是随着时间推移而展开的动态形式,只要句子还没结束,就会存在歧义。例如"董事长解雇了李经理十分信任的一个工人",大脑在听到"李经理"时会把句子解读为"董事长解雇了李经理",然而"十分"一出现,就需要修正原先的解读。可见,在"李经理"处是有句子歧义的,而这种歧义是短暂的,局部的,是可以随着句子的展开而消除的。在这个意义上,理解句子的过程就是不断消除歧义,从不确定到确定句义的过程。

语言用于传递信息。通常我们利用简单句中的及物句子表达一个事件,而事件往往涉及几个参与者及他们之间的作用力。此时句子理解的任务就是消除题元歧义,确定"谁对谁做了什么"(who did what to whom)。第一个"谁"是施事(actor),动作的发起者;第二个"谁"是受事(undergoer),动作的承受者。① 两者是施受关系。虽然简单句加工是心理语言学的主要议题之一,但是特殊句式加工更受关注,如关系从句、被动句、双宾语句、话题句、特殊疑问句等的加工。这一方面是受到语言学理论(无论是形式语言学派还是功能语言学派)关注点的影响,另一方面也是受研究方法所限,因为用于测试特殊句式的手段如内省式观察、问卷调查或行为实验很难用于简单句研究。简单句本身结构十分简单,不及物句只有一个谓语动词和一个论元,普通及物句只有一个谓语动词和两个论元。有些简单句不是合不合语法的问题,而是自不自然的问题。即使母语者听完或者看完整个句子也很难分辨出句子之间的微妙区别,更不用说在句子展开过程中对某一个词语做出反应了。因此,简单句研究需要更灵敏的测试手段,如脑电和事件相关电位技术。该技术能够连续地实时记录整个句子,同时又能够锁定句中任何一个词,观测精确到毫秒的大脑反应。借助这一技术,我们可以看到之前无法看到的简单句加工细节,因此重审以往句子加工理论模型,构建认知神经模型也就成为必然。

本章首先介绍句子加工的基本原则、神经类型学的基本思想,指出句子消歧过程中也就是题元分配过程中的跨语言共性和差异;之后介绍早期关于语序、格标记和有生性的语言类型学发现和心理语言学研究,这为它们成为论元显著性信息奠定了理论基础。

---

① 在后文提到的扩展的论元依存模型中,施事为 actor,受事为 undergoer,在语义上它们对应于典型的 agent 和 patient,但包含了更为广泛的语义角色对立。本书沿用该称谓。

第一节　递增原则

　　世界语言形态各异，类型有别，但语言加工总是遵循"递增原则"（Incrementality）。该原则的意思是，在理解句子的过程中，大脑负责加工语言的机制即语言加工机制总是尽可能快地将刚出现的词整合到当下建立好的句子表征中去，而不是等到句子最后一个词出现才开始构建句子表征（e. g. Marslen-Wilson，1973；Crocker，2005；Stabler，1994）。以"董事长解雇了李经理十分信任的一个工人"这个句子为例，"董事长"一出现，语言加工机制就开始预测下一个词；"解雇了"一出现，就立即将其与"董事长"整合，建立起"董事长解雇了"的句子表征；"李经理"一出现，就立即将其与"董事长解雇了"整合，更新之前的句子表征，形成"董事长解雇了李经理"的句子表征；而当"十分"一出现，就会意识到目前的句子表征是错误的，是需要修正的，因为这并不是一个主谓宾（SVO）句子。可见，人类大脑善于在歧义（句子信息不完整的）情况下对句子进行解读，即使有解读错误的风险。这种加工方式可以避免在工作记忆中保存一长条单词串，从而降低记忆负荷，提高交际效率（cf. Frazier & Fodor，1978；Pickering & Garrod，2004）。虽然不同语言加工模型在句子加工的具体方式上存在意见分歧，但几乎所有模型都默认句子加工遵循递增原则（Crocker，1994，2005；Stabler，1994）。

　　我们也可以通过考察动词后置型（SOV）语言推导递增原则。在这些语言中，动词通常出现在句子的末尾。长期以来动词被认为是句子中最关键的成分，它不仅承载时体信息，还携带与其他句子成分有关的语义信息。也就是说，动词语义决定了有多少名词论元出现在句子所表达的事件中，应该给这些论元分配什么语义角色（或称题元角色）。例如，不及物动词"跑步"只能带一个论元，在"运动员跑步"这个句子中执行跑步动作的主体（agent）"是运动员"；及物动词"打扫了"带两个论元，在"志愿者打扫了房间"这个句子中分别是主体"志愿者"和客体（patient）"房间"。双宾动词"给"带三个论元，在"朋友给我两张电影票"这个句子中，主体是"朋友"，给予的对象（recipient）是"我"，给予的东西（theme）是"两张电影票"。

既然动词如此重要，那么句子理解就真的取决于动词吗？假设动词对句子理解具有决定性的作用，那么我们可以推测 SOV 语言的句子理解势必落后于 SVO 语言，因为语言加工机制需要等到句末动词出现才能解读句义。显然这不是事实。至少日语、土耳其语、德语以及荷兰语等这些 SOV 语言的母语者并没有因为动词后置而出现理解迟缓（实证研究参见 Bornkessel-Schlesewsky & Schlesewsky，2009a）。而且这个推测也与语言类型学上的观察相左。逻辑上，按照简单句中三个成分，主语（S）、宾语（O）和谓语动词（V）的位置，存在 6 种可能的语序。Crystal（1997）发现 SOV 和 SVO 语言占据世界语言的 75% 以上。Dryer（2005）做了更为细致的调查，他采集了 1228 个语言样本，发现 6 种语序都真实存在，按照语序类型从多到少依次为：SOV 语言 497 个，SVO 语言有 436 个，VSO 有 85 个，VOS 有 26 个，OVS 有 9 个，OSV 有 4 个，另有 171 个语言缺少稳定的常规语序。可见，SOV 是世界上最常见的语序，其次是 SVO。如果句子理解因动词后置而落后，那么就无法解释为什么世界语言会演化出比 SVO 语言还多的 SOV 语言；同理，如果句子理解因动词前置而领先，那么也就无法解释为什么世界语言没有演化出更多的 VSO 和 VOS 语言，相反这种类型的语言却十分少见。显然，句子理解以动词为中心的观点是很难成立的。一个更合理、更高效的加工方式是，从句子展开的那一刻起就递增加工，无须等到动词出现。

此外，大量实证研究结果也证明句子加工遵循递增原则。在实时解歧的过程中，语言加工机制往往需要在句子信息还不完整的情况下对句子进行解读。例如，句子"John said the man died yesterday"（逐词翻译：乔说那个男人死了昨天）有两种解读：第一种是"the man died yesterday"，这个男人昨天死了,yesterday 修饰从句动词 died;第二种是"John said yesterday",乔昨天说,yesterday 修饰主句动词 said。Kimball(1973)发现,当语言加工机制不得不从第一种解读切换到第二种解读时,就会产生再分析(reanalysis)成本。这说明语言加工机制在句末副词 yesterday 出现之前就已经确立了某种解读。

歧义有强有弱(Sturt & Crocker,1996)。"董事长解雇了李经理十分信任的一个工人"这个句子在展开过程中有歧义,但是这种歧义比较弱,我们可以轻易地从一个简单句解读(董事长解雇了李经理)切换成一个关系从句解读(解雇的不是李经理,而是他十分信任的工人),再分析成本比较低。而有些句子的歧义很强,再分析成本比较高,甚至高到语言加工机制放弃再分析,产生所谓的"花园路径效应"(garden path effects)。顾名思义,就是人们深信沿着某条路径就能走出花园,却在路的尽头被告知此路不通,从而产生巨大的挫败感。一个典型的花园路径句是"The horse raced past the barn fell"(Bever,1970)。注意该句逐词翻译成汉语的话是"这匹马跑过谷仓摔倒了",这是一个有着两个谓语动词的连动句式,符合汉语语法。然而在英语语法中,句子不可能有两个谓语动词。因此,当句末动词"fell"出现时,很多英语母语者会误认为该句不合法。这说明在"fell"出现之前,语言加工机制就已经建立起"The horse raced past the barn"(这匹马跑过了谷仓)的句子表征,该表征是如此完整及牢固,以至于语言加工机制在遇到"fell"时会直接判定该句子不合语法,放弃再分析。我们来看看该句的再分析成本:首先,需要意识到 raced 可以是及物动词,horse 是其宾语,race the horse,使马跑;其次,需要把 raced 视为及物动词的被动形式,做关系从句中的谓语,修饰中心词 horse;最后,需要认识到这是简化关系从句,省略 which was,即"The horse [(which was) raced past the barn]$_{RC}$ fell"。花园路径句有力地证明了句子加工遵循递增原则,不等所有句子成分出现,语言加工机制就已经构建起某种句子表征,否则就不会产生后面的解读冲突乃至解读失败。

按照递增原则,当语言加工机制面对简单句的第一个论元(后称句首论元),即使这个论元有歧义,也会对其进行解读,以最大限度地完成语言形式到意义的匹配。那么,随着句子的动态展开,语言加工机制如何解读歧义论元就值得探讨:是先分配句法角色后分配语义角色,还是两者同时进行? 是利用论元的何种特征进行角色分配? 前一个问题是心理语言学理论模型一直关注的问题,这种关注也延续到神经语言学领域,使得研究人员采用更加灵敏的实验(如脑电技术)进行测试;后一个问题需要面对来自世界语言多样性的挑战。论元角色分配过程如何受到一般认知规律和语言特性的制约,这需要跨语言考证。

第二节　神经类型学

　　德国学者伊娜·邦可塞尔-史莱塞夫斯基和马蒂亚斯·史莱塞夫斯基长期关注句子加工中的跨语言共性和差异,致力于构建句子加工的认知神经模型,于 2013 年提出神经类型学(Neurotypology,Bornkessel-Schlesewsky & Schlesewsky,2013a)。神经类型学结合了语言类型学的跨语言洞见和神经语言学的实证方法。它的一个基本假设是人类语言的结构与人类大脑的结构功能密切相关。该假设继承了 Bever(1970)提出的"语言结构的认知基础",并且将大脑引入语言和认知关系的讨论,如图 1.1 所示。

图 1.1　神经类型学视角下语言、大脑和认知的关系示意

出自:Bornkessel-Schlesewsky & Schlesewsky,2013a。

　　如图 1.1 所示,两位学者认为大脑可以直接影响语言,也可以通过认知间接影响语言。因此,我们探讨的机制或是表征可能为语言加工所特有,也可能为一般认知加工所共有。研究大脑和语言的路径可以是双向的:一方面,我们通过研究大脑的工作方式来试图理解语言;另一方面,我们通过研究语言来解释大脑功能。但是无论从哪条路径切入,都必须面对语言多样性,因为它不仅是人类语言的自然特征,也是语言与其他认知能力的区别性特征。

　　语言多样性对于理解语言加工机制至关重要。在如何把握语言多样性这一问题上,神经类型学借鉴了以往"竞争模型"的做法(Competition Model,

CM. Bates，McNew，MacWhinney，Devescovi，& Smith，1982；MacWhinney & Bate，1989）。CM 认为句子理解是一个从语言形式到意义的匹配过程，该过程涉及语序、格标记、一致性、有生性等多种线索（cues）的竞争。不同语言的使用者或多或少地依赖一些线索完成从形式到意义的匹配，也就是完成题元分配。对一个线索的依赖程度取决于这个线索在该语言中的强度（cue strength）。线索强度来自于线索有效性（cue validity），线索有效性取决于线索可利用性（cue applicability，该线索总是可以利用）和线索可靠性（cue reliability，该线索总是清晰准确地指引句子解读）。CM 研究者比较了十多种语言的行为实验结果，证实了线索有效性确实能够很好地预测线索强度，进而预测整个句子的解读，也就是题元角色分配的结果。例如，英语者主要依赖语序信息，意大利语者主要依赖一致性，德语者主要依赖格标记（当格标记十分明晰时），而汉语者主要依赖有生性（MacWhinney，Bates，& Kliegl，1984；Li，Bates，& MacWhinney，1993）。因此，语言与语言之间的差异可视为线索强度上的差异，这是一种量性差异。神经类型学研究者基于不同语言的脑电实验结果，进一步提出一个句子加工的跨语言认知神经模型，即"扩展的论元依存模型"（The extended Argument Dependency Model，eADM）。他们发现不同语言不但有线索强度上的量性差异，还有脑电成分上的质性差异。也就是说，不同强度的线索可能会造成不同性质的脑电成分。题元颠倒句加工就是一个很好的例子，同样是题元颠倒句加工，在不同语言中诱发了不同的脑电成分（详见第三章）。

大量行为实验和脑电实验数据指向句子加工的跨语言差异。除了考虑如何模型化这些跨语言差异之外，神经类型学研究者也同样关注句子加工的跨语言共性。至今为止一个反复被证实的句子加工的跨语言共性是施受非对称性（Actor-Undergoer Asymmetry）。

在语言学理论中，施事和受事属于语义角色或题元角色，可以借助主语和宾语这些句法角色来表现，但并不总是和主语、宾语一一对应。比如，在主动语态的及物句中,主语就是施事,但在被动语态中,主语是受事而不是施事。这些不对应的情况说明句法角色和语义角色是属于两个不同层面上的语法分析。我们很容易从形态句法角度定义句法角色,比如通过语序、格标记等来定义主语或者宾语,却很难清晰地穷尽地定义语义角色。这是因为语义角色取决于动词,而动词种类繁多。这会产生一个问题,就是滋生大量语义角色,并且语义角色之间的边界也很模糊。除了典型的施事和受事(如"杀死""殴打""盗窃"等动词所带的语义角色)之外,还有认知者(如"思考""相信""知道"等动词)、感知者(如"品尝""听到""感觉"等动词),与事("交给""送给""接受"等动词),等等。因此,有学者把这些语义角色归并成数量有限的大类,形成了宏观语义角色。他们将类似于施事的语义角色统称为广义施事,类似于受事的语义角色统称为广义受事(参见 macroroles,Foley & Van Valin,1984;Van Valin & LaPolla,1997;Van Valin,2005;或者 protoroles,Dowty,1991;Primus,1999)。在语法层面,施受非对称性是指施事和受事语义地位的不对称,即受事在语义上依赖施事,而反过来,施事却不一定依赖受事(Primus,1999;张伯江,2016)。

神经类型学所说的施事和受事正是这种广义的施事和受事(generalised semantic roles,GSR)。Bornkessel-Schlesewsky 和 Schlesewsky(2009b)认为在句子加工层面上,施受非对称性体现为语言加工机制总是试图又快又准地识别施事而不是受事。具体表现为两个加工偏好:第一个是语言加工机制总是偏好把句首论元(NP1)分析为主语,当句子被解歧为一个及物事件时,那么语言加工机制会偏好施事先于受事的语序而不是受事先于施事的语序;第二个是语言加工机制总是偏好典型的施事,一个典型的施事具备自主性(有意参与事件或状态)、感知性(能感知事件或状态)、使因性(是导致事件另一参与者状态变化的原因)、移位性(相对于事件另一参与者发生位置移动),而对受事却没有典型性方面的要求(并不要求受事必须是无生物体)。可见,典型的施事通常是人而非物(贾广珍,刘友谊,舒华,方小萍,2013;董燕萍,蔡振光,2007)。注意,即使一个无生论元带了主格标记或是处在句首位置也不能被认为是典型施事,因为它不满足上述自主性、感知性等要求。

第一个施事在先的语序偏好广泛见于不同语言的句子加工。早期心理语言学文献将其称为"主语优势"(subject preference),因为早期实验主要以印欧语为语料,相关的心理学理论模型也都构建在"主语"这个概念之上。随着实验语料从印欧语扩大到非印欧语,实验手段从行为实验进化到脑电实验,神经类型学研究者在"主语"概念十分有争议的非印欧语中也观测到了主语优势,并从语言加工机制尽可能减少语义依存的角度解释这种优势,指出以往的句法理论或频率理论会面临解释困难(详见第一章第三节和第四章第一节)。主语优势不能等同于施事优势,因为前者出现在句首歧义论元,而后者出现在句子被解歧为及物句子之时。第二个典型施事偏好也在不同语言中得到广泛证实。当一个论元被分析为施事而该论元又是无生名词(故为非典型施事)时,总是造成加工负荷,诱发同一种脑电成分(N400,详见第二章)。并且该效应与有生性在被测语言中的强度无关,无论是在句子加工不依赖有生性的英语中,还是在句子加工十分倚重有生性的汉语中,都能观测到这个效应。因此,神经类型学研究者指出,CM框架下不同语言在线索强度上的量性差异既可以表现为不同性质的脑电成分,反映不同的神经机制(如前文提到的题元颠倒句加工,详见第三章第三节),也可以表现为相同性质的脑电成分,反映相同的神经机制(如非典型施事加工,详见第四章第三节)。

神经类型学研究者还发现,当句子只有一个论元(句首论元)时并没有典型施事偏好,该偏好只出现在句子有一个以上论元时,此时多个论元将竞争施事角色,而语言加工机制将通过比较论元的显著性(prominence)选择那个更典型的论元做施事(Bornkessel-Schlesewsky & Schlesewsky,2009b)。根据区别性原则(distinctness),参与事件的两个论元需要在尽可能多的显著性等级上尽可能大地区别彼此。通常显著性越是不同的两个论元,就越有利于构建施受关系,否则将产生相似性干扰(similarity-based interference,Gordon,Hendrick,& Johnson,2001;Lewis,Vasishth,& Van Dyke 2006;Van Dyker & McElree,2006)。显著性等级包括语序(第一论元＞第二论元)、格标记(在主宾型语言中:主格＞宾格)、有生性(有生＞无生)等。显然,显著性更高的论元(即位于大于号左边的论元)是更典型的施事。这种"竞争"观点能够解释为什么会有典型施事的偏好,也能够解释为什么没有典型受事的偏好,因为多个论元只竞争施事角色而不是受事角色。

综上,神经类型学继承了 CM 的跨语言研究成果,并且借助脑电技术进一步挖掘句子加工的跨语言共性和差异,形成一个新的句子加工模型,即句子加工的跨语言认知神经模型 eADM。它指出施受非对称性是一个跨语言存在的普遍规律,施事角色在句子加工中具有特殊的认知地位(Bornkessel-Schlesewsky & Schlesewsky,2013a)。句子加工的过程就是消除题元歧义(题元分配)的过程,语言加工机制首先要确认的是施事角色。在消歧过程中,不同语言会依赖不同线索,这些线索在 eADM 中又被称为显著性等级或显著性信息。下面,我们将逐一介绍语序、格标记和有生性这三个显著性信息的过往研究,这些研究既有早期语言类型学上的观察,也有早期心理语言学的实证结果。

第三节　论元显著性

一、语　序

　　语序是句子成分的线性序列。Steele(1978)将世界语言分为允许语序变化和不允许语序变化两类,发现约 70% 以上的语言属于前者,这说明大部分语言的语序比较灵活。从这个角度看,英语显得比较特殊,它的语序十分固定,不允许随意改变。在英语中,"John killed Mary"(乔杀死了玛丽)只能意味着 John 是凶手,Mary 是被杀的对象。如果调换句子成分的位置,变成"Mary killed John"(玛丽杀死了乔),那么将彻底改变句义。而在语序相对灵活的德语、日语或土耳其语中,只要通过宾格表明 Mary 是宾语,或者通过主谓一致性表明 John 是主语,就允许 Mary 出现在 John 的前面而不改变原来的句义。因此,这些语言中的语序并不像在英语中那样具有改变句义的作用。可见,在具有严格语序的语言中,语序与句法和语义角色之间有着直接的对应关系:在一个主动语态句子中,第一个论元对应主语或施事,第二个论元对应宾语或受事;而在具有灵活语序的语言中,这样的对应关系就很难成立。

　　主语优势最早见于印欧语的简单句加工和关系从句加工中。它是指语言加工机制偏好把歧义 NP1 分析为主语而非宾语,或者偏好主语关系从句而非宾语关系从句。关系从句加工中的主语优势将在有生性这节进行介绍,这里我们主要关注简单句加工中的主语优势。

　　大量印欧语的实验研究都一致发现了主语优势。相对于主语在先的句子,宾语在先的句子出现加工困难,如英语(King & Just,1991;Lee,2004)、德语(Bader & Meng,1999;Schriefers, Friederici, & Kühn,1995;Haupt,

Schlesewsky，Roehm，Friederici，& Bornkessel-Schlesewsky，2008）、荷兰语（Frazier & Flores d'Arcais，1989）、法语（Holmes & O'Regan，1981）、意大利语（de Vincenzi，1991；Penolazzi，de Vincenzi，Angrilli，& Job，2005）、西班牙语（Casado，Martín-Loeches，Muñoz，& Fernández-Frías，2005）、巴斯克语（Erdocia，Laka，Mestres-Missé，& Rodriguez-Fornells，2009）等。[①] 但是如何解释这一效应，学界却有着不同的看法。下面我们展示不同语言、不同句型中发现的主语优势效应，回顾那些具有代表性的心理语言学理论。

Gorrell（1996）考察了德语陈述句的句首论元歧义现象。德语句子由"前区—限定动词—中区—非限定动词"构成。[②] 限定动词之前是句子的前区（Vorfeld，'prefield'），限定动词和非限定动词之间是句子的中区（Mittelfeld，'middlefield'）。前区可以是名词或者时间副词等成分，但主句的谓语动词必须跟在第一个成分之后，遵循"动词第二位"规则，如（1.1）所示。如果中区是一个从句，那么从句的谓语动词必须居后，形成 SOV 或 OSV 语序（参见第二章例句2.2—2.4，第四章例句4.8）。生成语法认为德语的常规语序是 SOV，就是指中区从句中的 SOV 语序，而主句语序是从 SOV 中移位而来（e.g. Haider，1993）。中区从句中的 OSV 语序被称为宾语倒置句（scrambling sentence，e.g. Haider & Rosengren，2003，详见第四章第一节）。[③]

---

① 对于中国读者耳熟能详的语言，我们采用它们的中文称呼，如英语、日语、德语、意大利语、西班牙语、土耳其语、拉丁语等；而对于中国读者不太熟悉的语言，我们采用它们的英文称呼，如 Hindi 语、Manipuri 语、Fore 语等，以方便读者查阅相关文献。出于跨语言比较和节省空间的考虑，我们统一使用英语对不同语言的例句进行注释，在行文过程中使用汉语进行说明。

② 限定性（finiteness）对于印欧语而言非常重要，因为在这些语言中句子是由一个主语和一个限定动词（finite verb）构成的。限定动词有时态变化，主要包括普通动词（如 plays，played）和助动词（am/is/are，has/have，does/do，was/were，had，did）；非限定动词（non-finite verb）无时态变化，它包括动名词、不定式、现在分词和过去分词。然而，限定性并不适用于汉语，因为汉语动词没有屈折变化，无限定和非限定之分。

③ 在本书中"倒置"只用来描述一种语序变化，而不是取其转化生成的定义（Ross，1967）。此外，在德语中，倒置是特指中区语序的变化，而不是泛指所有语序的变化。

(1.1)德语，陈述句，出自 Gorrell(1996)

a. SO Die Frau   sah   den Mann.

     [the woman]$_{NOM/ACC}$ saw   [the man]$_{ACC}$

     'The woman saw the man.'

b. OS Die Frau   sah   der Mann.

     [the woman]$_{NOM/ACC}$ saw   [the man]$_{NOM}$

     'The man saw the woman.'

    德语是格标记语言，一个名词带什么格，通常表现在它前面的冠词形态上。冠词随名词的性(gender)和格(case)而发生形态变化。例如，阳性名词 Mann 做主语，前面冠词是 der；做宾语的话，前面冠词则是 den。可是在(1.1)中，NP1 是阴性名词 Frau，无论其做主语还是宾语，前面的冠词都是 die，因此 Die Frau 具有主宾语歧义(subject-object ambiguity)。在德语中，一个句子中不能出现重复的格标记，即两个论元不能同时带主格或宾格，第二个论元(NP2)的出现就能消除 NP1 的歧义：(1.1a)中，NP2(den Mann)是宾语，则 NP1 为主语；(1.1b)中，NP2(der Mann)是主语，则 NP1 为宾语。

    在一个阅读实验中，Hemforth(1993)发现，当德语主句解歧为一个宾语在先的句子时，相较于主语在先的句子，阅读速度会显著放慢。也就是说，(1.1b)比(1.1a)更难加工，从而证明主语优势。与 Frazier 和 Fodor(1978)提出的"最小附加定律"(Minimal Attachment Principle)相似，Gorrell 提出了"简单性"(simplicity, Gorrell, 1996)或者"最小结构构建"理论(Minimal Structure Building, Gorrell, 2000)。他认为主语在先句子的句法结构比宾语在先句子更为简单，从而产生主语优势。显然，这一类理论是单纯比较主语和宾语的句法位置推导主语优势的。但是，这种句法分析能否解释所有情况还存有争议(cf. Schwartz & Vikner, 1996; Gärtner & Steinbach, 2003a, 2003b)。

　　早期测试语序优势的句型除了陈述句,还有一个是特殊疑问句。Frazier 和 Flores d'Arcais(1989)首次研究了荷兰语中的语序优势,采用了语法判断任务。

(1.2)荷兰语,特殊疑问句,出自 Frazier & Flores d'Arcais(1989)

a. SO　　Welke arbeiders　　　　　prijzen　　de voorman?

　　　　[which workers]$_{NOM/ACC, PL}$　praise$_{PL}$　[the foreman]$_{SG}$

　　　　'Which workers praise the foreman?'

b. OS　　Welke arbeiders　　　　　prijst　　de voorman?

　　　　[which workers]$_{NOM/ACC, PL}$　praise$_{SG}$　[the foreman]$_{SG}$

　　　　'Which workers does the foreman praise?'

c. SO-aux　Welke arbeiders　　　　hebben　de voorman　　geprezen?

　　　　[which workers]$_{NOM/ACC, PL}$　have$_{PL}$　[the foreman]$_{SG}$　praise$_{PSTP}$

　　　　'Which workers have praised the foreman?'

d. OS-aux　Welke arbeiders　　　　heeft　　de voorman　　geprezen?

　　　　[which workers]$_{NOM/ACC, PL}$　has$_{SG}$　[the foreman]$_{SG}$　praise$_{PSTP}$

　　　　'Which workers have the foreman praised?'

　　荷兰语在形态句法上与德语十分接近。在主句中也是遵循动词第二位规则。(1.2)中限定动词(1.2a/b:prijzen,prijst;1.2c/d:hebben 和 heeft)占据句子第二位。句首疑问词短语的 NP1 具有主宾语歧义,但是与(1.1)的解歧方式不同,它通过主谓一致性解歧。根据主谓一致性法则,谓语动词与句子的主语保持数(number)一致。在(1.2a/c)中,谓语动词是复数形式,而 NP2 的 de voorman 是单数形式,这就将复数形式的 NP1 解歧为主语,成为主语在先的句子;在(1.2b/d)中,谓语动词是单数形式,NP2 的 de voorman 是单数形式,这说明 NP2 是主语,NP1 是宾语,是宾语在先的句子。Frazier 等人发现,宾语在先的句子要比主语在先的句子加工更慢,正确率也更低。

他们还发现，助动词（有，无）与语序（主语在先，宾语在先）之间没有交互作用，无助动词的句子（1.2a/b）和有助动词的句子（1.2c/d）都是主语在先的句子加工更快，正确率更高。

(1.3)句首歧义特殊疑问句的结构简析

a. SO　　　Welke arbeiders prijzen　　[e　　　　[de voorman　V]$_{VP}$]$_S$?

b. OS　　　Welke arbeiders prijst　　　[de voorman　[e V]$_{VP}$]$_S$?

c. SO-aux　Welke arbeiders habben　　[e　　　　[de voorman Aux geprezen]$_{VP}$]$_S$?

d. OS-aux　Welke arbeiders heeft　　　[de voorman　[e Aux geprezen]$_{VP}$]$_S$?

为了解释这一优势，Frazier 等人提出了主动填充词策略（Active Filler Strategy）。该理论认为，NP1 移到动词前面之后，会在它原有位置上留下一个空位，如（1.3）所示，e 代表空位。移位成分与其空位之间的关系称为"填充词－空位依存关系"（Filler-Gap Dependency）。基于填充词和空位概念的理论都一致认为，句子加工过程中语言加工机制必须将填充词指派到空位上，尽管这些理论在指派过程究竟是受填充驱动还是空位驱动这一问题上还存有分歧。主动填充词策略是一个由填充词驱动的自上而下的填充空位策略，它认为语言加工机制一旦确认一个移位成分为填充词时，就会将其指派到第一个也就是句子最左边可能是空位的地方，而且这种指派行动不会延迟，在其他空位还没出现时就已经开始了。根据这一观点，NP1（Welke arbeiders）的第一个可能空位是主语位置，所以（1.3b）比（1.3a）、（1.3d）比（1.3c）都更难加工，而且这个主语优势不受助动词有无的影响。

相反，空位驱动理论如"空位作为第二手段策略"（Gap-as-Second-Resort Strategy，Fodor，1978，1979）则认为填充空位是自下而上发生的，语言加工机制只有在探测到空位的时候才开始填充空位。根据这一观点，（1.3b）应该比（1.3d）更难加工，因为前者整个 VP 只有一个空位，探测到这个空位更加困难。如果该观点成立,那么我们将会看到助动词和语序之间的交互作用,也就是说,(1.3b)相对于(1.3a)的加工困难要比(1.3d)相对于(1.3c)的加工困难更为明显,即前一个比较得出的主语优势更加明显。但是,实验结果并没有显示交互作用,这说明等待语言加工机制探测到空位才开始填充空位的假设是不正确的,实验结果支持主动填充词策略。

但是 Schlesewsky 等人指出,填充空位的发生时点要比主动填充词策略预测的还要早(Schlesewsky,Fanselow,Kliegl,& Krems,2000)。他们采用了与(1.2)类似的实验设计,测试了德语的特殊疑问句,发现早在第二位的谓语动词上,单数形式的动词相对于复数形式的动词就显示出更长的阅读时间(1.2b vs. 1.2a)。根据 Frazier 的主动填充词策略,主语优势应该发生在第一个可能空位上,即动词之后(1.3a)。但是德语的实验结果却说明主语优势早已在动词之前产生,否则就不会在动词位置上观察到宾语在先句子的加工困难。beim Graben,Saddy,Schlesewsky,& Kurths(2000)也报告了相似的实验结果。Schlesewsky 等人认为这些实验结果支持句子加工的递增原则,也就是说,语言加工机制一遇到 NP1 就将其分析为主语。Crocker(1994)也曾提出过一个改良版的主动填充词策略,"主动追踪策略"(Active Trace Strategy),表达了类似的观点。借助(1.2)解释主动追踪策略就是,当语言加工机制确认 NP1 为填充词时,它就将其指派到主语空位,同时将其分析为主语。当它遇到单数形式的动词时,需要推翻之前 NP1 为主语的解读,再分析 NP1 为宾语,导致在动词位置上阅读速度变慢。

正如(1.2)所示,无论是主动填充词策略,还是主动追踪策略,都是基于填充词与空位之间的距离:当有两个可能空位时,语言加工机制将选择与填充词距离较短(更左边)的那个空位。主动填充词策略和主动追踪策略之间的具体分歧,或者填充词驱动和空位驱动的两大理论之间的分歧,都是围绕语言加工机制在确定填充词之后"何时开始填充空位"这一问题展开。但是,不仅是填充词和空位之间的距离有歧义,填充词和非填充词的分析也会有歧义。Vincenzi(1991)首次在意大利语中考察了这种歧义,如(1.4)所示。

(1.4)意大利语,陈述句,出自 de Vincenzi(1991)

a. Ieri pomeriggio   ha richiamato il venditore   per chiedere uno sconto …

   Yesterday afternoon   called-back   the seller   [to ask for a discount]$_{IC}$

'Yesterday afternoon (someone) called back the seller to ask for a discount…'

b. Ieri pomeriggio   ha richiamato il venditore   per offrire uno sconto …

   Yesterday afternoon   called-back   the seller   [to offer a discount]$_{IC}$

'Yesterday afternoon the seller called back to offer a discount…'

    意大利语是 SVO 语言,无格标记。它有主语脱落现象(subject-drop),还允许主语出现在动词之后。因此,(1.4a/b)中"per"之前部分存在歧义:一种是该部分解读为主语脱落,"某人打给销售员电话…";另一种是该部分解读为动词后主语,"销售员打来电话…"。这种歧义通过不定式从句(infinitival clause)的合理性进行消除。(1.4a)中,不定式从句表达"要求打折"的意思,显然"某人打给销售员电话要求打折"比较合理,这句应该解歧为主语脱落;(1.4b)中,不定式从句表达"提供打折"的意思,"售货员打来电话说提供打折"比较合理,这句应该解歧为动词后主语。de Vincenzi(1991)发现在不定式从句上(1.4b)要比(1.4a)阅读时间更长,证明主语脱落的解读更有优势。de Vincenzi 认为这一结果支持"最小链环定律"(Minimal Chain Principle)。这条定律认为"Avoid postulating uncessary chain members at S-structure, but do not delay postulating required chain members"。也就是说,面对句子存在的局部歧义,语言加工机制选择原位生成的句子结构,而不是移位产生的句子结构。放在(1.4)中,就是选择(1.4a)而不是(1.4b),因为前者的代词主语是原位生成的,只是脱落了而已。而且,这条定律认为,语言加工机制在确定填充词无误之后,会将其指派给最近的空位。因此,这条定律可以解释之前有关填充词和空位距离的所有实验发现。[①]

总之，上述实验结果说明主语优势是一个在不同语言、不同句型中被重复验证的效应，尽管这些语言的常规语序有所不同（SVO 语如英语 vs. SOV 语如德语/荷兰语），主语的实现方式各异（非主语脱落型语言如英语/德语/荷兰语 vs. 主语脱落型语言如意大利语）。过往研究或单纯从句法结构出发（简单性/最小结构构建，Gorrell，1996，2000）或从填充词—空位依存关系出发（主动填充词策略，Frazier & Flores d'Arcais，1989；主动追踪策略，Crocker，1994；最小链环定律，de Vincenzi，1991）解释这一效应。但是，Bornkessel 和 Schlesewsky（2006a）指出，尽管这些理论有细微差异，但都很难解释其他语言，例如土耳其语中观测到的主语优势现象。这个语言的常规语序是 SOV，但允许主语脱落形成 OV。它有别于上述任何一种语言：英语和意大利语都不是动词后置型语序，英语、德语和荷兰语也都不允许主语脱落。在这个语言中，句首论元可以是主语，也可以是主语脱落之后十分常见的宾语。这就是说，无论 NP1 是主语，还是宾语，都是原位生成的句子成分，不涉及移位或空位。此外，目前所有理论都默认每个语言中都有一个叫"主语"的句法范畴。然而，主语是否跨语言存在也有质疑（Croft，2001；Comrie，1989；Farrell，2005），譬如汉语这样话题显赫型语言是否存在主语范畴一直有争议。它是否有主语优势，如何解释主语优势就值得思考（具体见第四章）。

二、格标记

语言类型学家很早就发现格标记（case marker）与语序紧密相关。他们观察到零标记语言（zero-marking languages）也就是主要论元不带形态标记

---

① 最小链环定律不能在德语陈述句主句中进行直接验证，因为德语句首位置（前区）通常被认为是移位产生，并不是原位生成。

的语言大多数是 SVO 语序①，例如汉语、英语（除了人称代词之外其他名词做主语或宾语并无形态变化，Sinnemäki，2010）；而格标记语言（case-marking languages）大多数是 SOV 语序，比如日语、韩语、德语、土耳其语等（Greenberg，1963）。这一观察也得到了大规模语言调查的证实。Dryer（2002）通过分析语言样本发现，在 192 个 SVO 语言中有 26 个有格标记，占比 14%；在 253 个 SOV 语言中有 181 个有格标记，占比 72%。格标记和语序相关并不是偶然，因为两者作为典型的形态句法手段都具有识别论元角色的功能：在 SVO 语言中，我们可以通过论元与动词的相对位置识别论元角色，即动词前的是主语，动词后的是宾语；而在 SOV 语言中则不能，因为动词前两个论元有歧义，语序可能是 SOV，也可能是省略主语后的（S）OV。在这种歧义情况下，格标记的出现就能有效地帮助我们区分这两个论元的角色（Van Patten & Smith，2019）。

来自句子学习实验的结果也有力证明了格标记与 SOV 语序的相关性。Van Patten 和 Smith（2015）训练英语者学习日语，由于英语是中心词在先而日语是中心词在后的语言，因此他们关注英语者能否从有限的日语输入中掌握其他中心词在后的句法结构。在学习过程中，首先，英语者需要看图并聆听表达图片义的日语句子 100 句，其中一半是 SOV 句子，如"Taro-NOM apple-ACC eats"（原文为日语），另一半是增加了处所短语的句子，如"Taro-NOM kitchen-LOC apple-ACC taberu"（原文为日语）。为了考查被试者是否听懂了日语词汇，在听完一个句子之后被试者会不时地被要求在两幅图中选择一张正确的图片，比如在听完"Taro-NOM apple-ACC eats"之后，被试者需要在太郎正在吃苹果和太郎正在画苹果两张图中选择前者。当被试者学完 100 句日语句子后，随即进入自定步速实验。在实验中被试者需要阅读日语

---

① 在无额外说明情况下，SVO、SOV 等代表这些语言在主动语态下表达一个及物事件的常规语序，此时句法角色 S（subject，主语）和 O（object，宾语）分别对应于题元角色 A（actor，施事）和 U（undergoer，受事）。因此，我们不再区分句法角色和题元角色，以"论元角色"概论之。

句子(使用罗马字拼写而非汉字)并且回答有关句义的问题。用于测试的句子都是被试者之前没有听过的新句子,其中一半是 SOV 语序,另一半是与英语相同的 SVO 语序。研究人员增加了格标记违反的句子作为填充句,却意外发现即使实验要求被试者关注句义回答问题,但几乎所有被试者都对 SOV 句子的格标记违反十分敏感,表现出明显的阅读速度下降。

由于日语是严格的 SOV 语言,没有 SVO 语序,研究人员无法训练英语者同时学习这两种语序,他们在后续研究中改用拉丁语。这门语言也是 SOV 语言,但允许 SVO,论元带有屈折性的主格或宾格标记。他们把英语者分为 SOV 组和 SVO 组,分别让他们学习 100 句拉丁语的 SOV 句子和 100 句拉丁语的 SVO 句子。过程与学习日语相同。学完随即进行测试。测试分为自定步速实验和句子理解实验。在自定步速实验中,SOV 组阅读 SOV 句子,SVO 组阅读 SVO 句子。这些句子由两个动物名词和一个动词组成,有的格标记正确(1.5a/d),有的存在格标记违反,包括双主格违反(1.5b/e)或双宾格违反(1.5c/f)。每个句子阅读完毕后被试者需要按"是"或"否"键回答一个英文问题,比如"Was this animal just named in the sentence? Bear"。在句子理解实验中,被试者需要聆听句子并从两幅图中选择那幅符合句义的图片,聆听的句子有常规语序也有非常规语序。比如 SOV 组听到常规语序的 SOV 句子,或是非常规语序的 SVO、OSV 句子;SVO 组听到常规语序的 SVO 句子,或是非常规语序的 SOV、OSV 句子。在(1.5)中, ∗ 代表格标记违反。

(1.5)拉丁语,来自 VanPatten & Smith(2019)

测试 SOV 组的句子示例

a. SOV: Ursus   tarum   amat.
         bear-NOM   bull-ACC   love
         'The bear loves the bull.'

* b. SSV：Ursus   taurus.   amat.

          bear-NOM   bull-NOM   love

* c. OOV：Ursum   taurum.   amat.

          bear-ACC   bull-ACC   love

测试 SVO 组的句子示例

d. SVO： Ursus   amat   taurum.

          bear-NOM   love   bull-ACC

          'The bear loves the bull. '

* e. SVS：Ursus   amat   taurus.

          bear-NOM   love   bull-NOM

* f. OVO：Ursum   amat   taurum.

          bear-ACC   love   bull-ACC

    自定步速实验的结果显示 SOV 组遇到格标记违反的 SOV 句子时阅读速度明显下降，然而 SVO 组遇到格标记违反的 SVO 句子时，阅读速度尽管存在个体差异，但总体上没有明显放缓。句子理解实验结果显示两组被试者在接触到非常规语序的 OSV 句子时都不能有效利用格标记去识别论元角色。研究人员推测这是被试者受到第一名词定律影响的缘故。该定律认为语言加工机制倾向于把第一个名词或者代词分析为句子的主语或是施事，这也符合我们前文所述的施受非对称性，而 OSV 语序违反了这条定律，因此被试者需要更多试次的输入才能懂得如何利用格标记去理解句子。总之，实验结果反映了相较于 SVO 语序，学习者在加工 SOV 语序时对格标记更为敏感，而在加工 OSV 语序时对格标记不敏感。该结果支持语言类型学的跨语言观察，即 SOV 语序与格标记存在强相关性。

　　事实上,在同一语言中格标记和语序也互为影响。有些格标记语言虽然语法上要求标记每一个论元,但是在日常口语中也允许格标记脱落(case drop 或称 case ellipsis),比如日语。这门语言格标记脱落背后的原因十分复杂,是音系、句法、语义以及语用等多种因素造成的(de Hoop & de Swart, 2009)。但是按前文所述,格标记的出现是为了区分两个论元角色,那么只需其中一个论元带标就能达到消除歧义的效果(de Hoop & Malchukov, 2008)。(1.6)和(1.7)展示了在日语中主语或宾语格标记脱落的可能性,无论是常规语序 SOV 还是宾语前置语序 OSV,主格"が"可以脱落,宾格"を"也可以脱落,脱落后也不改变句子原义。

(1.6)日语,SOV 语序

a. 太郎が　　　　花子を　　　　　見た。

　　Tarou-NOM　　Hanako-ACC　　saw

b. 太郎　　　　　花子を　　　　　見た。

　　Tarou-Φ　　　Hanko-ACC　　　saw

c. 太郎が　　　　花子　　　　　　見た。

　　Tarou-NOM　　Hanko-Φ　　　　saw

(1.7)日语,OSV 语序

a. 花子を　　　　太郎が　　　　　見た。

　　Hanako-ACC　　Tarou-NOM　　saw

b. 花子を　　　　太郎　　　　　　見た。

　　Hanako-ACC　　Tarou-Φ　　　saw

c. 花子　　　　　太郎が　　　　　見た。

　　Hanako-Φ　　　Tarou-NOM　　saw

有趣的是,有学者统计了日语中主语和宾语的格标记脱落频率,发现主语比宾语更不容易脱落格标记,主格脱落的句子也比宾格脱落的句子接受度更低,呈现出一个"主宾非对称性"[Subject-Object Asymmetry,Fry,2003。类似结果参见 Lee(2009)、Lee 和 Kim(2012)等人韩语的格标记脱落研究]。也有研究人员采用句子可接受度调查探索日语格标记脱落的规律,在调查中操纵语序(SOV vs. OSV)、宾语的有生性(有生命的人 vs. 无生命的物)以及主语和宾语的格标记隐现情况(主语和宾语都带标 vs. 主语不带标 vs. 宾语不带标 vs. 主语和宾语都不带标)。研究人员发现首先无论是 SOV 语序还是 OSV 语序,主语和宾语都带格标记的句子接受度最高,都不带格标记的句子接受度最低,这说明日语总体上要求主语和宾语都带标。其次虽然理论上主语和宾语的格标记都可以脱落,但调查结果支持主宾非对称性,即比起宾格脱落,日语者更不希望看到主格脱落。这种倾向会受到有生性和语序的调节,具体表现为:当宾语是无生名词时,在两个语序中,主格脱落的句子都比宾格脱落的句子接受度更低,但在 OSV 语序中两者差距有所缩小;当宾语是有生名词时,在 SOV 语序中,主格脱落仍然比宾格脱落的接受度更低,但是在 OSV 语序中则反之,宾格脱落要比主格脱落接受度更低。以(1.6)(1.7)为例,就是说当宾语是有生名词时,在 SOV 语序中(1.6b)比(1.6c)接受度低,而在 OSV 语序中(1.7c)却比(1.7b)接受度更低(Yu,2020)。该调查结果说明日语格标记脱落不是随机的,它受到主宾非对称性(也符合本书的施受非对称性)的制约,同时也会受到语序、有生性交互作用的影响。

以上我们介绍了格标记与语序关系的语言类型学研究和实验研究发现,现在考察格标记与有生性的关系。从跨语言的角度来看,格标记出现与否与论元显著性有关,后者包括有生性。语言类型学家早已关注到只有少数格标记语言对所有论元进行标记,大多数格标记语言会因为这样或那样的原因对论元进行选择性的标记。一个典型例子就是所谓的"宾语差异化标记"

(Differential Object Marking,DOM,Bossong,1985)[①],这个现象是指不少格标记语言只对部分宾语进行宾格标记,而对另一些宾语不进行宾格标记或者改用其他标记。这里我们只关注宾语带标和不带标这两种情况,讨论宾语的格标记规则。Sinnemäki(2014)调查了 223 个格标记语言,发现宾语总是带标的语言只有 45 个,而有 178 个语言的宾语或带标或不带标。影响宾语带不带标的因素很多,但最常见的是有生性和有定性,比如受有生性影响的有 52 个语言,受有定性影响的有 49 个语言,同时受到有生性和有定性影响的有 22 个语言,除此之外受其他因素影响的有 55 个语言。可见,这些语言的格标记规则比较复杂,宾语带不带标在不同语言中会受不同因素的影响,在同一语言内也有可能受多重因素的影响。

　　语言类型学家观察分析了大规模自然语料,认为这些语言的格标记规则与名词显著性有关。Silverstein(1976)首次提出名词等级(nominal hierarchy),在后文的扩展的论元依存模型中又被称为显著性等级(prominence hierarchy)。名词按照显著性从高到低可以分为七类,如(1.8)所示。大于号左边名词比右边名词显著性更高。名词显著性越高,就越接近显著性等级左端,反之就越接近右端。事实上,该等级由有定性等级和有生性等级构成,前者为第一人称>第二人称>第三人称>人名、亲属称谓,后者为人>动物>无生。从这个等级中可以获得一个有关宾语隐现规律的基本假设:施事主语通常显著性高而受事宾语通常显著性低;如果一个宾语偏离了这一模式,即它的显著性越高,越具有不该具有的施事主语的显著性特征,那么就越有可能带宾格标记(Aissen,2003)。

---

① 　本节所说的宾语是指直接宾语,不包括间接宾语。语义上它是指及物事件中的受事角色。

(1.8)名词等级，来自 Silverstein(1976)，大于号表示"高于"

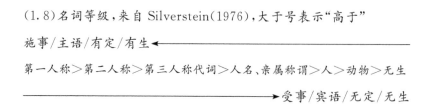

施事/主语/有定/有生 ←————————————

第一人称＞第二人称＞第三人称代词＞人名、亲属称谓＞人＞动物＞无生

————————→ 受事/宾语/无定/无生

这一假设得到了自然语料的验证。以土耳其语为例，这门语言的常规语序是 SOV，宾语标记为-(y)I，该标记在元音和谐规则作用下有-(y)i、-(y)ı、-(y)ü、-(y)u 变体(vowel harmony variants，Göksel & Kerslake，2005)。土耳其语的宾语带标与否通常被认为是取决于有定性。也就是说，这门语言把宾语分为有定和无定两种，有定的宾语必须带宾格，否则将不合语法。如(1.9)所示，该句主语为人名 Zeynep，句末谓语动词 gör-dü 表示"看见"，是动词第三人称单数形式的过去式，而主谓之间的有定宾语可以是专有名词(Ali)、人称代词(she/he)、指示短语(that table)或是有定短语(the man)。这些宾语都是有定的，具有高显著性，故带宾格，符合上述基本假设。

(1.9)土耳其语，出自 Krause & von Heusinger(2019)

Zeynep ｛Ali'-yi ／ on-u ／ o masa-yı ／ adam-ı ｝ gör-dü.

Ali-ACC he/she-ACC that table-ACC the man-ACC

proper name / 3rd person pronoun / demonstrative inanimate NP / definite animate NP

'Zeynep saw Ali/him/her/that table/the man.'

但是近期研究揭示有定性并不是影响土耳其语宾语带标与否的唯一因素。在这门语言中，无定宾语有时也可以带宾格，如(1.10)所示。比较(1.10a)和(1.10b)可以看出，当书本表达无定意义时不带宾格标记，而表达有定意义时带宾格标记；再比较(1.10c)和(1.10d)可以进一步发现，同样是表达无定意义，当书本是非特指的一本书时，它只带不定冠词 bir，不带宾格，而当书本是特指某一本书时，除了不定冠词 bir，还带宾格。因此，无定宾语带不带标需要分为特指和非特指两种情况进行讨论。一个无定但特指的宾语也能带宾格,而既无定也非特指的宾语不能带宾格。需要强调的是,无论是有定性,还是特指性,土耳其语的表现并没有背离上述基本假设,有定的、特指的,是更为显著的宾语,因此需要带标。

(1.10)土耳其语,出自 Krause & von Heusinger(2019)

a.(ben)　　　kitap-Φ　　　oku-du-m.

　I　　　　　book-Φ　　　read-PST-1SG

　'I read book / books.'

b.(ben)　　　kitab-ı　　　oku-du-m.

　I　　　　　book-ACC　　read-PST-1SG

　'I read the book.'

c.(ben)　　　bir kitap-Φ　oku-du-m.

　I　　　　　a book-Φ　　read-PST-1SG

　'I read a book.'

d.(ben)　　　bir kitab-ı　oku-du-m.

　I　　　　　a book-ACC　read-PST-1SG

　'I read a(specific)book.'

近年来 Von Heusinger 的研究团队意识到有多个因素在不同程度上影响宾语带不带标,于是采用句子可接受度调查揭示其背后更为细致的动因。比如,根据有生性对土耳其语的无定宾语进行分类,即把无定宾语分为人、有生、无生三类。在无定宾语既可以是特指也可以是非特指的歧义语境下,考察母语者对它们带标和不带标的接受度。调查结果呈现一个明显的有生性效应:当这个无定宾语是人时,母语者倾向于带标,当它是有生名词时,带标或不带标的偏好趋于接近,而当它是无生名词时,则倾向于不带标。该发现符合宾语越显著越需要带标的基本假设。虽然土耳其语格标记规则被公认为是基于宾语的有定性或特指性,但实证结果有力地证明了有生性对该规则的调节作用。这说明有生性可能渗透在一门语言的语法中,与形态句法现象密不可分,有时候有生性在句子加工中也具有和形态句法因素一样重要的作用,这点我们将在下一节详述。

三、有生性

有生性(animacy)是名词的基本特征之一,反映了人类对外界事物的基本分类,例如,"运动员"是一个有生名词,而"羽毛球"则是一个无生名词。在前文(1.8)中可以看到有生性是显著性等级的重要组成部分。确切地说,它不是一个有生或无生的两分变量,而是一个生命度从高到低的等级概念。因此,我们所说的一个名词有生性高或者低是指该名词与其他名词相比具有较高或者较低的有生性。由于语言类型学的著名学者伯纳德·考姆利(Bernard Comrie)对有生性专门有过一个经典的论述,我们将有生性等级从显著性等级中单独切割出来进行讨论,考察有生性与格标记、语序的关系。

(1.11)有生性等级,来自 Comrie(1989,p.185),大于号表示"高于"

人>动物>无生

在这个有生性等级上名词分为三类,即人、动物、无生物体。人的有生性高于动物等其他有生命的,而这些有生命的又高于无生命的物体。从跨语言的视角来看,很多语言在语法上会区别对待有生性高和有生性低的名词,然而具体到个别语言,这个区别对待的分界点会因语言不同而不同。有些语言对有生性的分类更为粗放,比如 Sinhalese 语只区分有生命和无生命,只允许有生命的宾语带标或者不带标(Gair,1970),而有些语言对有生性的分类更为精细,比如 Yiddish 语把人又区分为受人尊重的人和其他人,只标记前者

(Aissen,2003),Bayungo语把无生名词又区分为肉、蔬菜和其他,只标记所有有生名词以及无生名词中的肉和蔬菜(Austin,1981)。这些语言的格标记规则明显受到有生性的影响。而在前文中我们也看到,日语和土耳其语的格标记规则表面上与有生性无关,可是实证调查也揭示了有生性对格标记的影响。可见,有生性作为人类的基本认知范畴,总是或明或暗、或多或少地影响一个语言的语法体系。

有生性通常用来评估施事主语的典型性进而评估句子的及物性。[①] 在语言类型学领域,考姆利基于大规模语言样本得到一个经典的跨语言概括,即"最自然的及物句子"。他认为在一个及物事件中,有两个参与事件的论元,即施事和受事。原则上任何一个论元都可以是有生或有定的名词,然而在自然话语中,信息流(information flow)总是从施事到受事,从有生性高的到有生性低的,从有定性高的到有定性低的。也就是说,最自然的及物句子是从有生性较高的、有定性高的施事流向有生性较低的、有定性较低的受事。而偏离这种流向和论元特征的及物句子比较少见。一些语言会使用各种语法手段标记这种非典型的句子,譬如使用格来标记那些有生性低的施事和有生性高的受事(Comrie,1989,p.128)。该论述与前文显著性等级的规律是一致的,即越是偏离了典型模式的句子(包括论元)就越需要标记。

有生性与语序一样会影响我们对论元角色的判断。在句子加工领域,研究者系统地考察过有生性对关系从句(relative clauses,RCs)加工的影响。关系从句加工一直是欧美心理学界的常议议题,近十年来出现了从印欧语到非印欧语,从行为实验到认知神经科学实验的趋势,积累了大量成熟的理论成果(综述请见何文广,陈宝国,2011)。研究者关注有生性"何时"影响关系

---

① 有生性能解释大部分及物动词的题元分配,但心理动词是个特例,如"闪电吓到了女孩",这里无生名词却被选择为主语/施事。对此,有学者提出"论元满足度"(goodness of fit)而不是单纯的有生性能更好地解释题元分配,见蔡振光、董燕萍(2007)。但论元满足度同样表达了"程度"思想,用于典型性评估。

从句加工（加工早期还是加工后期）以及影响力有多大（能否主导语言加工机制推翻主语优势），这些问题也同样适用于简单句加工，为我们预测简单句加工中的有生性效应带来启示。上文提到的主语优势除了简单句中发现的主语优势效应，也包括在关系从句加工中观测到的主语优势效应，即主语关系从句比宾语关系从句更容易加工。在实验中，常见做法是操纵关系从句类型，也就是中心词在关系从句中承担什么句法角色（主语 vs. 宾语）以及中心词的有生性（有生 vs. 无生），考察句法和语义的交互作用，从而解答有生性的"何时""如何"发挥作用等问题。根据这一思路，我们先介绍关系从句加工中的主语优势，后介绍有生性效应，先看印欧语的中心词居前的关系从句（head-initial RCs）加工，后看以汉语为代表的中心词居后的关系从句（head-final RCs）加工，同样以行为实验研究为主。

在英语中，中心词原是关系从句的某个句法成分，从关系从句中移位而来。以(1.12)为例，中心词是 the reporter，由关系代词 who 引导关系从句。在(1.12a)中，the reporter 是 attacked the senator 的主语，称为主语关系从句（SRC）；在(1.12b)中，the reporter 是 the senator attacked 的宾语，称为宾语关系从句（ORC）。有关英语关系从句加工的研究都一致发现主语优势，即 SRC 比 ORC 更容易加工。[①]

(1.12)英语，关系从句，出自 Gibson(1998)

    a. The reporter [who attacked the senator]$_{SRC}$ admitted the error.

    b. The reporter [who the senator attacked]$_{ORC}$ admitted the error.

---

① 注意在(1.12)中中心词既是关系从句的主语，又是主句的主语。有学者指出，中心词承担主句的主语也会导致主语优势。因此，在实验中我们需要控制中心词在主语和在从句的语法角色(Schlesewsky,1996)。同样思想可参考"视角切换"(Perspective Shift,MacWhinney,1977,1982)和平行功能假说(Parallel Function Hypothesis,Sheldon,1974)。本书中心词的句法角色仅指中心词在关系从句中承担的句法角色。

很多印欧语都在关系从句加工中发现了主语优势,如法语(Frauenfelder, Segui, & Mehler, 1980；Holmes & O'Regan, 1981)、德语(Mecklinger, Schriefers, Steinhauer, & Friederici, 1995)和荷兰语(Frazier, 1987)。根据填充词—空位理论,无论是填充词到空位的直线距离(Gibson, 1998, 2000),还是填充词到空位的结构距离(O'Grady, 1997),SRC 都比 ORC 短,所以更容易加工。如(1.13)所示,从水平的直线距离来看,SRC 明显要比 ORC 更短；从垂直的结构距离来看,主语空位所处的位置也比宾语空位更高,与填充词的距离更短,因为 SRC 的主语空位处在与 VP 并列的位置,而 ORC 的宾语空位则深埋在 VP 的下层(此处用[ ]代替树形图)。

(1.13)SRC 和 ORC 的结构差异

　　a. SRC：The reporter ⌈who$_i$⌈ e_i⌈attacked the senator⌉⌉$_{VP}$⌉$_S$ admitted the error.

　　b. ORC：The reporter ⌈who$_i$⌈the senator ⌈attacked e_i⌉$_{VP}$⌉⌉$_S$ admitted the error.

除了填充词—空位理论,还有基于工作记忆的理论也能解释这种主语优势,如句法预测局域理论(Syntactic Prediction Locality Theory, SPLT, Gibson, 1998)以及之后的依存局域理论(Dependency Locality Theory, DLT, Gibson, 1998, 2000, 详见吴芙芸, 2022)。该理论认为句子加工涉及记忆储存和结构整合。储存成本和整合成本都可以量化计算,其中整合成本的计算受限于局域性,也就是当前词整合至目标依存结构之间的线性距离。该距离越长,介入的话语指涉(discourse referent)越多,整合成本越高。以(1.13)为例,在 ORC 中,填充词和空位之间有 the senator 和 attached 两个话语指涉；而在 SRC 中,填充词和空位之间没有话语指涉介入,也就消耗更少的整合成本。可见,该理论与填充词—空位理论中的直线距离理论有异曲同工之妙。另外，工作记忆理论也能解释早期发现的简单句加工中的主语优势。根据该理论，在当前词上预测完成一个合法句子所需要的中心词个数越多，那么储存成本就越高。回顾例句(1.1)，当语言加工机制遇到"Welke arbeiders"，只需要预测一个(不及物)动词，就能形成主语在先的句子；而形成宾语在先的句子则需要预测一个动词，一个宾语空位，还有主语。① 显然，形成主语在先句子所需的中心词个数少，记忆存储成本低，从而产生了主语优势。因此，除了填充词—空位理论之外，工作记忆理论也提供了一个解释主语优势的思路。②

有趣的是，自然语料库的调查研究发现像(1.12)一样中心词(the reporter)和关系从句内名词(the senator)都是有生名词的关系从句并不常见(特别是在 ORC 中，参见英语：Roland, Dick, & Elman, 2007；荷兰语和德语：Mak, Vonk, & Schriefers, 2002)；而两个都是无生名词的情况也不常见。试想一个由无生物体作用于无生物体的及物事件，如"足球砸中了门框"、"台风吹倒了房屋"，无论是具有这种运动能力的施事主语，还是表达运动过程的动词，数量都十分有限，由此形成的关系从句也很少见。按照中心词和从句内名词的有生性进行分类后可以发现，两个名词往往具有不同的有生性，这可能是因为相同的有生性会造成相似性干扰。

Traxler, Morris 和 Seely(2002)使用眼动技术考察了英语的关系从句加工。在实验中他们除了操纵中心词的句法角色(主语 vs. 宾语)，还操纵了中心词和从句内名词的有生性(有生 vs. 无生)，使它们总是具有不同的有生性，如(1.14)所示。前后大写字母分别代表中心词和关系从句内名词的句法角色，前后小写字母分别代表两者的有生性。此处 a 代表有生名词，i 代表无

---

① 如果认为德语的句首成分是移位生成的话，则还要预测一个主语空位。

② 与第一章解释主语优势的所有理论相同，工作记忆理论默认主语这个句法范畴普遍存在，也就是说，默认测试语言有和英语一样的主语。因此，该理论很难对日语、汉语这样主语本身就有争议的语言做出预测。

生名词。

（1.14）英语,关系从句,出自 Traxler et al.（2002）

　　a. Sa-Oi　The director［that watched the movie］_{RC} received a prize at the film festival.

　　b. Oa-Si　The director［that the movie pleased］_{RC} received a prize at the film festival.

　　c. Si-Oa　The movie［that pleased the director］_{RC} received a prize at the film festival.

　　d. Oi-Sa　The movie［that the director watched］_{RC} received a prize at the film festival.

　　Traxler 等人（2002）发现,当中心词是有生名词、从句内名词是无生名词时,ORC 比 SRC 更难加工（1.14:b vs. a）;而当中心词是无生名词、从句内名词是有生名词时,这种加工困难却消失了（1.14:d ＝ c）。这说明 ORC 并不总是难以加工,无生名词作中心词就会大大降低 ORC 的加工难度。在后续实验中,Traxler,Williams,Blozis 和 Morris（2005）重复了这个结果,还发现 ORC 加工难度的降低并不能归因于关系从句内的动词类型,且与动词词汇特征无关。Mak,Vonk 和 Schriefers（2002,2006）在荷兰语的自定步速阅读实验中也发现,当关系从句是有生名词作主语、无生名词作宾语的情况下,并不存在主语优势。套用在（1.14）上的话,就是 SRC（1.14a）和 ORC（1.14d）没有加工差异。总之,来自英语和荷兰语的实验结果可以归纳为（1.15）。此处">"表示"阅读速度快于"或可理解为左边条件"优于"右边条件。

（1.15）Sa-Oi/Oi-Sa＞Si-Oa＞Oa-Si

从(1.15)可以看出有生性在关系从句加工中的作用。一方面,有生性的确会影响主语优势。当它支持关系从句加工时,即关系从句的施事主语是有生命的,受事宾语是无生命的典型及物句子,ORC 和 SRC 的加工没有明显差异(Sa-Oi/Oi-Sa)。另一方面,有生性的影响不足以推翻主语优势。表现为,当有生性不支持关系从句加工时,SRC 仍然比 ORC 具有加工优势(Si-Oa>Oa-Si)。

对于有生性效应出现的位置,Mak 等人(2002)认为有两种可能:第一种可能是在关系代词上观测到有生性效应,这意味着语言加工机制一旦识别这是一个关系从句,就把有生命的第一个论元即中心词解读成主语,把无生命的 NP1 解读成宾语;第二种可能是在关系从句内的名词上(NP2)观测到有生性效应,此时有两个名词竞争主语,如果中心词和从句内名词具有不同的有生性,那么有生名词作主语,无生名词作宾语。可见,这两种观点都能解释为什么在有生性支持的情况下 SRC 和 ORC 没有加工差异,但是它们的分歧在于有生性能否影响 NP1 加工,第一种观点倾向于一个早期的有生性效应,预测有生性能影响 NP1 加工,而第二种观点认为要等到 NP2 出现有生性才发挥作用,预测有生性不能影响 NP1 加工。

至此,我们介绍的主要是印欧语的行为实验结果,接下来的一个问题是,能否在非印欧语中同样观测到(1.15)这样的结果? 在英语、荷兰语中,中心词居于关系从句之前,直线距离和结构距离总是相关,无法分离,如(1.13)所示。但是,面对中心词居于关系从句之后的语言,如汉语、日语、韩语,这两种理论就会做出完全不同的预测:直线距离理论将预期宾语优势,因为这些语言的中心词和宾语空位的直线距离更短;而结构距离理论仍然会预期主语优势,因为中心词在 SRC 中的句法位置仍然比在 ORC 中的句法位置更高,即中心词到主语空位的结构距离比到宾语空位的结构距离更短。不少研究在日语(Miyamoto & Nakamura,2003;Ueno & Garnsey,2008)和韩语(Kwon,Polinsky,& Kluender,2006;Lee & Stromswold,2007)中也都发现了主语优势,支持结构距离理论。但是汉语的情况却非常复杂,既有支持主语优势的 (Lin & Bever,2006;Vasishth et al.,2013),也有支持宾语优势的实验结果 (Hsiao & Gibson,2003)。针对汉语这种情况,Wu,Kaiser 和 Andersen (2012)通过语料库调查汉语关系从句的自然分布,并通过自定步速阅读实验考察中心词的句法角色和有生性的交互作用,如(1.16)所示。注意汉语是关系从句在前中心词在后的语言,这里前后大写字母分别代表的是关系从句内名词和中心词的句法角色,与(1.14)(1.15)的字母顺序正好相反。

Wu 等人(2012)发现汉语的语料库调查结果与印欧语十分接近。汉语中心词和从句内名词倾向于不同的有生性,并且这个倾向在 ORC 中更为明显。以(1.16)为例,多数 SRC 属于 Oi-Sa,而绝大多数 ORC 属于 Sa-Oi。Wu 等人认为 ORC 的有生性特点是有生名词做主语的选择偏好以及话语因素共同作用的结果。根据前文典型及物句子的类型学观察,有生名词与主语的关系十分紧密,倾向于出现在主语位置,通常是句首位置;无生名词作中心词是出于话题化需要,为的是将其关联到有生命的参与者。而 SRC 的有生性特点不仅与中心词在关系从句中承担的主语角色有关,也与中心词在主句中承担的主语角色有关。如(1.16a),"记者"不仅是"躲开"的主语,也是"混入了"的主语。在这种情况下,SRC 的中心词强烈倾向于有生名词做主语以满足典型施事的语义要求。在话语中,中心词做主语引导话题,操纵一个无生宾语,形成相异的有生性。[①] 从汉语关系从句的有生性特点可以得出 SRC 的(1.16a)为有生性支持句法角色的条件,形成有生主语和无生宾语模式,(1.16b)为不支持条件;同理,ORC 的(1.16c)为有生性支持条件,(1.16d)为不支持条件。

---

① Wu 等人(2012)认为 SRC 做主句的宾语时,没有像做主句的主语那样对中心词有生性有明显的限制,因为承担主句宾语角色的可以是人也可以是物。语料库调查结果也证实了这一点,即 SRC 在主句宾语位置上时,有生命 S 对无生命 S 接近对半。

(1.16)汉语，关系从句，出自 Wu et al.(2012)

a. Oi-Sa：[e V   Oi   DE]_{RC}   Sa

           躲开   石块   的   记者   成功地混入了营地。

b. Oa-Si：[e V   Oa   DE]_{RC}   Si

           砸中   记者   的   石块   重重地落在了地上。

c. Sa-Oi：[Sa   V   DE e]_{RC} Oi

           记者   躲开   的   石块   重重地落在了地上。

d. Si-Oa：[Si   V   DE e]_{RC} Oa

           石块   砸中   的   记者   成功地混入了营地。

在随后的自定步速阅读实验中，Wu 等人测试了(1.16)中各个条件，考察有生性对关系从句加工的影响。以 Traxler 等人(2002)为代表的句法驱动再分析理论(syntax-driven reanalysis)与前文的填充词—空位理论类似，它认为语言加工机制在遇到句首 V 时立即预测主语空位，将(1.16a/b)解读为 SRC；遇到 SV 时预测宾语空位，将(1.16c/d)解读为 ORC。不管是 SRC 还是 ORC，因为已经预测到是关系从句，在标记词 DE 上不会进行再分析，而是在中心词上产生空位填充成本。在 ORC 加工中还有一种可能是，语言加工机制在 SV 处预测一个主语和一个动词构成的主句，而当 DE 出现时，这种分析不得不切换成关系从句的解读，产生再分析成本，导致 ORC 比 SRC 阅读速度慢。有生性对关系从句加工的影响主要表现在再分析上，受有生性支持的(1.16c)要比(1.16d)更容易进行再分析。

Gibson(1998,2000)的依存局域理论认为汉语的 SRC 比 ORC 更难加工，因为填充词到空位的线性距离更长，整合成本更高。就记忆储存而言，语言加工机制早在句首 V 处就意识到这是 SRC，它在 V 处需要储存 3 个句法中心词，一个从句宾语、一个 DE、一个主句动词；在下一个 O 处仍需要储存 2 个句法中心词，一个 DE、一个主句动词。而对于 ORC 而言，在句首 S 处只需储存一个动词,形成 SV 简单句,在下一个 V 处也只需储存一个宾语就能完成一个合法的句子。因此,上述句法驱动再分析理论倾向 ORC 比 SRC 更难加工,这种困难应该在 DE 上或中心词上观测到;相反,依存局域理论预测 SRC 比 ORC 更难加工,这种困难早在 DE 之前,即第一个和第二个词语上就能观测到。

Wu 等人的实验结果证实汉语 RC 加工中存在主语优势,并且这种优势受到有生性的调节:当 SRC 和 ORC 都受到有生性支持时,两者没有产生加工差异(1.16:a＝c);当 SRC 和 ORC 都违反有生性时,SRC 仍然表现出加工优势(1.16:b＞d),这是因为在句子结构还存在歧义的区间,即 DE 之前,预测 SRC 比预测 ORC 更容易:[V Oa]更有可能预示一个 SRC,而不是一个省略了主语的简单句,因为在缺乏语境的情况下,汉语很少脱落主语。然而,[Si V]更有可能预示一个 SVO 的简单句,直到 DE 出现,这种主句解读再分析成关系从句。此时无生名词作主语使得 ORC 更难加工,因为在这种情况下,汉语者习惯在 Si 之前加"被",如"被石块砸中的记者"。总之,汉语实验结果证实了 SRC 更具加工优势,受有生性影响不大;而 ORC 受有生性影响较大,出现两极分化的结果。它在有生性支持的情况下十分容易加工(1.16c),甚至可以追平最优的 SRC 条件(1.16a),而在有生性不支持的情况下最难加工(1.16d)。汉语的这一结果与(1.15)中归纳的英语和荷兰语的实验结果趋于一致,揭示了主语偏好、有生施事的偏好是跨语言存在的普遍法则。

Wu 等人认为相较于句法驱动再分析理论和依存局域理论,制约满足理论(constraint-satisfaction account,Trueswell,Tanenhaus,& Garnsey,1994)能更好地解释汉语实验结果。依存局域理论预测 ORC 优势,这与实验结果不符。句法驱动再分析理论能够解释早期主语优势,即语言加工机制早在中心词出现之前,句首 V 处就已经激活主语空位,但似乎很难解释早期的有生性效应,因为语言加工机制似乎早在[VO]处就已经积极预测中心词的有生性,也就是说,有生性介入加工的时间点应早于该理论所预期的再分析阶段(DE 或者中心词上)。与上述理论不同,制约满足理论认为在句子理解过程中,语言加工机制迅速高效地进行增量加工,利用动词语义、题元分配、有生性、统计概率等一切可用信息,并行多种可能解读,直到最终确立那个正确解读。因此,有生性作为众多信息中的一种信息,可以用来估算下一个词或结构的概率。另外,该理论主要基于频率做出预测,从自然语料库的调查结果来看,中心词和从句内名词有生性相异的情况很普遍,语言加工机制不难预测关系从句类型以及有生性特点。总之,该理论不仅能解释早期有生性效应,而且能够解释 SRC 和 ORC 在有生性支持的情况下同样容易加工的现象。然而,我们认为这种基于频率的理论在解释跨语言数据时也有一定局限性,比如在第四章中,土耳其语的脑电实验结果表明并不是高频句子就一定具有加工优势。

第四节 综合评述

本章介绍了句子加工的递增原则、神经类型学的基本思想,以及早期关于三个论元显著性信息的心理语言学研究和语言类型学观察。在本章中可以看到句子加工是增量式的,实时进行的,而不是等到句子结束才开始,这是所有句子加工理论模型的基本共识。神经类型学认为语言多样性对于我们理解语言加工机制非常重要,主张通过跨语言实验来构建和验证句子加工模型。在把握句子加工的跨语言差异基础上,神经类型学研究者指出目前得到广泛证实的句子加工普遍规律是施受非对称性,主要表现为语言加工机制偏好施事在先的语序以及偏好典型的施事做主语,这些偏好来源于施事在认知上的特殊地位。早期相关实验研究主要集中在印欧语。研究人员习惯用句法结构理论来解释这种加工偏好(如 Kimball,1973;Frazier & Fodor,1978),然而,这些发现是否也存在于非印欧语? 这些加工理论是否适用于非印欧语? 在神经类型学重点关注的简单句加工中,影响论元角色分配的有语序(出现在句中第一个位置 NP1 还是第二个位置 NP2)、格标记(带或不带格标记,带主格或带宾格)、有生性(有生或无生)等多种显著性信息,它们是跨语言存在的语法范畴。一系列语言类型学观察和实证研究表明,这三个最具代表性的显著性信息之间存在一定关联,譬如特定语序和格标记的相关性,格标记的隐现和有生性的相关性,以及有生性和语序选择的相关性。

句子加工模型的核心问题是句法加工和语义加工的关系问题。通常研究人员把语序和格标记视为形态句法信息,把有生性视为语义信息。在论元无格标记的情况下,面对有主宾语歧义的 NP1(如例句 1.1),语言加工机制可以将论元分析为主语以保持简单的句法结构,然而其他信息也可能参与歧义的消解,比如有生性。从语义角度上说,一个有生名词比一个无生名词更有可能担任施事主语。因此,有两种可能造成主语优势:一种是语言加工机制完全基于句法信息而不采用语义信息产生主语优势,这属于模块化模型的观点(modular,autonomous 或称 syntax-first models);另一种是语言加工机制在句法信息和语义信息的共同作用下产生了主语优势,这属于交互模型的观点(interactive,constraint-satisfaction models)。模块化模型和交互模型的对立非常接近于序列式(serial)模型和平行式(parallel)模型的对立,因为模块化模型通常是序列式的(Frazier & Fodor,1978;Frazier & Rayner,1982;Frazier & Clifton,1996;Friederici,1995,1999,2002),而交互模型通常是平行式的(如 MacDonald,Pearlmutter,& Seidenberg,1994;Trueswell,Tanenhaus,& Garnsey,1994)。按照序列式消除歧义的模型结构,在加工初期,只有词性或者极少的句法信息参与加工,而句法信息和语义信息的交互只会在加工后期,这种交互会带来加工偏好的反转或者带来另一种解读的可能性上升,如主语优势变成宾语优势或宾语优势的可能性增强(这取决于主语优势的强度)。而平行式模型却认为两种信息从加工初期就会交互,主语优势还是宾语优势最终取决于两种信息的强度。可见,这两类模型都认为句子理解需要整合句法、语义等信息,两者的主要分歧在于这些信息"何时"发生交互。前者认为交互发生在第二个加工阶段,而后者则认为交互发生的时间点更早。

需要指出的是,虽然我们可以在理论上清晰地区分这两类模型,然而在实际操作中却很难将它们分离。这是因为任何解歧点都出现在歧义位置(如NP1)之后,而我们在解歧区域所观测到的各种效应可能来自语言加工机制的最初分析也可能来自再分析。譬如,关于有生性在关系从句加工中发挥作用的时点,第一种可能是其在NP1上就发挥作用,有生性主导语言加工机制把有生命的NP1解读为主语,把无生命的NP1解读为宾语,这种推测符合交互模型的观点;第二种可能是其只在NP2处发挥作用,当语言加工机制需要将主语关系从句再分析为宾语关系从句时,有生性会促使这一过程变得更为容易,这种推测比较符合模块化模型的观点。同理,我们设想一下简单句加工情况。根据交互模型,一个有生命的 NP1 能帮助产生主语优势;而根据模块化模型,语言加工机制会基于句法信息立即把 NP1 分析为主语,该分析不受 NP1 有生性的影响。

认知神经科学技术在语言研究中的应用提供了进一步甄别和完善句子加工理论模型的机会。本章介绍的相关实证研究主要基于行为实验,句子加工成本通常表现为行为输出指标的变化,如句子可接受度、语法判断任务的正确率,或是阅读速度的变化。第二章将介绍当前被广泛应用于句子加工研究的脑电和事件相关电位技术。与提供单维输出指标的行为实验技术不同,它可以提供多维指标。借助这些指标,我们有可能分离与句子本身相关的加工和与行为输出相关的加工(完成实验任务),也就是说,可以区分那些来源于测试语料特点的指标和那些来源于一般认知系统(domain-general system,如评估性判断、认知控制等)的指标。

尽管脑电和事件相关电位技术能够提供更多更细的指标,但这并不意味着其能圆满解决模块化模型和交互模型之争。因为该研究方法同样面临上述问题,就是在解歧位置上观测的效应可能不是语言加工机制的最初分析,它很有可能已经受到后期分析的影响,也很有可能是语言加工机制为了调解冲突而进行再分析的产物。为了澄清这个问题,研究人员经常在脑电实验中采用"违反范式"(violation paradigms)。在这个范式中,比较一个关键条件和一个控制条件,例如,关键句是一个不合语法的句子"The boy speak Chinese",控制句是"The boy speaks Chinese"。两句除了动词形态之外其他部分全部相同。研究人员对比两句后可以看到在动词 speak 处出现违反英语语法中主谓一致性的加工成本,由此推测这个加工成本是来自于语言加工机制中负责加工形态句法的部分。早期脑电实验主要采用违反范式积累了大量实验成果。从模型角度来看,违反范式也许能帮助我们克服上述最初分析和再分析的问题,因为它测量句子加工的方式更为"直接",也就是说,观测位置上的脑电成分产生于某一个特定信息的违反（词类违反、句法违反、语义违反等），这些脑电成分相对独立，使得研究人员可以比较各种效应产生的时间进程，构建句子加工的模型。对于神经类型学而言，除了关注脑电成分的时间进程和所代表的功能意义之外，还关注语言类型如何影响脑电成分，因为不同语言在加工同一种句子时可能表现为不同的脑电成分，反映不同的神经机制，也可能表现为相同的脑电成分，反映相同的神经机制，这使得构建句子加工模型的工作更为复杂。

第二章　脑电和事件相关电位的原理和方法

　　大脑神经元在放电时,透过大脑硬膜、头骨在头皮表面会形成微弱的电位变化。这种变化可以用固定在头皮表面的多个电极点检测到,可视化成一种具有正弦波节律的波形,即脑电(Electroencephalogram,EEG)。简言之,脑电是一种波,它反映的是大脑自发的瞬时的连续的电位变化(Rugg & Coles,1996)。事实上,脑电是生理、病理以及心理因素所引发的不同频段的脑节律的总和。1929 年德国著名的精神病学家汉斯·伯格(Hans Berger)在他 *Über das Elektrenkephalogramm des Menschen*(论人体的脑电)一书中首次记录了在人体的头皮上(有别于之前的动物实验)采集脑电的过程,并区分了正常大脑与异常大脑中的不同节律。更重要的是,他注意到脑电变化与心理状态有关,比如脑电中的某一种节律,α 波或称伯格氏波(约 8—12 Hz)在大脑解决问题(如心算)的状态下会降低,而在大脑清醒放松(如闭眼)的状态下会增强。一开始,伯格的发现并没有引起研究者的注意,直到 1934 年有人用英文报告了伯格的发现,脑电才获得系统的调查研究,被运用于脑疾病的临床诊断上。同时,脑电是一种无须开颅手术即无创方式下也能研究脑活动的技术,适合普通科研的需要,现在已被广泛应用于实验心理学和认知神经科学等领域(研究历程见 Rösler,2005;Rirf,Strzelczye,& Rosenow,2016)。

　　大脑皮层在没有接受明显刺激的情况下产生的脑电为自发电位,与其相对应的是在大脑皮层接受了明显刺激（如物理刺激或者心理因素）的情况下产生的脑电，称为诱发电位。随着刺激种类不断增加，研究人员用"事件"统称各类刺激，于是诱发电位又称为事件相关电位（Event-Related Potential，ERP）。然而，心理因素诱发的电位比自发电位微弱，湮没在自发电位中难以观测，研究人员需要在实验中采用大量心理事件，在数据分析中锁定这些心理事件的时窗，使用计算机平均叠加技术将这些诱发电位即目标时窗内的电位从自发电位中提取出来，用这种方式提取出来的脑电就是事件相关电位。因此，事件相关电位本质上也是脑电，只不过它是特定的脑电，是使用特殊方法处理过的事件诱发的特定脑电。

早期研究人员主要采用问卷调查、行为实验等手段考察句子加工，现在开始使用脑电和事件相关电位技术重审句子加工问题。该技术能提供更多的分析维度和极高的时间分辨率，特别适合观测各种信息参与句子加工的时间进程以及影响力。在本章中，我们将概述脑电的生理基础和采集方法（详细可参见 Luck，2014；田银，徐鹏，2020），然后依次介绍与语言加工相关的事件相关电位成分如 LAN、N400、P600。

第一节　脑　电

从生理角度来讲，脑电是神经元细胞的突触后电位变化并反映在大脑皮层或头皮表面的电生理活动。我们俗称的"脑活动"实际上是指这种电生理活动。这种活动来源于神经元细胞之间信息（如痛感或其他刺激反应）传递。假设信息由神经元 A 传递到另一个神经元 B：神经元 A 首先产生动作电位（action potential），它是离散的电信号。这些电信号沿轴突传递，通过神经元 A 的突触前膜与神经元 B 的突触后膜之间的突触间隙，改变神经元 B 突触后膜的电位，这些突触后电位变化叠加起来形成了可以被附近电极探测到的脑电。由此可见,电极所记录的并非单个神经元(如神经元 B),而是多个神经元(神经元簇)同步放电的总和。据估计,最小的脑电信号是由 1000—10000个神经元同步放电形成的。脑电之所以能被记录是得益于皮层锥体细胞的排列方式。皮层锥体细胞是神经元中尺寸最大、数量最多的神经细胞。它们垂直于头皮表面排列,且方向一致,因此当它们同步放电时,突触后电位变化的总和就足以传递到头皮上,被我们所记录。如果它们以不同的方向排列,那么同步放电时产生的电位变化将在头皮上互相抵消,也就无法记录,无法形成我们肉眼可见的脑电图。

任何脑电记录都是相对的。脑电记录中的电压是由记录电极和参考电极间的电位差而得到的。通常参考电极放置在不受脑电影响的位置,如耳朵背面的厚骨(乳突参照点),当然也存在其他参照点。由于实验装置涉及整个头部,脑电的极性、地形分布与参照点的选取密切相关,因此研究人员在分析脑电结果时应特别关注参照点的选择。

脑电技术能够为语言加工研究提供多维指标和高时间分辨率。行为实验技术的输出指标如正确率、反应时间、可接受度判断等往往比较单一,后文介绍的脑电分析结果也就是事件相关电位成分则允许研究人员使用多个量化指标甄别相似的效应。此外,脑电技术最大的优势在于时间分辨率极高。[①]在实验中研究人员可以实时记录被试者在听句子或者读句子时整个过程的脑电变化。分析脑电数据时,一旦锁定句中某一个词,就可以查看这个词诱发的即时的脑电反应,该反应起始和结束的时窗可以精确到毫秒。但是这并不意味着脑电技术没有局限性。首先,脑电技术存在"脑电逆问题"。如前文

[①] 当探究语言与大脑的关系时,还有一种直接检测大脑活动的无创方式就是脑磁图(MEG)。它的工作原理基于脑活动会使脑内的磁场发生变化。其他间接检测大脑活动的方法还有正电子释放成像(PET)、功能性磁共振成像(fMRI,简称脑成像),它们的工作原理都是基于大脑内血流动力变化(Otten & Rugg, 2004)。PET 和 fMRI 可与 EEG 互为补充:前两者具有高空间分辨率,定位脑区可以精确到毫米,但其时间分辨率低(大于 1 秒);而脑电图则具有高时间分辨率,定位时窗可以精确到毫秒,但空间分辨率低(约 1 厘米)。

所述,脑电记录的是群体神经元的放电总和,这些神经元可能位于大脑的各个区域。由于某一电极点记录的脑电信号也有可能来自其他脑区,所以脑电信号的微小变化可能存在各种解读。其次,在某些情况下电极无法捕获神经元活动,例如,当不同皮质层上的电位变化相互抵消时,在头皮表面就无法探测到。同理,若放电的神经元簇没有垂直于头皮表面排列,也无法观测到电位变化。

图 2.1 是常用电极分布图(扩展的 10—20 系统)。电极命名基于头皮区块:F 代表额区,C 代表中央区,T 代表颞区,P 代表顶区,O 代表枕区。数字表示与头顶的距离,奇数为左侧电极,偶数为右侧电极。位于鼻根点到枕外

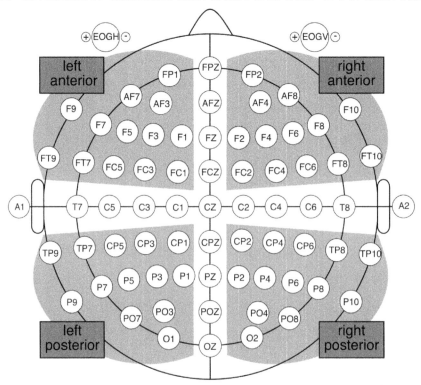

图 2.1　常用电极分布

注:俯视,上代表脸朝前,左代表左侧。

出自:Bornkessel-Schlesewsky & Schlesewsky,2009a。

隆凸的中轴线上的电极加"Z"。观测区或称兴趣区(regions of interest,ROIs)是阴影代表的侧区,如左前区、右前区、左后区、右后区,以及中央区,如中轴线上 FPZ 至 OZ 的电极点。在实际操作中,研究人员可以选择所有区块进行全头观测,也可以根据实验目的选择部分区块进行观测。在后期脑电数据统计中,分区是为了方便描述脑电效应在头皮上的地形分布。"EOGH"和"EOGV"分别用于记录水平眼电和垂直眼电。由于左右扫视和上下眨眼会造成伪迹,需要在数据分析中去除或校正。"A1"和"A2"是在语言加工实验中常作为参考的两个电极,分别位于左右耳背的乳突上(Handy,2004)。为避免偏侧化对脑电数据产生影响,在脑电记录中 A1 或 A2 被选作参考,双侧乳突的平均值作为离线再参考。

第二节　事件相关电位

事件相关电位是由特定事件而诱发的脑电，在本书中特定事件是指用视觉或者听觉呈现的一个句子或者一个词。正是因为它是由特定事件诱发的，研究人员可以使用计算机技术从连续脑电中截取与特定事件发生时窗一致的脑电（即大脑对特定事件的反应）进行平均和叠加，与自发脑电区别开来（Rugg & Coles，1996）。

图 2.2 左方显示被试者头戴电极帽，固定在电极帽上的电极探测到由听觉刺激（实验也可以采用视觉刺激）诱发的电位变化，这种微弱的电位变化通过一个放大器呈现为实时的脑电信号，如图的右上方所示。与大脑自发的电

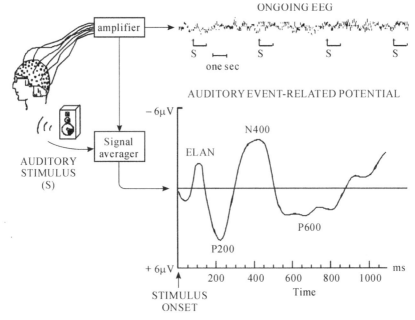

图 2.2　脑电采集、脑电信号以及事件相关电位提取

出自：Coles & Rugg，1995。

50

位变化($10—100\mu V$)相比，语言类刺激诱发的电位变化较微弱（如单词或句子诱发的电位变化只有 $2—8\mu V$），这意味着信噪比十分低下。为了提高信噪比，需要增加每一种刺激的试次。根据统计假设，当同一种刺激反复出现时，就会激发类似的电位变化，而与刺激无关的电位变化则是随机的。经过计算机平均叠加之后，这些反复出现的类似电位变化形成了事件相关电位，而那些与刺激无关的随机电位变化就会互相抵消（Birbaumer & Schmidt，1996；Bösel，1996）。因此，在一个有关语言加工的脑电实验中，每一种刺激需要30—40 个试次，至少有 20 个被试者参与实验。研究人员也很少分析单个被试者的事件相关电位，而是对所有被试者的事件相关电位进行平均，获得事件相关电位的总平均图。这张总平均图包含了与实验目的相关的事件相关电位（后文简称脑电成分或脑电效应），并且信噪比高，也更为清晰，为之后解释脑电成分所代表的意义奠定了基础。

　　图 2.2 右下方显示的脑电成分中，ELAN、N400、P600 与语言加工紧密相关，它们可以从四个维度进行描述：极性（正负性）、地形图（效应出现的头皮区块）、潜伏期（效应产生的时点）、波幅（效应的强度）。可见，对于语言加工而言，事件相关电位技术是一种高精度、多维度的研究方法。X 轴表示从刺激出现起（与 Y 轴交汇的零毫秒处）开始记录的时间轴，以毫秒或秒为单位。Y 轴表示电位变化，以微伏为单位。按照作图习惯，负波显示在零微伏的上方，正波在下方（Kutas & Van Petten，1994）。脑电成分是根据极性（N为负，P 为正）和潜伏期来命名的，例如，N400 表示在刺激发生后 400 毫秒左右达到峰值的负波。

　　需要强调的是，图 2.2 只用了一条曲线表示 ELAN、P200、N400、P600 的大致形态，但是所有脑电成分实际上都是一个相对概念，都是关键条件相对于控制条件所呈现的脑电效应，它是一个相对效应而不是在坐标系上的绝对效应。也就是说，在真实的实验结果中，N400 并不是指目标刺激后 400 毫秒左右时出现的负波，而是指关键条件比控制条件在目标刺激后 400 毫秒左右时出现了"更负"的波形，所以被定义为 N400。而造成脑电效应是正是负（极性）的原因有很多，其中包括与语言加工无关的神经活动如被试者只是处于警戒状态。

上一章综合讨论中提到研究人员通常根据实验目的制作句子语料，故意设计出某种违反，如词类违反、句法违反、语义违反等，观测在发生违反的词上所诱发的脑电效应。使用脑电技术可以清晰地捕捉到这些效应发生的时间进程，这为研究人员构建语言加工模型提供了神经电生理证据。下面我们将介绍三种与语言加工相关的常见脑电成分，它们是 LAN、N400、P600。我们首先介绍早期发现这些脑电成分的实验环境以及学界对它们功能的解读，然后介绍近期脑电实验发现以更新对它们的理解认识。

第三节　与语言加工相关的脑电成分

一、LAN

左前负成分(Left Anterior Negativity,LAN)是在关键词呈现后 300—500 毫秒之间出现的效应,它的产生与违反了形态句法规则有关。经常与 LAN 相提并论的效应是比其更早出现的早期左前负成分(Early Left Anterior Negativity,ELAN),还有与其潜伏期相同的 N400。

顾名思义,ELAN 和 LAN 十分相似,它们都分布在头皮的左前区,只是 ELAN 早在 100 毫秒时就能观测到。有些学者认为它们是两个不同的脑电成分,反映不同的功能,代表人物为 Friederici。Friederici(2002)基于脑电实验和脑成像实验研究提出了一个著名的三阶段模型,该模型又称句法优先模型(syntax-first model)。她认为,句子展开过程中每一个词上都会经历三个加工阶段,以不同的脑电成分为标志。第一阶段(100—300 毫秒)是形成短语结构的初始阶段,这一阶段的加工发生迅速,高度自动化,且独立于语义加工,以 ELAN 为标志。具体而言,语言加工机制基于名词或者动词这种词类信息构建短语结构,当词类违反了短语结构要求,譬如在应该是名词的地方却出现了动词,则会诱发 ELAN;第二阶段(300—500 毫秒)是形态句法加工和词汇—语义加工阶段。前者出现违反通常会诱发 LAN,而后者出现违反则会诱发 N400(见后)。这两种加工是平行进行的,因为句子若存在形态句法和词汇—语义的双重违反,那么将会同时诱发 LAN 和 N400。但它们受到第一阶段加工的制约,因为第一阶段若出现了 ELAN,它将会"阻断"LAN 和 N400 的产生(Hahne & Friederici,2002,不同观点参见 van den Brink & Hagoort,2004)。也就是说,在双重违反的情况下若是出现了 ELAN,就不可能再出现 LAN 或是 N400;第三阶段(500—1000 毫秒或之后)是上述不同加工过程的整合阶段。此时,语言加工机制将上一阶段的形态句法分析和语义分析整合到句子中,所谓句法和语义的交互作用也就是出现在这一阶段。若是整合过程出现困难,如句子结构存在异常,句子需要再分析,就会诱发 P600(见后)。因此,ELAN 和 LAN 之后常伴有 P600,而花园路径句子或者那些合法但结构较为复杂的句子则很有可能诱发一个单独的 P600。

显然,该模型在时间进程和功能解释上都对 ELAN 和 LAN 进行了区分,前者是加工初期出现的脑电效应,来自词类的违反,而后者是加工后期出现的脑电效应,来自形态句法的违反。自从 Friderici(2002)将 ELAN 解读为词类违反的产物以来,ELAN 一直被视为自动化加工的标志,用于证明句法先于语义加工,也用于区分母语者和学习者加工(后者不产生 ELAN)。自动化加工思想对之后多个语言加工认知神经模型产生了深远的影响(Clahsen & Felser,2006;Hagoort,2003;Ullman,2001;Bornkessel-Schlesewsky,2006)。然而 Steinhauer 和 Drury(2012)系统地考察了 ELAN 文献,对其真实性提出了质疑。他们发现 ELAN 更有可能来自人为操作,即实验人员在数据分析过程中采用基线校准方法"创造"了该效应,ELAN 之所以在头皮左前区观测到,是因为它是前区负波(anterior negativity)和主要分布在右后区的 P600经过叠加抵消后的产物。可见,解读某种脑电成分的前提是数据分析方法是否规范,是否一致,从中我们也可以看到 Steinhauer 和 Drury(2012)并不主张区分 ELAN 和 LAN,因为它们都属于前区负波。他们的发现从根本上推翻了句法优先论,事实上来自汉语的脑电实验结果也证明了句法未必优先于语义加工(Zhang et al.,2013)。

LAN 与 N400 一样属于加工后期出现的效应,两者的潜伏期相同,但头皮分布不同,功能解释也不同。通常人称、数、性、格等形态句法信息出现加工困难,就会诱发 LAN。Kutas 和 Hillyard(1983)首次发现主谓一致的违反条件如 * Some shells is even soft 相对于主谓一致的正确条件在 is 处诱发了一个 LAN,而语义违反条件相对于语义正确条件则诱发了一个 N400。后人研究进一步表明,不但违反主谓一致性会诱发 LAN,违反其他一致性也会诱发 LAN。譬如,德语语法要求定冠词和其后面的名词保持性上的一致。Gunter,Friederici 和 Schriefers(2000)测试了德语句子性违反的情况,在(2.1)中,Land 为中性名词,它要求前面的定冠词必须是中性的 das,而 den 为阳性名词的定冠词,造成性违反(2.1b/d)。例句中的画线词语为观测和比较脑电成分的关键词。

(2.1)德语,性违反,出自 Gunter et al.(2000)

a. Sie bereist das Land auf einem kräftigen Kamel.
she ravels [the]ᴺᴱᵁ[land]ᴺᴱᵁ on a strong camel

* b. Sie bereist den Land auf einem kräftigen Kamel. (LAN,P600)
she travels [the]ᴹᴬˢ[land]ᴺᴱᵁ on a strong camel

c. Sie befährt das Land mit einem alten Warburg. (N400)
she drives [the]ᴺᴱᵁ[land]ᴺᴱᵁ with an old Warburg car

* d. Sie befährt den Land mit einem alten Warburg. (LAN,N400)
she drives [the]ᴹᴬˢ[land]ᴺᴱᵁ with an old Warburg car

事实上 Gunter 等人在实验中操纵了两个变量,一个是性一致(性违反 vs. 性正确),另一个是动词后面宾语的可预测性(高 vs. 低)。他们发现性违反条件相对于性正确条件都诱发了 LAN(2.1:b/d vs. a/c),该效应不受宾语可预测性的影响。相反,N400 却受到宾语可预测性的影响,低预测性的宾语相对于高预测性的宾语产生了一个 N400(2.1:c/d vs. a/b),该效应不受性一致的影响。他们还发现性一致和可预测性在 P600 时窗中产生了交互作用:高预测性的宾语(2.1b)产生了一个额外的 P600,而低预测性的宾语(2.1d)则没有。Gunter 等人认为实验结果支持模块化模型,句法和语义的交互作用是发生在加工后期,也就是 P600 时窗。

违反一致性所产生的 LAN 在许多印欧语中得到了重复验证,例如荷兰语(Gunter,Stowe,& Mulder,1997)、西班牙语(Barber & Carreiras,2005)和意大利语(Angrilli et al.,2002;de Vincenzi et al.,2003)。此外,违反形态变化规则也会产生 LAN,如违反动词屈折变化(Penke et al.,1997)、违反名词复数形式(Weyerts,Penke,Dohrn,Clahsen,& Münter,1997)。然而,也有研究显示,违反一致性也并不总是诱发 LAN。Nevins,Dillon,Malhotra 和 Phillips(2007)在一个 Hindi 语的脑电实验中测试了各种一致性的违反情况(性违反、数违反、性和数双重违反、人称和性双重违反)。他们发现这些违反都诱发了 P600,却没有诱发任何 LAN。因此 Nevins 等人认为 LAN 的出现只限于某些情况下某些一致性的违反。[①]

在上文中研究人员都采取违反范式观测到 LAN,认为其与形态句法加工有关。事实上还有一些研究人员在合法句子中也观测到了 LAN,并用工作记忆理论来解释该效应(Kluender & Kutas,1993)。Münte,Schiltz 和 Kutas(1998)在实验中比较了 before 和 after 引导的时间状语从句,如"Before the scientist submitted the paper, the journal changed its policy."和"After the scientist submitted the paper, the journal changed its policy"。他们在 before 处观测到了持续的 LAN,而在 after 处却没有该效应。这个 LAN 在第一个词呈现后 300 毫秒开始持续到整个句子结束。他们把这种效应归因于在时间顺序上属于后发的事件却在句中较先位置出现,这导致人们需要在工作记忆中储存该事件以便之后理解整个句子。然而,正如 King 和 Kutas(1995)所指出的那样,这个 LAN 与形态句法加工相关的 LAN 存在明

---

① 性违反也可能诱发 N400。Schmitt,Lamers 和 Münte(2002)比较了德语的人称代词(他/她/它)与先行词的性在语义上(也就是生物上)保持一致(男性/女性),在句法上保持一致(阳性/阴性/中性),在语义上句法上都保持一致,以及在语义上句法上都不一致的四种情况。他们发现,当先行词为 der[阳性]Bub[男性],人称代词为 sie(她)时,语义上和句法上的性违反会诱发 N400;而当先行词为小称词 das[中性]Bübchen[男性],人称代词为 sie(她)时,同样是语义上和句法上的性违反却不会诱发 N400。作者认为该结果说明人称代词回指到小称词的加工过程不涉及语义整合。

显差异,前者贯穿整个句子时窗,而后者只发生在局部时窗。

另有一些研究人员在合法句子中也发现了 LAN,他们认为该效应来自于论元显著性等级之间的冲突。Bornkessel,McElree,Schlesewsky 和 Friederici(2004)考察了德语 that 从句中 NP1 的解歧过程。在(2.2)中,NP1 是单数形式,NP2 是复数形式,仅从名词形态上无法分辨出 NP1 是主语还是宾语,只能通过句末动词的数信息消除该歧义。在(2.2a)中句末动词为单数,与单数的 NP1 保持了数一致,因此将 NP1 解歧为主语,形成主语在先的语序;在(2.2b)中句末动词为复数,与复数的 NP2 保持了数一致,因此 NP2 是主语,NP1 也就自然解歧为宾语,形成宾语在先的语序。在语义上句末动词 please 是心理动词,它有两个论元,一个是取悦的对象即感知者,带与格(DAT),一个是用来取悦的主题,带主格(NOM)。因此,(2.2a)是"玛利亚取悦了歌手",Maria 是主语,(2.2b)是"歌手取悦了玛利亚",Maria 是宾语。

(2.2)德语,主宾语歧义,Bornkessel et al.(2004)

    a. $S_{NOM}O_{DAV}$: ⋯ dass Maria   Sängerinnen   gefällt ,   obwohl ⋯ (LAN)

              that $[Maria]_{SG}$ $[singers]_{PL}$ $please_{SG}$ although

        '⋯ that Maria is appealing to singers,although⋯'

    b. $O_{DAV}S_{NOM}$: ⋯ dass Maria   Sängerinnen   gefallen ,   obwohl ⋯ (N400)

              that $[Maria]_{SG}$ $[singers]_{PL}$ $please_{PL}$ although

        '⋯ that singers are appealing to Maria,although⋯'

在句末动词处,宾语在先的句子相对于主语在先的句子诱发了一个 N400(2.2:b vs. a),而主语在先的句子相对于宾语在先的句子却产生了一个 LAN(2.2:a vs. b)。Bornkessel 等人认为,N400 反映了 NP1 句法角色再分析的加工成本,也就是说,(2.2b)中的 NP1 需要从主语切换成宾语,产生了再分析成本,体现为 N400。而(2.2a)中的 LAN 反映了题元等级和格标记等级之间的不匹配：在格标记等级中，Maria 带主格，singers 带宾格，Maria 比 singers 具有更高的显著性（NOM＞DAV）；而在题元等级中，Maria 是受事，singers 是施事，反而是 singers 比 Maria 具有更高的显著性（Actor＞Undergoer，注意广义施事包括感知者，广义受事包括主题）。这两个等级在（2.2a）中形成冲突，诱发了 LAN（有关论元显著性等级详见第三章）。

综上所述，LAN 被证明是一个与形态句法违反相关、不受语义影响的效应。此外，在没有形态句法违反的合法句子中也有可能观测到 LAN，因为它的产生也与工作记忆储存和显著性等级不匹配有关。

二、N400

N400 是一种中央顶叶负波（centro-parietal negativity），峰值在关键词呈现后约 400 毫秒。在语言加工领域，N400 被证明是一种稳定且强烈的语义加工指标。它对词汇—语义层面的操作如词汇频率和词汇重复十分敏感。在句子加工中，它与语义违反或不合理句子（Kutas ＆ Hillyard，1980a，1980b）以及将词汇整合到上下文中的难易程度有关（Chwilla，Brown，＆ Hagoort，1995；Friderici，1995）。

Kutas 和 Hillyard（1980a）最先在语义违反的句子中发现了 N400。如 * He spread the warm bread with socks.（很明显人们会用黄油而不是袜子涂抹面包），关键词 socks 相对于语义正确条件 butter 诱发一个更大的 N400。为了进一步甄别 N400 是与普遍意义上的“意外”有关，还是只与语言加工中的语义违反有关，Kutas 和 Hillyard（1980b）在后续实验中替换了关键词的字号。如果任何反常、任何意外都能造成 N400，那么语义违反的关键词和字号突然变大的关键词都将产生 N400；但是如果 N400 只与语言加工有关，那么只有语义违反的关键词上会诱发 N400。实验结果表明，字号更大的关键词上诱发的是一个 P560 而不是 N400，这说明 N400 确实与语言加工相关，反映了语言加工机制无法将关键词整合到上下文的困难。

此外，Kutas 和 Hillyard（1984）还发现 N400 的波幅也会因关键词的可预测性而变化。关键词越能被预测，N400 的波幅就越小，反之越不能被预测，N400 的波幅就越大。N400 的波幅会随着词汇—语义关联度（lexical-semantic relatedness）和关键词的可预测性（expectedness）而变化。例如，Federmeier 和 Kutas（1999）测试了句子 They wanted to make the hotel look more like a tropical resort, so along the driveway they planted rows of …（他们想让酒店看起来更像热带度假胜地，所以沿着车道种植了成排的……），句子结尾可以是 palms/pines/tulips（棕榈/松树/郁金香）。他们发现，与控制条件 palm 相比，pines 和 tulips 都诱发了 N400，但是 pines 比 tulips 诱发的 N400 波幅更小。总之，按照 N400 波幅由大到小可以排列为 tulips＞pines＞palms。这里预测性最高的关键词是 palm，而 pines 与 palms 的语义关联度明显要比 tuplips 与 palm 的更高，于是诱发了一个更小的 N400。这些发现表明 N400 不但是语义违反，还是词汇—语义关联度和关键词可预测性的脑电指标。

早期实验研究很容易造成 N400 纯粹代表语义加工的印象，但是后期实验研究也在句法加工中发现了 N400。譬如 Hopf 等人（1998）测试了德语 that 从句中 NP1 有歧义和无歧义两种情况。有歧义的 NP1 会被句末动词的数信息（动词需要与主语保持数一致）解歧为直接宾语或者间接宾语，无歧义的 NP1 是明确带了直接宾语标记或者间接宾语标记。Hopf 等人在句末动词处发现，与无歧义的条件相比，只有 NP1 解歧为间接宾语的条件诱发了 N400，而 NP1 解歧为直接宾语的条件上却没有这个效应。但是这个 N400 是由间接宾语本身造成的，还是由主语切换成间接宾语的再分析造成的，尚不清楚。于是 Bornkessel 等人（2004）在一个视觉脑电实验中测试了德语 that 从句中主宾语歧义现象，实验设计与（2.2）十分接近，同样是利用句末动词与主语保持数一致将 NP1 解歧为主语或者宾语，只是 NP1 解歧为宾语的条件包含了直接宾语和间接宾语这两种子类，它们分别如（2.3b）和（2.3d）所示。

(2.3)德语,直接宾语和间接宾语歧义,出自 Bornkessel et al. (2004)

a. SO.ACC： ⋯ dass Maria Sängerinnen besucht, obwohl …

that Maria[SG] singers[PL] visits[SG] although

'… that Maria visits singers, although … '

b. O.ACC S： ⋯ dass Maria Sängerinnen besuchen, obwohl … (P600)

that Maria[SG] singers[PL] visit[PL] although

'… that singers visit Maria, although … '

c. SO.DAV： ⋯ dass Maria Sängerinnen folgt, obwohl …

that Maria[SG] singers[PL] follows[SG] although

'… that Maria follows singers, although … '

d. O.DAV S： ⋯ dass Maria Sängerinnen folgen, obwohl … (N400)

that Maria[SG] singers[PL] follow[PL] although

'… that singers follow Maria, although … '

Bornkessel 等人发现,在句末动词解歧处,宾语在先的条件句相对于主语在先的控制条件产生了不同的效应:NP1 解歧为直接宾语的条件诱发了一个 P600(2.3:b vs. a),而 NP1 解歧为间接宾语的条件诱发了一个 N400(2.3:d vs. c)。P600 并不让人感到奇怪,因为这个效应常被证明与句法角色再分析有关(见后),而 N400 却让人深思。显然,这个 N400 不是由间接宾语本身造成的,因为控制条件(2.3c)包含了间接宾语却没有产生 N400,它更有可能来自句法角色的再分析。

为了验证主宾语再分析会诱发 N400,Haupt, Schlesewsky, Roehm, Friederici 和 Bornkessel-Schlesewsky(2008)又进行了一个听觉脑电实验。因为前期研究显示 N400 和 P600 也有可能受到实验任务、实验环境和个体加工策略的影响(Roehm, Bornkessel-Schlesewsky, Rösler, & Schlesewsky, 2007),为了尽量减少这些无关因素,他们放弃之前单独呈现句子刺激的做法,而是把(2.4)所示的句子放入长度约为 1.35 分钟的短篇故事中,要求被试者回答与故事内容理解相关的问题。

(2.4)德语,直接宾语和间接宾语歧义,出自 Haupt et al. (2008)

a. SO$_{ACC}$: ··· dass　　Bertram　　Surferinnen　geärgert　　<u>hat.</u>

　　　　　that　　Bertram$_{[SG]}$　surfers$_{[PL]}$　annoyed　　has$_{[SG]}$

　　　　　'··· that Bertram annoyed surfers.'

b. O$_{ACC}$S: ··· dass　　Bertram　　Surferinnen　geärgert　　<u>haben.</u> (N400-LPS)

　　　　　that　　Bertram$_{[SG]}$　surfers$_{[PL]}$　annoyed　　have$_{[PL]}$

　　　　　'··· that surfers annoyed Bertram.'

c. SO$_{DAV}$: ··· dass　　Bertram　　Surferinnen　gratuliert　　<u>hat.</u>

　　　　　that　　Bertram$_{[SG]}$　surfers$_{[PL]}$　congratulated　has$_{[SG]}$

　　　　　'··· that Bertram congratulated surfers.'

d. O$_{DAV}$S: ··· dass　　Bertram　　Surferinnen　gratuliert　　<u>haben.</u> (N400-LPS)

　　　　　that　　Bertram$_{[SG]}$　surfers$_{[PL]}$　congratulated　have$_{[PL]}$

　　　　　'··· that surfers congratulated Bertram.'

在德语中表达动作发生在过去,需要依靠助动词 haben。从(2.4)可以看到,NP1 是主语还是宾语,是直接宾语还是间接宾语,都需要通过助动词来解歧:当句末助动词为单数形式 hat 时,它与单数形式的 NP1 保持数一致,NP1 解歧为主语(2.4a/c);当句末助动词为复数形式 haben 时,它与复数形式的 NP2 保持数一致,NP1 解歧为宾语(2.4b/d)。Haupt 等人发现,相较于主语在先的控制条件,宾语在先的条件,无论是直接宾语还是间接宾语,都诱发了一个 N400 并伴随有一个晚期正波(见后)。Haupt 等人认为实验结果证实了这个 N400 是来自主宾语再分析,它说明主语优势(把 NP1 分析为主语而不是宾语)早在句末助动词出现之前就已经形成了。当这一偏好被句末助动词否定时,也就是当句子解歧为宾语在先时,就会产生再分析成本。此外,这个

N400 后面紧跟着一个 LPS，形成 N400-LPS 双相效应，支持扩展的论元依存模型的结构，即 N400 与再分析相关，LPS 与评估句子的完好性（well-formedness）相关（模型结构详见第三章）。由于两个宾语在先条件都产生了这种效应模式，这个主宾语再分析 N400 与宾语类型无关。基于以上发现，Haupt 等人认为，再分析 N400 与语义 N400 有一个共同点，就是两者都与解读层面的问题有关，语言加工机制解读句法角色关系或者解读词汇之间的概念意义，它们可能同属于一个更庞大的"N400 家族"。

更多实验研究在帮助我们拓宽对 N400 的认识。除了语义违反，还有名词有生性、格标记加工都会产生 N400。比如，当语言加工机制预测的是有生名词做主语，但实际上遇到无生名词做主语时会产生 N400（Frisch & Schlesewsky，2001；Roehm et al.，2004）。又比如，当两个论元的格标记相同时（格标记违反）也会产生 N400。这些情况也与论元之间的施受关系有关，广义上也属于再分析。总之，早期研究反复证实 N400 是语义违反情况下恒定出现的脑电指标，后期研究发现 N400 也可以来自句法角色转换、有生性错配和格标记违反等广义上的再分析。发现再分析 N400 的意义重大，它挑战了 N400 的传统解释框架，启示我们不能把 N400 局限于语义领域。

三、P600

P600 是一种分布在顶中部的正波（centro-parietal positivity），峰值在关键词呈现后 600—1000 毫秒之间（Osterhout & Holcomb，1992，1993），又称晚期正波（late positivity，LPS）或者句法正波（syntactic positive shift，SPS，Hagoort，Brown，& Groothusen，1993）。与 LAN 和 N400 相比，P600 是产生条件最为多样，文献也最为丰富的脑电成分。

P600 效应多见于不合语法的句子加工中（如 2.1b，参见 Hagoort et al.，1993），也多见于合法但不被偏好的句法结构加工中。Osterhout 和 Holcomb（1992，1993）在花园路径句子的解歧点处首次观测到了 P600，比如在"The broker persuaded to sell the stock was sent to jail."一句中,动词 persuaded 具有歧义,它既可以做一个主句的动词(The broker persuaded somebody …),又可以做一个简化了的关系从句的动词(The broker [(who was) persuaded to sell the stock] …)。大量研究表明在这种情况下语言加工机制强烈倾向于第一种解读(Ferreira & Clifton,1986;Frazier & Rayner,1982;Rayner,Carlson,& Frazier,1983)。在解歧点 to 上,也就是句子走向不被偏好的关系从句解读时,会产生 P600,它反映了结构歧义句的再分析成本。后续研究进一步揭示一些复杂句式也可以诱发 P600,比如 Kaan 等人(2000)测试了 wh 疑问句做宾语的情况,如(2.5)所示。

(2.5)英语,宾语从句,出自 Kaan et al. (2000)

　a. Emily wondered *which* the star the performer in the concert had imitated … (P600)

　b. Emily wondered *who* the performer in the concert had imitated … (P600)

　c. Emily wondered *whether* the performer in the concert had imitated …

相对于 whether 引导的从句,which 和 who 从句的句末动词 imitated 上诱发了 P600(2.5:a/b vs. c)。而且 which 从句中的 P600 更加明显。Kaan 等人认为这一差异来自额外的话语加工,因为 which 在话语中会引发一个所指对象的集合而 who 却不能。因此,相对于 who 从句,which 从句需要消耗更多的认知资源,P600 的波幅也越大。Kaan 等人认为 P600 是一种更具普遍意义的脑电指标,它反映句法整合的复杂度。事实上,之后也有实验表明 P600 不是单一的脑电成分,再分析 P600 和句法复杂度 P600 这两种 P600 就有不同的头皮分布,前者分布在头皮顶中部,而后者在额中部(Friederici,Hahne,& Saddy,2002;Kaan & Swaab,2003)。

Frisch,Schlesewsky,Saddy 和 Alpermann(2002)在句法角色歧义句中也观测到了一个 P600,该效应在头皮上分布十分广泛。在一个视觉脑电实验中，他们使用德语陈述句，NP1 有歧义或无歧义，NP2 则明确带格标记，它将有歧义的 NP1 解歧为主语或者宾语。Frisch 等人发现在 NP1 上，有歧义的 NP1 比无歧义的 NP1 诱发了一个更大的 P600。在 NP2 上，NP1 被解歧为宾语的句子相对于 NP1 被解歧为主语的句子产生了一个 P600，并且 NP2 上观测到的这个 P600 与 NP1 上观测到的 P600 具有相似的头皮分布。NP2 上的 P600 与（2.3）（2.4）中的 P600 类似，都可以看成是句首论元从主语转换成宾语的再分析过程造成的（beim Graben et al.，2000；Mecklinger et al.，1995）。然而，在 NP1 上的这个 P600（歧义 vs. 无歧义）却是一个新发现。Frisch 等人认为这个 P600 不可能是再分析成本，因为 NP1 本身处于句首位置，前面并无信息需要再分析。同理，也很难将这一 P600 归因于 Gibson（1998）提出的句法整合。如果语言加工机制在 NP1 上就预测了句子结构，把歧义 NP1 分析为主语，形成最简单的合法句子，那么我们就必须拓宽对 P600 的认识，即 P600 不仅能够反映复杂句式句法整合的复杂度，而且也能反映在单一论元上做句法结构预测的复杂度。Frisch 等人则认为 P600 反映了语言加工机制在 NP1 处识别了歧义，也反映了其在 NP2 处消除了歧义。

至此我们看到 P600 与句法加工困难相关，如句子结构的再分析、复杂句式的整合以及论元歧义的消除。但是随着研究的深入，更多证据表明 P600 不完全对应于句法加工。

首先，Gunter，Friederici 和 Schriefers（2000）认为 P600 代表了句法—语义的交互作用。在（2.1）中，他们使用了高预测性和低预测性的宾语，在高预测性的宾语上观测到了 P600（2.1b），在低预测性的宾语上则没有（2.1d），这说明 P600 会受到语义因素的影响。其次，Roehm，Bornkessel-Schesewsky，Rösler 和 Schlesewsky（2007）的实验结果再次揭开了 P600"非句法性"的一面。在实验中他们使用了句法正确但有语义违反的句子，譬如"the opposite of black is nice."在句末关键词上观察到，这类句子相对于控制句"the opposite of black is white."诱发了一个 N400-LPS 双相效应^①,他们认为 LPS 可能来自语言加工机制评估句子结构的完好性,也可能来自重复和语义启动。

之后,一系列"语义 P600"(semantic P600)的发现更是突破了句法 P600 的传统框架。通常一个及物句子反映的是合理的施受关系,然而当这种施受关系遭到违反时,就会产生加工成本。譬如"男孩在踢足球"变成了"足球在踢男孩",原来的施事变成了现在的受事,形成了不合理的题元颠倒句(semantic reversal anomalies)。根据语义 N400 和句法 P600 的传统框架,这种加工成本应该反映为代表语义异常的 N400,然而事实正好相反,此类句子产生了在传统意义上只有句法违反才能产生的 P600,故被称为语义 P600。该效应引发了学界的关注,研究人员开始重审 P600 的功能意义,并且热议句法加工和语义加工之间关系。很多研究人员试图操纵不同因素寻找产生语义 P600 的根本原因,譬如 Kim 和 Osterhout(2005)操纵了动词与受事的语义吸引(semantic attraction),发现只有语义吸引强的条件产生了语义 P600,如(2.6)所示。

(2.6) 英语,题元颠倒句,出自 Kim & Osterhout(2005)

a. 语义吸引违反句

　　The hearty meal was devouring the kids. (P600)

b. 非语义吸引违反句

　　The dusty tabletops were devouring thoroughly. (N400)

(2.6a)和(2.6b)都语法正确,都有语义违反,但区别是(2.6a)中的 meal 和动词 devour 有语义吸引,在语义上 meal 本应是动词 devour 的受事却因为动词是-ing 形式变成了施事,造成了题元颠倒;而在(2.6b)中,tabletops 和动

① 本书沿用学界的命名习惯:当这个晚期正波作为单相的脑电成分出现时,称为 P600;而作为双相模式中的一部分产生时,称为 LPS。后文介绍的扩展的论元依存模型也在模型结构中体现了这种区分。

词 devour 没有语义吸引，tabletops 不可能成为该动词的受事。Kim 和 Osterhout（2005）发现，相较于控制条件（合理的主动句 The hungry boy was devouring …），(2.6a)在 devouring 位置上产生了一个 P600；而(2.6b)相对于控制条件（合理的被动句 The hearty meal was devoured …）则产生了 N400。他们认为 meal 和 devour 之间强烈的语义吸引使得语言加工机制期望遇到动词的过去分词形式 devoured，但实际遇到的是现在分词形式 devouring，这种形态句法的错配诱发了 P600。他们还认为在语义吸引足够强的情况下，语义分析甚至可以战胜句法分析，引导语言加工机制判断(2.6a)不合法。

与 Kim 和 Osterhout（2005）不同，还有一些研究人员认为语义 P600 和句法 P600 在本质上是相同的，都是因为语言加工中出现冲突，引发认知监控系统对可能出现的加工错误或冲突进行监控。语义 P600 就是因为句法分析和基于世界知识的合理性启发（plausibility heuristic）产生冲突，进而产生监控造成的（Kolk，Chwilla，van Herten，& Oor，2003；van Herten，Kolk，& Chwilla，2005；Vissers，Chwilla，& Kolk，2006）。譬如 van Herten 等人（2005）测试了荷兰语中的题元颠倒句，如(2.7)所示。

(2.7)荷兰语，题元颠倒句，出自 van Herten et al. (2005)

a. De vos   die op de stropers   <u>joeg</u>   sloop   door   het bos. (P600)

   the fox[SG]   that at the poachers[PL] hunted[SG] stalked through the woods

   'The fox that hunted the poachers stalked through the woods.'

b. De vos   die op de stroper   <u>joeg</u>   sloop   door   het bos. (P600)

   the fox[SG] that at the poacher[SG]   hunted[SG] stalked through the woods

   'The fox that hunted the poacher stalked through the woods.'

(2.7a)与(2.6a)一样属于题元颠倒句，只是与英语不同，荷兰语通过句末动词的单复数形式分配题元角色。通常"猎人追捕狐狸"比较合理，由

stropers 作施事主语,vos 作受事宾语。在(2.7a)中,两个论元一个是单数,一个是复数,解歧动词 joeg 是单数形式,与单数论元 vos 保持一致,这就形成一个不合理的解读"狐狸追捕猎人";在(2.7b)中两个论元都是单数,选择 poacher 做施事主语更为合理。根据上文 Kim 和 Osterhout(2005)的形态句法错配观点,(2.7a)应该相对于(2.7b)产生一个更大的 P600,因为(2.7a)中存在句法错配(期待遇到的是动词的复数形式而实际遇到的是动词的单数形式),而(2.7b)则没有错配情况。然而,van Herten 等人发现,这两句相较于控制条件['The poacher(s) that hunted the fox stalked through the woods']都诱发了 P600,所以他们认为 P600 不是形态句法错配造成的,而是句法分析和合理性冲突的结果。在正字法领域,当研究人员把高预测性的关键词替换成同音假词时也诱发了 P600,更是证明了造成 P600 的不只是句法冲突,而是更为广泛意义上的认知冲突(Vissers et al.,2006)。

也有研究人员发现语义 P600 与论元的有生性有关。Kuperberg 等人(2007)在"For breakfast the eggs would bury …"中观察到了 P600 而非 N400,在这个句子中,eggs 和 bury 之间没有密切的语义关系,因此前文提到的语义吸引在这里不适用。但是,这句存在有生性违反,因为 bury 这一动词要求有生名词做施事主语。Kuperberg 等人将有生性违反视为题元角色违反,将 P600 的出现和 N400 的缺失归因于题元加工困难[但 Bornkessel-Schlesewsky 和 Schlesewsky(2008)提供了另一种解释]。Hoeks 等人(2004)基于荷兰语实验结果也给出了类似的解释,如(2.8)所示。

(2.8)荷兰语,题元颠倒句,出自 Hoeks et al.(2004)

De speer　　　heeft　　de atleten　　　geworpen.(P600)

the javelin[SG]　has[SG]　the athletes[PL]　thrown

'The javelin has thrown the athletes.'

　　根据 Hoeks 等人的观点，助动词 heeft 通过数一致把无生名词 speer 解歧为主语，产生一种不合理的解读，即"标枪投掷了运动员们"。因为是无生名词做主语，语言加工机制构建的含义表征（message-level representation）也就是结合了词汇—语义和句法限制的句子意义表征并不完整，导致句末动词 geworpen 处没有产生 N400，而 P600 正是反映了题元加工成本的增加。

　　值得注意的是，以上有关 P600 的实验发现只是大量 P600 文献中的一小部分。事实上，P600 的出现不仅仅与语言刺激有关，也与实验环境有关，比如实验任务类型（Kretzschmar，2010）、实验中合法和不合法句子的比例（Coulson，King，& Kutas，1998；Hahne & Friederici，1999）。也有研究进一步揭示 P600 属于 P300 家族，是伴随被试行为切换而产生的脑电反应，其潜伏期与被试按键执行实验任务的速度即反应速度完全吻合（Sassenhagen，Schlesewsky，& Bornkessel-Schlesewsky，2014）。此外，也有很多研究者在话语语用层面发现了 P600（Nieuwland & Van Berkum，2005；Burkhardt，2007）。因此 P600 可能由多种因素诱发，仅仅将其视为句法加工的指标是不妥当的。

　　总而言之，早期研究习惯把形态句法加工对应于 LAN，语义加工对应于 N400，句法加工对应于 P600。然而，越来越多的脑电研究发现这种对应关系似乎过于简单化、理想化，特别是语义 N400 和句法 P600 这样的解释框架不断受到挑战。我们看到 N400 也可以出现在传统上被认为是句法加工的现象中，如句法角色再分析，无生名词做主语和格标记违反；而 P600 也可以出现在传统上被认为是语义加工的现象中，如题元颠倒句。这些实验结果启示我们不能把 N400 和 P600 的功能局限在语言加工中某个具体的模块上（Schlesewsky & Bornkessel，2006）。但需要注意的是，否定语义 N400 和句法 P600 的做法并不是否定句法加工和语义加工之间的区别，这只是意味着语言加工可能不会表现为清晰的、严格对应的两分法形式。否定这种做法也并非意味着脑电成分无法为我们提供有效的分析信息，因为即使脑电成分不能进行绝对化的解读，它们仍然可以揭示不同加工模式之间的性质差异。

第四节　综合评述

在本章中我们介绍了脑电产生的生理基础、事件相关电位技术和与语言加工相关的常见脑电成分,它们是 LAN(包括 ELAN)、N400 和 P600(或 LPS)。原本用于医学诊断的脑电技术运用到心理语言学领域之后,催生了大量研究语言加工的脑电实验,推动心理语言学进入神经语言学时代。我们也看到从首次发现这些脑电成分到现在,研究人员在不断刷新对这些脑电成分的认识,特别是语义 P600 的出现引发了学界对 N400 和 P600 本质的热议,以及对语言加工模型的思考(综述请见 Brouwer et al. ,2012;王瑞乐等人,2010;周长银,2017)。

第一章提到以往行为实验研究主要围绕两种模型展开,一种是模块化/序列式模型;一种是交互/平行式模型。这两种模型的主要分歧在于句法、语义等多种信息"何时"发生交互,前者认为交互发生在第二个加工阶段,而后者认为交互发生的时间点更早。由于脑电技术在考察句子加工上具有较高的时间分辨率,也就有了再次思考和比较这两种模型的机会。这里我们主要讨论在一系列脑电数据基础上率先发展起来的三个比较著名的语言加工模型,它们是 Friederici(2002)的三阶段模型、Kuperberg 等人(2007)的非句法动力模型、Bornkessel 和 Schlesewsky(2006)的扩展的论元依存模型。[①]

Friederici 的三阶段模型把句子加工过程(在每个词上的加工)分为三个

---

① 这三个模型中,非句法动力模型和扩展的论元依存模型就"语义 P600"的形成机制有过争论。然而,根据 Brouwer 等人(2012)的划分标准,两者都区分句法加工和语义加工,都属于多通道模型。他们提出一个检索—整合双阶段的单通道模型,认为传统上由 N400 承担的信息整合过程应该由 P600 承担,而 N400 仅是反映词汇检索过程,语义 P600 现象中 N400 之所以"缺失"是因为题元颠倒句和控制句都产生了振幅相同的 N400。但是如我们后文所述,这一模型无法解释为什么在有些语言中题元颠倒句仍然诱发一个 N400。

阶段：第一阶段是词类信息加工，用于早期句法结构的构建；第二阶段是语义信息和词素句法信息加工；第三阶段是整合各种信息，最终形成对句子的理解。该模型属于模块化/序列式模型，继承了句法优先的思想，强调句子加工的初始阶段句法加工的优势作用。该模型自从诞生以来得到了不同范式不同语言的实验结果的支持，也对后来的扩展的论元依存模型产生了巨大影响。然而也有研究人员认为句子加工不一定是句法优先，语义信息也会进入早期加工阶段中。譬如，Kuperberg(2007)基于语义 P600 的系列发现提出了非句法动力模型。该模型认为，句子加工存在两条并行的通道，一条是基于语义记忆的通道；另一条是处理词素句法信息和有生性等涉及题元角色分配的语义信息的联合通道。该模型否定了三阶段模型中句法加工的优势作用，认为语义通道和联合通道是并行而又交互作用的，因此属于交互/平行式模型。

Bornkessel 和 Schlesewsky(2006)提出的扩展的论元依存模型旨在把握不同语言加工的共性和差异。该模型也把句子加工分为三阶段：第一阶段处理词类信息，构建早期句法结构；第二阶段根据第一阶段是名词还是动词，分为名词加工通道和动词加工通道，前者负责运算论元的显著性，后者负责运算动词和论元的关联，完成题元角色分配；第三阶段分为综合匹配和句子完好性评估两个过程，前者依赖于前两阶段加工结果，前两阶段若是出现异常将会阻断综合匹配过程，而后者则相反，不会受到前两阶段加工结果的影响，因为它对句子完好性进行最终的评估，与实验任务有关。这一模型继承了三阶段模型的句法优先的思想，但是它的跨语言属性决定了它的模型结构与三阶段模型有着本质的区别，这使得它在解释跨语言脑电数据时更有优势。不难理解，它也是众多解释语义 P600 形成机制的模型中唯一看到跨语言差异的模型。同样是题元颠倒句加工，在英语、荷兰语中诱发的是 P600，而在德语、汉语中诱发的却是 N400 或 N400-LPS。显然，如何解释这种跨语言差异是考验现有模型解释力的一道命题。这些我们都将在第三章展开论述。

创建是因为必要。构建扩展的论元依存模型是因为过往大多数实验研究主要是以英语为代表的印欧语为刺激语料，却将这些实验结论推广至所有语言。从跨语言视角来看，世界上很有可能存在与印欧语加工方式完全不同的语言。比如，在 Awtuw 语（de Swart，2007，p. 90）的及物句子中，如果两个论元都没有格标记，那么面对"女人猪咬了"（逐词翻译原文）这样的动词后置句（verb-final sentence），只能解读为"女人咬了猪"。要想表达"猪咬了女人"，则必须在"女人"上添加一个宾格标记，即"女人_宾格猪咬了"。可见，这门语言根据有生性等级（人＞动物）分配论元角色，如果违反有生性等级，宾语比主语具有更高的显著性，那么该宾语需要额外带标。由此我们可以推断，与其他语言不同，有生性在这门语言加工中将会发挥更大的作用。另一个例子是汉语。虽然汉语与英语一样基本语序是 SVO，但在一定语境下它也允许 OSV 和 SOV。汉语没有格标记标识主语和宾语，但面对"药病人已经拿了"这样的动词后置句，汉语者并没有理解上的困难。句末动词"拿"要求有生名词做主语，句首位置是无生名词做话题，也是"拿"的宾语，因此根据论元有生性可以将其解读为"病人已经拿了药"，不会根据语序将其解读为"药已经拿了病人"。由此我们也可以推断，有生性对汉语动词后置句加工的影响比对常规语序 SVO 句子加工的影响更大。

　　这些跨语言跨句式的观察说明有生性可能在不同语言或者不同句式中影响力不同。长期以来，语言加工模型研究者认为语言加工机制依赖格标记、语序等句法信息识别论元角色（role identification），即判断哪个论元是施事主语，哪个论元是受事宾语；而有生性是语义信息，只能用于评估论元角色的典型性（role prototypicality）不能决定论元角色，也就是说有生性只能影响某一论元是不是一个足够好的施事主语或是足够好的受事宾语。但是，如上文所述，有生性在语言加工中发挥作用的大小因语言而异、因句式而异。根据 CM 的竞争思想，语序、格标记、有生性等各种线索都不同程度地影响论元角色分配，这些线索在功能上没有明显的界线。扩展的论元依存模型继承了这一思想,视语序、格标记、有生性为论元显著性信息,它们都可以用来识别论元角色和评估论元角色典型性,它们都在模型的"句法—语义交互界面"发挥作用。

第三章 扩展的论元依存模型(eADM)

早期语言加工理论主要基于以英语为代表的印欧语的行为实验数据,在脑电技术出现之后也涌现出一批基于脑电数据(和脑成像数据)的语言加工模型。这些模型在处理句法加工和语义加工之间的关系方面未能达成一致,并且各有实验结果支撑。但是,这些模型的加工方式无论是序列式(如Friederici,2002)还是平行式(如 Hagoort,2003),又无论是单通道(如 Brouwer et al.,2012)还是多通道(如 Kuperberg et al.,2007),这些模型均基于印欧语的实验发现,都很难对其他类型的语言做出明确的预测。

本章将详细介绍扩展的论元依存模型(后文简称 eADM),它是一个跨语言加工的认知神经模型。2002 年,伊娜·邦可塞尔在其博士论文中首次提出该模型的雏形,即"论元依存模型"(Bornkessel,2002),2006 年她和丈夫马蒂亚斯·史莱塞夫斯基正式推出该模型,之后几经修改,由繁入简,模型结构稳定在 2009 年的版本(Bornkessel-Schlesewsky & Schlesewsky,2009b)。从本章中可以看到,该模型主要基于母语加工的脑电实验数据,并且在语义P600 的大讨论中历经考验,率先指出该现象的跨语言差异并给出明确解释(Bornkessel-Schlesewsky & Schlesewsky,2008;Bornkessel-Schlesewsky et al.,2011)。近些年该模型也开始积累二语加工数据(Bornkessel-Schlesewsky & Schlesewsky,2019),并且不断向神经生物学方向进化(Bornkessel-Schlesewsky & Schlesewsky,2013b,2016,2019a;Bornkessel-

Schlesewsky，Schlesewsky，Small， & Rauschecker，2015）。需要强调的是，"跨语言"是该模型的根本属性。两位研究者始终主张在不同语言中总结和验证语言加工的共性和差异，即在设计模型时考虑语言类型变量，以便解释不同语言的脑电数据；在完善模型时也需要考虑语言类型变量，有意识地采集不同语言的脑电数据。下面，我们首先介绍 eADM 的结构，然后以题元颠倒句加工为例，演绎该模型的运作方式，展现模型中的语言类型变量。我们将在第四章提供更多来自母语简单句加工的例证。

第一节　模型结构

eADM 旨在解决句子加工的核心问题，即语言加工机制如何在线分配题元角色。这涉及如何在线确立论元之间的关系以及论元与动词之间的关系。长期以来，句子加工研究者认为动词是句子的核心信息，它可以在语义上决定施事和受事。对于严格遵守 SVO 语序的英语而言，动词位置本身就是判断题元角色的依据，如动词前论元对应于施事主语，动词后论元对应于受事宾语，句法位置与题元角色之间，也就是形式与意义之间存在完美的对应关系。然而，这种对应关系在语序比较灵活的语言中并不存在，因为句首论元未必就是主语，同时有些语言的动词处在句末位置，根据递增原则，语言加工机制不可能等到动词出现才开始建立施受关系。因此，eADM 研究者更多地将目光放在英语之外的其他语言，更多地把工作重心放在论元特征上。

总体上 eADM 继承了 Friederici 的三阶段模型，认为在句子展开过程中每一个词的加工都需要经历三个阶段，上一阶段的冲突会阻碍下一阶段的加工。但是与三阶段模型不同的是，eADM 的三个阶段不是呈严格的序列式分布,而是呈从高到低的级联式(cascade)分布①,在每一个阶段内部允许一定程度的平行,如图 3.1 所示。

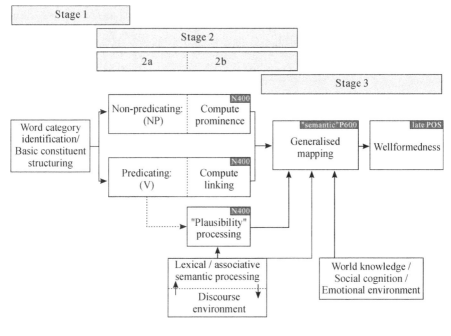

图 3.1　eADM 结构

出自:Bornkessel-Schlesewsky & Bornkessel,2009b。

第一阶段是语言加工机制根据词类范畴构建基本句子模板的阶段,该阶段极大地借鉴了语言类型学的理论成果如角色指称语法(Role and Reference Grammar,RRG,Van Valin & LaPolla,1997;Van Valin,2005)。在这一阶段,语言加工机制只根据词类范畴和输入论元个数,选择和组合句子模板,如

① 级联式能够较好地解释一些时间进程本应该是 AB 的两个脑电效应为什么会出现 BA 的实验结果。根据三阶段模型,词类违反诱发的 ELAN 应早于语义违反诱发的 N400,而 Van den Brink 和 Hagoort(2004)发现,当关键词由[词根+词缀]构成时,语言加工机制在词根处探测到语义违反,在词缀处才探测到词类违反(期待是名词却遇到动词),于是语义违反 N400 出现在词类违反 ELAN 之前。然而,eADM 研究者指出,这种逆反结果不足以推翻三阶段模型的"词类最先加工"的观点,因为该词根也有被解读为名词的可能。这意味着语言加工机制在词根处允许词类加工和语义加工一定程度上的并行,在词缀处得到彻底的词类违反。关于级联式与序列式模型的讨论也可参见:McElree & Griffith,1995。

不及物结构 NP-V，及物结构 NP-NP-V、NP-V-NP 等。显然，这些句子模板不仅适用于英语这样论元位置与论元角色可以直接对应的语言，也适用于德语、日语和汉语这样论元位置与论元角色不直接对应的语言。值得注意的是，在这一阶段，语言加工机制不进行任何基于句法或语义关系（一致性、格、主语或宾语、施事或受事）的论元解读，因为这是第二阶段的加工任务。在这一点上，eADM 有别于之前的任何一个句子加工模型，包括 Friederici 的三阶段模型，因为它不再受制于短语结构的跨语言差异，也无须借助"移动"或"空范畴"等句法操作。

第二阶段是 eADM 的核心部分，在这一阶段语言加工机制要完成句子层面上的形式—意义匹配。该阶段由 2a 和 2b 两个子阶段组成：在阶段 2a 中，语言加工机制根据输入词是名词还是动词，激活相关的句法、语义特征。当输入词为名词时，激活名词显著性等级（prominence hierarchy）；当输入词为动词时，提取一致性（agreement）、语态（voice）、逻辑结构信息（logical structure，参见 RRG，Van Valin，2005）。在阶段 2b 中，语言加工机制需要确立论元与论元之间（compute prominence）以及论元与动词之间（compute linking）的关系。

那么具体如何确立题元关系呢？与 CM 相同，eADM 不严格区分句法线索或是语义线索，而是将这些线索都视为参与题元角色分配的显著性信息。这些信息跨语言适用，数量有限，呈等级分布，如（3.1）中所示。所有等级也可以表达为"＋特征＞ －特征"形式，如有生性等级也可以表达为"＋有生＞ －有生"。如果一个论元具有"＞"左边的特征，那么它比具有"＞"右边特征的论元显著性更高，也更容易被指派为施事。同时，eADM 也看到了跨语言差异，因为在不同语言中对题元角色分配起到主导作用的显著性信息可能有所不同。

（3.1）跨语言适用的显著性等级，出自 Bornkessel Schlesewsky &

Schlesewsky(2009b)

　　a.格标记(主宾型语言:主格＞宾格)

　　b.论元位置(第一论元＞第二论元)

　　c.有生性(有生＞无生)

　　d.有定性/特指性(定指/特指＞非定指/非特指)

　　e.人称(第一/第二人称＞第三人称)

　　当语言加工机制遇到句首名词时,开始运算该名词的显著性,指派论元角色,然后将这一表征映射到动词的逻辑结构中去。动词和论元的关联受到动词语义的制约,如动词"吃"的逻辑结构是"do'(x,[eat'(x,y)])& BECOME eaten'(y)",它体现了论元的数量(x 和 y)以及它们之间的关系(x 为施事 y 为受事,x 在题元角色层级上高于 y)。在动词中置型语言中,比如"小王吃了苹果",动词"吃"在语义上制约了后续论元(参见 Altmann & Kamide,1999);同样,在动词后置型语言中,基于显著性等级 a-e 的运算结果,更显著的论元被指派为施事,相对不显著的论元被指派为受事,比如"小王苹果吃了",汉语基于论元位置等级和有生性等级将"小王"指派为施事,将"苹果"指派为受事,它们也会对后续动词进行语义制约,因为它们要求后续动词是一个及物动词,一个可以将施事"小王"和受事"苹果"关联起来的及物动词。

　　与第二阶段内部核心信息加工同时进行的还有一些外部非核心信息的加工,如韵律、出现频率、句子合理性、话语情境和世界知识。这些加工在第三阶段的"综合匹配"(generalised mapping)处交汇、整合,最终进入"句子完好性"(wellformedness)的评估。值得一提的是,这里的句子完好性并非对句子的合法性和规范性进行严格的二元判断,而是一种对句子可接受度的梯度评估,该过程会受到话语环境等多种因素的影响。

　　从图 3.1 中可以看到,eADM 的各个加工阶段都有相应的脑电表现,对各个阶段的加工问题都分别做出了 ELAN、N400,P600 或者 LPS 的具体预测。虽然有些文献不区分 P600 和 LPS,但是它们在 eADM 中是代表不同功能意义的晚期正波,需要区别对待。在该模型中,不合法的句子(对应于综合匹配阶段)诱发的是 P600,而不被偏好的句子(对应于句子完好性评估阶段)诱发的是 LPS。大量脑电证据表明,后者反映的是较为普遍的加工机制,不能混同于所谓的句法加工负荷,如 Steinhauer 等人(1997)观察到不同接受度的句子结构在实验中出现的概率会影响 LPS;又如 Roehm(2004)观察到反义词违反句"The opposite of black is nice."相对于反义词正确句"The opposite of black is white."在句末关键词上产生了一个 N400-LPS 双相效应,显然这些句子没有违反句法,此时的晚期正波并非来自句法加工问题,而是来自普遍意义上的句子完好性评估。也有脑成像实验结果支持对这两种不同性质的晚期正波进行区分(Friederici,2004)。

综上所述,eADM 认为句子加工从区别词类范畴开始,然后确立句子各成分之间的关系,最后以评估句子完好性结束。eADM 拥有跨语言设计,主要表现在第一阶段中基于词类的句子模板构建,以及第二阶段中各成分之间的关系确立(显著性运算和关联运算两个语义操作)。这些设计帮助我们从短语结构的跨语言差异中解放出来,以一个更加灵活的姿态来面对和解释不同语言的实验结果。在模型的语言学理据上,eADM 完全不同于生成句法理论,而是更接近 Jackendoff 的语义中心说和 Van Valin 的语言类型学理论(Culicover & Jackendoff,2005;Van Valin,2005)。同时,在模型的心理学理据上,eADM 受到 Fodor 的一切尽简定律(The Minimal Everything Principle)的启发,认为每个加工阶段都遵循"最小化原则"[Minimality,详见(4.6)]。该定律似乎与计算语言学的某些研究结果不谋而合,如 Liu(2008)测算和比较了 20 种语言的句法复杂度,发现这些语言的句子都受到平均依存距离(Mean Dependency Distance,MDD)最小化这一认知规律的制约。但是该计算模型不能等同于语言加工模型:首先,计算方向不一定与语言加工方向一致;其次,计算模型考虑的是两个及以上成分在句法上的依存关系,而语言加工模型还需要预测和解释单独一个句子成分,譬如句首名词如何加工,以及在实时加工过程中句法之外的其他因素。因此,eADM 所说的论元依存关系有别于形式上的语言成分依存关系,而是语义依存关系(详见第四章)。

第二节　模型演绎

Bornkessel 和 Matthias Schlesewsky(2006)对 eADM 的模型结构进行了全面演绎,提供了大量来自不同语言的脑电证据。可以说,eADM 已经积累了丰富的研究成果,能够对简单句加工做出比以往模型更为精准的预测。该模型再次走进大众视野是 2007 年起学界掀起的"语义 P600"大讨论。在这一议题上,eADM 和参与这场大讨论的其他模型一样,反对"N400 代表语义加工"和"P600 代表句法加工"的传统解释框架,同时又与这些模型不同,因为它通过跨语言这一视角看到了其他模型无法看到的问题,提出了独树一帜的解释方案。下面,我们以语义 P600 的形成机制为例,演绎 eADM 的工作原理,更多演绎可见第四章母语加工。

语义 P600 最先见于 Hoeks 等人(2004)的荷兰语简单句加工中,然而真正引起学界关注的是 2007 年 Kuperberg 课题组在神经语言学顶级期刊 *Brain and Language* 上发表了"The role of animacy and thematic relationships in processing active English sentence:Evidence from event-related potentials"一文,报告了英语简单句加工中的语义 P600 现象,并提出了非句法动力模型。在由此引发的各种模型讨论中,Bornkessel-Schlesewsky 和 Scheleswsky(2008)最先注意到题元颠倒句加工存在跨语言差异。他们指出语义 P600 并不是题元颠倒句加工的必然结果,因为同样的题元颠倒句加工在不同语言中诱发了不同的脑电成分。例如,在荷兰语、英语中引发了 P600,而在德语中诱发的却是 N400 或 N400-LPS 的双相效应,如表 3.1 所示。面对这种跨语言差异,有些研究者根据语义违反 N400 和句法违反 P600 的传统框架,将本应该出现 P600 却出现 N400 的这种"意外"归因于被测语言的特殊性,如被测语言比较侧重语义加工。对此,Bornkessel-Schlesewsky 和 Scheleswsky

(2008)持鲜明的否定态度,他们认为有必要重审 N400 和 P600 的功能意义,并试图通过 eADM 分析造成这种跨语言差异的原因。

在 eADM 中,句子加工涉及语言加工机制如何分配施事和受事两个广义题元角色。该分配过程可以独立于动词,通过名词携带的格标记、论元位置(即语序)、有生性、有定性/特指性、人称等显著性信息,以及各个显著性信息在被测语言中的权重来完成(compute prominence)。当语言加工机制遇到动词时,该机制会把题元角色和动词的词汇条目关联起来(compute linking),该条目由分解后的语义表征组成,如 operate 的语义表征为 do'[x, operate'(x,y)]。此时,与关联运算同时进行,但独立于关联运算的是合理性加工(plausibility processing),合理性加工与词汇—语义关联度和世界知识有关。同样是印欧语,题元颠倒句在英语和荷兰语诱发了 P600 而在德语中却诱发了 N400(-LPS),这是因为产生冲突的时点不同:英语和荷兰语完全依赖语序进行动词—论元关联加工(verb-argument linking),当 A 论元位置先于 B 论元位置,那么 A 就被指派为施事,B 就被指派为受事,因此这两种语言在动词—论元关联加工阶段并未遭遇问题,但它们的关联运算结果和合理性加工结果在综合匹配阶段发生冲突,形成 P600。相反,德语并不依靠语序,而是依靠其他显著性信息如格标记和有生性进行动词—论元关联加工,因此德语在该阶段就遇到了问题,形成 N400。如表 3.1 中德语(a)(b)都是题元颠倒句,(a)的论元是单数形式,带有明显格标记,题元颠倒无法调解,即该句子必须解读为"手表修理了技师";而(b)的论元是复数形式,格标记有歧义,因此既可以解读为"手表修理了技师",也可以调解为"技师修理了手表"。可是,(a)(b)在动词—论元关联加工阶段都遇到了问题:在(a)中,根据主格标记,手表是施事,而根据有生性,技师是施事;在(b)中,根据语序,手表是施事,而根据有生性,技师是施事。因此,无论题元颠倒能否调解,它们都产生了 N400。

显著性信息多大程度影响题元角色的分配也可以在 CM 中找到行为证

据。MacWhinney，Bates 和 Kliegl(1984)发现在 NP1-Verb-NP2 句中，即使动词与 NP2 保持一致，英语者还会有 80％的概率将 NP1 解读为施事；有生性对这一偏好的影响也十分有限。当 NP1 为无生名词、NP2 为有生名词时，英语者还会有 86％的概率将 NP1 解读为施事。若按照线索强度排序，在英语中就是"语序＞有生性、一致性"，在德语中是"有生性＞一致性＞语序"，注意这是在德语的论元没有格标记的情况下，当这些论元有明显的格标记时，格标记对题元角色分配起到决定性作用(Kempe & MacWhinney，1999)。因此，eADM 所说的动词—论元关联加工依赖语序，也就是 CM 所说的语序在被测语言中强度最大。

在 eADM 中演绎 N400 和 P600 的产生机制，可以帮助我们理解题元颠倒句的跨语言差异。我们可以根据被测语言是否依赖语序进行动词—论元关联，预测该语言的题元颠倒句加工会产生和德语一样的 N400(-LPS)还是和英语一样的 P600 效应。

第三节　模型变量

有别于其他的语言加工认知神经模型,eADM 是目前世界上唯一的明确把语言类型作为预测脑电效应的变量而进行考察的模型。这在题元颠倒句加工的跨语言研究中得到充分展现。在语义 P600 大讨论中,2011 年伊娜·邦可塞尔-史莱塞夫斯基夫妇带领课题组在 *Brain and Language* 期刊发表了"Think globally:Cross-linguisitic variation in electrophysiological activity during sentence comprehension"一文。该文系统地回顾了前期英语、荷兰语和德语题元颠倒句加工的脑电差异,又报告了土耳其语、汉语和冰岛语题元颠倒句加工的脑电结果。这三个新语言的实验结果证实了 eADM 的上述假设:土耳其语言、汉语并不依赖语序信息进行动词—论元关联,题元颠倒句加工产生了和德语一样的 N400;当冰岛语主要依赖语序进行动词—论元关联时,题元颠倒句加工产生了和英语一样的 P600,而当它依赖格标记进行动词—论元关联时,则产生和德语一样的 N400。此外,经常与 N400 共现的晚期正波不是 P600 而是 LPS,它代表被测语言的语法特性是否允许对语料进行句子完好或者句子不完好的二元分类。简言之,在题元颠倒句加工中,N400 出现与否和语言类型特征有关,而 LPS 出现与否和实验任务有关。

表 3.1 汇总了 Bornkessel-Schlesewsky 等人(2011)六种不同语言的类型特征和题元颠倒句加工的脑电效应。注意这里的类型特征不是指用于脑电实验的题元颠倒句的特征,而是指被测语言总体的特征。如常规语序、格标记个数是语言类型学上对被测语言的观察描述,而线索排序(WO 表示语序,ani 表示有生性)来自 CM 的行为实验结果(冰岛语尚无数据结果,见 Bates,Devescovi,& Wulfeck,2001)。

表 3.1 题元颠倒句句加工的跨语言差异以及被测语言的类型特征

语言	类型特征			题元颠倒句(相对于题元正常句产生的脑电效应)
	语序	格标记	线索排序	
英语	SVO	≤2	WO>ani	The hearty meals were devouring… (P600)
荷兰语	SVO/ SOV	≤2	WO>ani	De speer heeft de atleten geworpen. (P600) the javelin has the athletesthrown 'the javelin has thrown the athletes.'
德语	SVO/ SOV	≥4	ani>WO	a. …dass der Schalter den Techniker bedient(N400-LPS) … that [the switch]$_{NOM}$ [the technician]$_{ACC}$ operate '… that the switch operates the technican.' b. … dass Schalter Techniker bedienen(N400) … that switches technicians operate '… that technicians operate switches.'
土耳其语	SOV	≥4	ani>WO	a. Haber subay duydu. (N400) news officer heard 'The news heard the officer.' b. Subay haber sevindirdi. (N400) officer news made. happy 'the officer pleased the news.'

续表

语言	类型特征			题元颠倒句(相对于题元正常句产生的脑电效应)
	语序	格标记	线索排序	
汉语	SVO	≤2	ani>WO	a. 侦探　被　子弹　保存了。(N400) 　　detective BEI bullet kept 　　'The detective was kept by the bullet.' b. 侦探　把　子弹　击中了。 　　detective BA bullet hit 　　'The detective hit the bullet.'
冰岛语	SVO	≥4	—	a. Liklega hefur hjólið　treyst　konunni　fullkomlega(N400-LPS) 　　likely has bicycle. NOM trusted woman. DAT completely 　　'The bicycle likely trusted the woman completely.' b. Yfirleitt hefur skegginu　farið　maðurinn vel(LPS) 　　in. general has moustache. DAT gone man. NOM well 　　'In general, the man looked good on the moustache.'

从表 3.1 中可以看到，相对于语序、格标记这些传统意义上的语言类型特征，被测语言在加工层面上的类型特征，也就是线索排序，对题元颠倒句加工产生 N400 还是 P600 这一问题有更好的预测作用。在句子加工十分依赖语序的英语和荷兰语中，题元颠倒句加工就会诱发 P600，而在句子加工比较依赖语序之外其他特征的德语和土耳其语中，题元颠倒句加工就会诱发 N400。同样，汉语句子加工被认为十分依赖有生性，题元颠倒句加工也诱发了 N400。冰岛语相对复杂，格标记、语序的使用与动词类型有关，但大致可以分为两种加工策略：当它依赖格标记决定题元角色时，N400 出现；而当它依赖语序决定题元角色时，N400 消失。因此，题元颠倒句加工中 N400 的隐现问题与被测语言加工的类型特征密切相关，但是 LPS 的隐现问题还需要探究。

土耳其语、汉语为什么没有产生与德语一样的 N400-LPS 双相效应，在什么情况下 N400 会伴有 LPS？在表 3.1 中，土耳其语例句（a）（b）句都是题元颠倒句。在这门语言中，若想表达"The officer heard the news""the news pleased the officer"这些合理的句义，那么（a）（b）都将不合法，因为在土耳其语中，有定的、特指的宾语需要明确的宾格标记（参见第一章例句 1.9 和 1.10），而此处 NP1 做有定的宾语却没有带宾格标记。在 NP1 没有明确格标记的情况下，（a）（b）就会发生语序冻结（word order freezing），即 NP1 只能解读为句子的主语，形成"The news heard the officer""the officer pleased the news"这种不合理的句义。因此，相对于 NP1 明确带宾格标记这种合法又合理的句子，（a）（b）都是合法但不合理的题元颠倒句。（a）与英语、荷兰语和德语的题元颠倒句十分类似，（b）和（a）的区别在于动词语义对施事和受事的有生性要求不同，心理动词 sevindirdi（please）要求施事为无生名词，受事为有生名词，而行为动词 duydu（heard）要求施事为有生名词，受事为无生名词。实验结果显示，一旦语言加工机制在句末动词处探测到题元颠倒就产生了 N400，并且该效应在（b）中更为显著，这是无生名词做施事（非典型施事）的缘故。

汉语(a)(b)也都是题元颠倒句。把字句和被字句引导的动词后置句中，NP1 和 NP2 的题元角色十分明确。把字句要求施事先于受事的语序（NP1~施事~－把－NP2~受事~），被字句要求受事先于施事的语序（NP1~受事~－被－NP2~施事~）。有趣的是，相对于合法又合理的题元正常句，只有被字句的题元颠倒产生了 N400，把字句的题元颠倒没有产生任何效应。eADM 研究者推测这可能是因为语言加工机制在句末动词处还未完全探测到题元颠倒的缘故。譬如"侦探把子弹击中了"也有可能通过后续定语，成为题元合理的句子，如"侦探把[子弹击中的罐头]拿走了"，而在被字句中则没有这种可能，如"侦探被子弹保存了"不可能通过后续定语变成合理句子，"侦探被[子弹保存的…]…"，因为"子弹"不可能做"保存"的主语。因此，被字句在动词处就会强制产生题元颠倒的解读，诱发 N400。

我们对冰岛语比较陌生。这门语言属于印欧语系日耳曼语族北部语支，具有丰富的格标记。一方面，它的常规语序为 SVO，与英语相似；另一方面，它也遵循动词第二位规则，主句的限定动词（普通动词或者助动词）总是占据简单陈述句中的第二个句子成分，这点与德语、荷兰语十分相似。在这门语言中，句首名词是话题，话题可以是主语也可以是宾语，若要表达"I have never met Mary"的意思，在冰岛语中既可以为"I~NOM~ have never met Mary~ACC~"，也可以为"Mary~ACC~ have I~NOM~ never met"（使用英语标注冰岛语原文）。总之，主语不仅可以出现在句首位置，也可以出现在限定动词的右边位置。这门语言还有一种特殊的动词，被称为"交替动词"（alternating verb）。通常动词语义决定该论元带何种格标记，通过格标记区分题元角色。这种动词要求主语带主格标记，宾语带与格标记（dative case），但也可以反过来，主语带与格标记、宾语带主格标记。也就是说，在使用交替动词的句子中，我们只能通过主语位置而不能通过格标记来区分题元角色。冰岛语例句(a)(b)都是题元颠倒句，(a)句使用了普通动词 treyst（trusted），hjólið（bicycle-~NOM~）

带主格标记做主语，形成"The bicyle likely trusted the woman completely"这种不合理解读（本应是女人做主语并带主格标记），在动词处产生 N400-LPS 双相效应；(b)句使用了交替动词 farið(gone)，此时格标记不能有效区分题元角色，只能根据语序判断限定动词 hefur(has)的右边位置是 skegginu(moustache$_{DAT}$)做主语，于是 maðurinn(man$_{NOM}$)做宾语，形成"In general, the man looked good on the moustache"这种不合理的解读（本应是男人在限定动词的右边位置上做主语并带与格标记，表达正在经历某种东西），在交替动词处只产生了一个 LPS 效应。该结果印证了 eADM 研究者的假设，(a)句的 N400 反映了语言加工机制可以利用语序之外的其他信息如格标记进行动词—论元关联，(b)句没有 N400 是因为在交替动词情况下语言加工机制无法利用格标记，只能依靠严格的语序进行动词—论元关联。

　　土耳其语、汉语和冰岛语题元颠倒句加工的脑电结果支持 eADM 研究者关于语言类型变量（语言之间的区别在于动词—论元关联是否依赖语序）能够调节 N400 隐现的假设，但是并不支持他们原先有关 LPS 隐现问题的假设。最初 eADM 研究者对比德语、英语与荷兰语的实验结果，认为德语中紧随 N400 出现的 LPS 在功能上有别于英语与荷兰语中单独出现的 P600。如前文所述，LPS 代表句子完好性评估阶段出现了问题，而 P600 代表综合匹配阶段出现了问题。但是，土耳其语和汉语的实验结果挑战了这种看法，因为在这两种语言中，题元颠倒句都是不可接受的句子也就是非完好的句子，应该诱发 LPS，然而实验结果只出现了一个单独的 N400 而没有 LPS。因此，eADM 研究者综合考虑六个被测语言的实验结果，排查了影响 LPS 隐现的可能因素，包括实验采用视觉范式还是听觉范式，题元颠倒句是否可以通过后续句进行调解等，最终认为原先区分 P600 和 LPS 的做法缺乏依据，应该把这两种效应统一视为 LPS，本质上是一种 P300（确切地说是 P3b），因为其出现的环境与 P300 出现的典型环境十分接近：

　　首先，P300 由二元判断诱发。在经典的 Oddball 范式中，被试者需要在一系列频繁出现的刺激中识别一个不常见的新异刺激,也就是说,实验任务是让被试者做出目标刺激与非目标刺激的判断,这种判断就是一种二元分类。又如,判断词和非词,判断反义词和非反义词,都是二元分类。在题元颠倒句加工实验中,被试者需要判断句子完好和非完好,这也是二元分类。其次,在 Oddball 范式中,只有在被试预估目标刺激的出现概率远低于非目标刺激的情况下才会诱发 P300。同理,即使题元颠倒句和题元正常句在一个实验中数量相等,但是受语言环境影响,被试预估题元颠倒句的出现概率低于题元正常句;再次,语言加工机制是先进行词汇加工再探测到题元颠倒,因此 P300 发生在 N400 的时窗之后。最后,在语义违反句中,如 * He spread the warm bread with <u>socks</u>,关键词 socks 诱发了一个 N400,却没有 P300,这是因为有很多备选词如 butter、jam、honey 可以使语义违反变为语义正常(语义违反不涉及二元分类)。然而,题元颠倒句可以通过互换题元角色,修复为题元正常句,因此只涉及一种可能,提供的是二元选项。

种种迹象表明,题元颠倒句中观察到的 LPS 是一种 P300,不受语言类型变量的影响,相反,它代表的是一种更为广义的认知加工,即二元分类加工。这能解释为什么在土耳其语和汉语中没有 LPS 效应。在这两种语言中,题元颠倒句加工不再局限于题元颠倒或者题元正常的二元选项,而是具备另外一种选项,就是通过后续定语变成题元正常的句子。至此,在题元颠倒句加工这一议题上,eADM 研究者观察和分析了 N400 和 LPS 的隐现规律,成功地分离出语言加工的个性(反映为 N400)和共性(反映为 P300)。

第四节　综合评述

　　本章介绍了 eADM 的结构,以题元颠倒句加工为例,演绎了该模型的运作方式,特别是体现跨语言思想的语言类型变量。该模型能够较好地解释题元颠倒句加工中的跨语言差异和共性,让我们对语言类型、对 N400 和 P600 以及 LPS 有了新的认知。

　　eADM 提供了划分世界语言的另一种可能,即通过语言加工方式的异同来划分语言类型。在语言类型学领域,常见的划分标准是语言之间的亲属关系或是形态句法。有趣的是,在题元颠倒句加工这一议题上,这些标准似乎失灵。英语、荷兰语、德语、冰岛语在语言类型学上同属印欧语系日耳曼语族,形态句法颇为接近,却在句子加工中有着完全不同的脑电表现。土耳其语属于阿尔泰诸语突厥语族,形态上属于黏着语,而汉语属汉藏语系汉语族,形态上属于孤立语,这两种语言的形态句法差异巨大,却在句子加工中呈现出相同的脑电表现。即使我们把这种划分标准细化到语序类型(SVO vs. SOV)、格标记类型(无格 vs. 有格,甚至可以细化到格标记个数的区别),也无法解释为什么在句子加工中会呈现英语/荷兰语(LPS)vs. 德语/土耳其语/汉语(N400,冰岛语可以归属到任何一组)这样的实验结果。只有线索排序成为语言之间的区别性特征,也就是说,对题元分配起到主导作用的显著性信息在不同语言中有所不同,根据被测语言的主要显著性信息,我们能够较好地预测和解释句子加工结果。eADM 研究者倡导的神经类型学主张从语言加工角度看待世界语言类型,在这一视角下,形态句法完全不同的两种语言,在句子加工中完全有可能表现出类似的神经机制;而形态句法更为相近的两种语言在句子加工中也完全有可能表现出不同的神经机制。因此,从语言加工角度看待语言类型,不仅可以有效克服前人语言加工模型中忽略类型学参数的做法,也大大拓展了我们对"语言类型"的认知。

在题元颠倒句加工这一议题上,eADM 研究者最早观测到 N400 并指出该效应与被测语言是否依赖语序进行题元角色分配有关。语序就是句子成分的线性序列,它之所以重要是因为任何语言加工都离不开语序,它是语言加工全程都可以利用的信息。然而,有些语言的语序十分严格,有些语言的语序则具有一定自由度,这样就给其他信息提供了参与题元角色分配的空间。事实上,世界上的确有不少语言借助其他信息来分配题元角色,如有生性、格标记,这些信息都具有识别和评估论元角色的功能。这里的 N400 值得进一步思考。如第二章所述,通常 N400 代表语义加工,其产生与语序无关,但是 eADM 模型中 N400 代表题元加工,与语序有关,它更具"句法"属性。因此,与其说 N400 是"一个"脑电效应,不如说是由多个 N400 组成的家族。对于题元颠倒句加工中观测到的 P600/LPS,eADM 研究者主张不区分 P600 和 LPS,将两者统一视为句子完好性评估的产物,本质上都属于 P300 家族中的成员。但是这并不意味着要在 eADM 中撤销综合匹配阶段,因为它可以用于解释其他晚期正波,比如话语加工中的晚期正波,该正波不是由二元分类而是由语用因素造成的。总之,与其他解释题元颠倒句加工的理论模型相比,eADM 更具解释优势,如 Kuperberg 等人(2007)的非句法动力模型无法解释为什么德语中题元颠倒句会产生 N400,Kolk 等人(2003)的冲突监控说无法解释为什么土耳其语和汉语中明显题元颠倒让人不可接受的句子却没有产生 LPS 的事实。

需要强调的是,eADM 不是专门为解释题元颠倒句加工这一特定议题而建立的语言加工模型,而是在题元颠倒句加工成为研究热点之前就已经建立的语言加工模型,它以简单句加工为研究对象,以跨语言为根本属性。在众多语言加工模型中,eADM 与 CM 最为接近,继承了 CM 有关句子加工是多线索竞争的思想。线索强度因语言而异,如英语为"语序＞一致性＞有生性",意大利语为"一致性＞有生性＞语序",德语为"有生性＞一致性＞语序"

(MacWhinney,Bates,& Kliegl,1984)。最终决定题元角色分配的主要线索存在跨语言差异：在英语中主要线索是语序，在意大利语中是一致性，而在德语中是有生性。eADM 也继承了 CM 有关句子表征是建立在线索基础上的思想。CM 认为句子理解过程中所有线索都被激活，互相作用，由线索强度决定最终胜出的句子解读。正是因为该模型认为句子表征是基于一些线索而不是基于某个动词而建立起来的抽象表征，它能更好地解释不同语言尤其是动词后置型语言的句子加工数据。在 eADM 中，这些线索被称为显著性信息，对题元角色分配起到决定作用的主要线索就是主要显著性信息，并将其纳为模型变量，预测句子加工的脑电表现，通过跨语言比较找到句子加工的共性和差异。

但是 eADM 又与 CM 有着本质的区别，主要体现在以下两个方面：首先，用于构建模型的实验数据具有不同的属性。CM 主要基于行为实验数据，考察的是句末最终解读，也就是整句解读；eADM 主要基于脑电实验数据，考察的是句子在展开过程中某一个时点的解读，也就是句子还不完整时的解读。正是因为考察范围的不同，这两种性质的实验数据未必能得出一致的结论。如上文所述，MacWhinney 等人在行为实验中观测到语序对英语句子理解的影响最大，而有生性的影响最小，英语主要依靠语序把 NP1 分析为施事；然而，Weckerly 和 Kutas（1999）在脑电实验中观测到英语的主语位置上出现有生性效应。这说明，即使一个对句子最终解读影响甚微的线索也有可能会影响句子的在线加工。其次，两者对主语优势的解释不同。MacWhinney 等人在行为实验中观测到有生性对德语句子理解的影响最大，它能够改变 NP1 的施事解读；然而 Schlesewsky,Fanselow,Kliegl 和 Krems（2000）在脑电实验中发现，德语中有主宾语歧义的 NP1 会被优先分析为主语，并且这种主语优势与 NP1 的有生性无关。事实上，不仅在德语中，在很多其他语言中都发现主语优势不受有生性影响，这说明主语优势不能等同于施事优势，然而 CM 对此并不做区分。eADM 研究者认为当句子还只是一个有歧义的 NP1 时,语言加工机制会先将其分析为主语,一个不及物句子的主语,即主语优势;只有当语言加工机制意识到该句子是一个及物句子,也就是说,只有出现参与及物事件的两个论元(或者 NP1 和及物动词)之时才会出现施事优势。两个优势有先后之别(但英语例外,因为论元位置直接对应于论元角色,NP1 被直接分析为施事),但都可以通过语言加工机制减少语义依存进行解释。这点在第四章展开具体论述。

　　总体而言,eADM 关注的是句子的在线加工,CM 关注的是句子在线加工后的最终解读,两者互为借鉴,互为补充。CM 中线索排序可以看成是句末解读,有可能对应于 eADM 模型中的综合匹配阶段,也有可能涉及句子完好性评估阶段。如果是前者,那么线索排序就是整合前阶段还未交互的内外信息的输出结果;如果是后者,那么意味着实验任务也会对线索排序产生影响。

　　第二部分是本书的实证部分,我们将在 eADM 框架下介绍句子加工的跨语言脑电研究成果,具体分为第四章母语加工和第五章二语加工。这部分涉及简单句加工中的经典议题,如母语加工中的主语优势、施事优势,二语学习中的跨语言相似性、可训练性、母语迁移等,我们将对这些议题中出现的语序、格标记、有生性的脑电效应以及背后的神经机制进行分析。需要反复强调的是,传统理论模型视语序和格标记为句法信息,用于识别论元角色,视有生性为语义信息,只用于评估论元角色是否典型。传统理论模型的内部分歧在于句法信息和语义信息发生交互的时间点。然而,eADM 反对句法信息和语义信息的这种两分法,它认为语序、格标记和有生性都是在题元分配过程中发挥作用的显著性信息,传统上被定义为语义信息,如有生性,也能在一些语言中起到识别论元角色的作用,传统上被定义为句法信息,如格标记,也能在一些语言中成为评估论元角色典型性的指标。我们将在第二部分看到这种观点对跨语言实验结果的解释力。

母语和二语加工实证篇

第四章　母语加工

　　本章在 eADM 框架下介绍语序、格标记和有生性在母语加工中的脑电表现。从第一章中可以看到,这三种显著性信息有悠久的心理语言学研究传统和经典的类型学概述。以印欧语为语料的行为实验数据成为早期句子加工理论模型的构建基础。第二章介绍了脑电实验技术和句子加工中常见的脑电效应,展示了这门技术可以提供更加多元的分析维度。它如同一个显微镜,让我们看到大脑反应,并且可以把这种大脑反应锁定在句中的每一个词上,甚至精确到毫秒之间。第三章介绍了基于跨语言脑电数据而建立起来的eADM。该模型把句子理解看成是有限的几个显著性等级互相作用互为竞争的结果,这些等级具有跨语言的普适性,但是在题元角色分配中占据主导作用的显著性信息,是由被测语言的加工特性决定的。从"竞争"这个意义上来说,句子理解过程中势必涉及两个或者两个以上的信息,考察语序、格标记和有生性之间的交互作用也就成为本章大多数脑电实验的设计初衷。只是出于理论梳理和突出重点的需要,我们把语序效应、格标记效应和有生性效应分割开来进行介绍,兼顾两两关系。在介绍过程中我们始终保持跨语言视角,将视野扩大到非印欧语的句子加工,指出以往理论模型的局限,演绎eADM 的解释力。

第一节　语序效应

如第一章所述，很多研究者在行为实验中发现了主语优势，并提出了各种理论假设。同样，主语优势也在很多脑电实验中得到证实。这些脑电实验主要关注关系从句中关系代词上的歧义如何消除，考察语言加工机制偏好把有歧义的关系代词分析为主语还是宾语。然而，也有研究者指出影响关系从句加工的因素错综复杂，很难提供一个观测主语优势的纯粹环境（Schlesewsky，1996）。因此，简单句加工成为观测主语优势的另一选择，这里我们考察句首论元 NP1 主宾语歧义的解歧过程。

首先考察德语。脑电研究表明德语简单句的前区和中区都存在主语优势。beim Graben 等人（2000）在 wh-特殊疑问句的前区成分上，以及 Knoeferle，Habets，Crocker 和 Münte（2008）在陈述句的前区成分上都观测到了一个 P600。Friederici 和 Mecklinger（1996）和 Friederici，Mecklinger，Spencer，Steinhauer 和 Donchin（2001）在中区从句的 NP1 上发现，NP1 解歧为宾语的条件相对于 NP1 解歧为主语的条件诱发了一个更大的 P600。除了 P600，Bornkessel 等人（2004）和 Haupt 等人（2008）还报告 N400 也与主宾语再分析有关（例句 2.3—2.4）。这说明主宾语解歧会诱发多种脑电效应，具体诱发了哪种脑电效应需要看被测语言和被测句型。

再考察阿尔泰诸语中的一员土耳其语言。这门语言与德语相似，有丰富的格标记。但与德语不同，它是一门典型的 SOV 语言，谓语动词总是位于句末。当句子的主语是第一人称或是第二人称时，这门语言可以在没有语境的条件下发生主语脱落。有语料库研究表明，在这门语言中有 70% 的及物句子省略了主语，可以说（S）OV 属于常规语序。Demiral 等人（2008）在一个视觉脑电实验中测试了土耳其语的简单句加工，如（4.1）所示。（4.1a/b）的 NP1

都有歧义,既可以被分析为主语又可以被分析为宾语。只是(4.1a)的 NP1
是有生名词"男人",(4.1b)的 NP1 是无生名词"石头"。NP1 的主宾语歧义
只有通过句末动词中的一致性标记(agreement marker)才能得到消除,它显
示句子的主语是第一人称,已被省略。因此,在句末动词处(4.1a/b)的 NP1
被解歧为宾语,该句子是宾语在先的语序。作为控制句,(4.1c/d)的 NP1 都
明确带了宾语标记,没有歧义,并且句中明显出现了第一人称。为了平衡这
些宾语在先的关键句,实验中也加入了大量主语在先的填充句。

(4.1)土耳其语,主宾语歧义句,出自 Demiral et al.(2008)

a. AM-AN:NP1 有歧义,有生

Dün　　　　adam　　gördüm.　　　(early POS)

yesterday　　man　　see-PST-1. SG

'I saw (a) man yesterday. '

b. AM-IN:NP1 有歧义,无生

Dün　　　　　taş　　　gördüm.　　　(early POS)

yesterday　　stone　　see-PST-1. SG

'I saw (a) stone yesterday. '

c. UN-AN:NP1 无歧义,有生

Dün　　　　adamı　　ben　　gördüm.

Yesterday　　man-ACC　I　　see-PST-1. SG

'I saw the man yesterday. '

d. UN-IN:NP1 无歧义,无生

Dün　　　　taşı　　　ben　　gördüm.

Yesterday　　stone-ACC　I　　see-PST-1. SG

'I saw the stone yesterday. '

Demiral 等人观察到，在句末动词处，有歧义条件相对于无歧义条件产生了更高的加工成本(4.1：a/b vs c/d)，表现为一个 200—600 毫秒的早期正波(简称 early POS)，如图 4.1 所示。这说明语言加工机制倾向把 NP1 分析为主语，当这个解读在句末动词处遭到否决后，才分析为宾语；当 NP1 明确是宾语时，则无须这种再分析成本。因此，土耳其的脑电结果同样支持主语优势。Demiral 等人还观察到，这个早期正波在例句(4.1a)和(4.1b)之间没有差异，这说明主语优势不受 NP1 有生性的影响，它不能简单地等同于施事优势，因为后者会受到有生性影响。过往行为实验也报告了类似的结果，比如，在德语中主语优势也与 NP1 有生性无关(参见德语眼动实验结果，Scheepers，Hemforth，& Konieczny，2000，自定步速实验结果 Schlesewsky et al.，2000)。

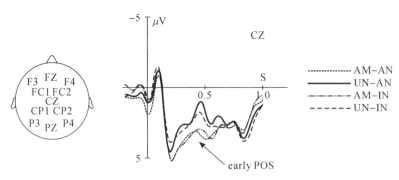

图 4.1　解歧动词处的 ERP 波幅总平均

注：选取 CZ 为代表电极。有效样本 26 人。纵坐标与横坐标的交界点代表动词的起始点(零毫秒)，习惯上负波置上，正波置下。根据 NP1 编码：AM 代表有歧义，UN 代表无歧义；AN 代表有生，IN 代表无生。

土耳其语的脑电实验结果进一步支持主语优势是语言加工的普遍规律。但是这门语言的主语优势从何而来，过往理论都出现了解释困难：首先，频率理论很难解释土耳其语中的主语优势。Demiral 等人(2008)的语料库调查显示，在 1550 个句首是名词的土耳其语句子中，NP1 是主语的有 810 句，占

52％,NP1 是宾语的有 740 句,占 48％。也就是说,在这门语言中,主语在先和宾语在先的句子频率十分接近。其次,句法结构理论(简单性/最小结构构建,Gorrell,1996,2000)、填充词—空位依存关系理论(主动填充词策略,Frazier & Flores d'Arcais,1989;主动追踪策略,Crocker,1994;最小链环定律,de Vincenzi,1991)也很难解释这里的主语优势,因为在土耳其语中无论句首论元做主语还是做宾语,它们都处在句中原本的位置,不涉及论元移位和空范畴。de Vincenzi 的最小链环定律似乎提供了一个不涉及移位就能解释局部歧义的方案,但它只预测了语言加工机制偏好原位生成而不是由移位生成的结构,也没有预测像土耳其语这样句首主语和宾语都是原位生成的情况。最后,工作记忆理论(句法预测局域理论或依存局域理论,Gibson,1998,2000)能够解释主语在先语序的普遍优势,但是该理论推断宾语在先语序有一个额外的宾语空位,从而增加了记忆负担。它与上述两种理论都有一个共同点,那就是它们都是基于句法的加工理论,都默认被测语言中存在"主语"这个范畴,并且主语和宾语可以通过句法结构进行区别。显然,它们都很难预测汉语是否存在主语优势,因为汉语是否存在"主语"极具争议,而且也很难在句法位置上区别主语和宾语。

在语言类型学上按照"话题/主语"这条标准划分世界语言,以英语为代表的印欧语属于典型的主语突出型语言(subject-prominent languages),汉语属于典型的话题突出型语言(topic-prominent languages),也有像日语这样话题和主语都突出的语言。在印欧语中,句子的基本结构为主语—谓语,而在汉语中,话题—述评(topic-comment)才是基本结构(Li & Thompson,1976)。对于汉语是否存在主语范畴,不同学者有不同观点。Huang,Li 和 Li(2009)基于句法理论,默认汉语有一个主语;而汉学家 LaPolla(1990,1993)则认为主语是一个为印欧语量身定制的形态句法概念,汉语不存在主语、宾语等句法关系,句子结构完全可以通过语义和语用关系来解释。同样,在日本语言学界和国学界,废除主语(三上章,1953;金谷武洋,2002)和保留主语

（柴谷方良，1978；尾上圭介，2004）的呼声长期共存，未有定论。

　　学界之所以对汉语是否有主语这一问题存在很大分歧主要是因为汉语不像印欧语那样有明显的主语范畴，主语的传统定义对汉语不太适用。传统上，句法关系（主语、宾语）有别于语义关系（施事、受事），它是指一个论元进入句子时携带的形态句法特征。[①] 在印欧语中，主语可以通过形态标记（如主格标记）、主谓一致性进行定义，也可以通过主语和宾语句法地位不对称进行定义。比如，在英语并列句中考察回指照应（anaphoric reference），第二个小句的成分若是回指到第一个小句的主语，并且做第二小句的主语时，该成分可以省略（如例句 4.2a/b 中的 Peter）；若是回指到第一小句的宾语（如例句 4.2a 中的 Bill）或是做第二小句的宾语（如例句 4.2c 中的 Peter）时，都无法省略。简言之，只有与主语共指的成分才能被省略（零形回指）。这套定义主语的形态句法标准适用于目前观测到主语优势的所有语言。这些语言的主语范畴清晰可辨，其句法地位也明显不同于宾语。因此，面对这些语言所呈现的主语优势，研究者也很自然地根据句法理论进行解释。

(4.2)　　a. Peter$_i$ greeted Bill$_k$ and __$_{i/*k}$ went home.

　　　　　b. Peter$_i$ went home and __$_i$ greeted Bill.

　　　　　c. *Peter went home and Bill greeted __.

　　然而这套标准对汉语却不十分有效。汉语没有格标记或者一致性来标识主语，句首位置也未必一定是主语。汉语的常规语序是 SVO，但是宾语话题句 OV 很常见。主语脱落的情况也十分普遍，特别是在口语中，VO（主语

---

　　① 具体如何定义主语和宾语，不同理论有很大的差别。在乔姆斯基为代表的生成语法中，论元是主语还是宾语取决于它在句法结构中的位置（Chomsky，1981；cf. Ura，2000）。其他语法如词汇—功能语法（Lexical-Functional Grammar，LFG，Bresnan，2001）把主语和宾语看成是不可定义的句法基元（syntactic primitives）。还有 RRG 和论元配列理论（Bickel，2011）则完全不从传统定义出发看待句法关系，见后文。

脱落)或者 V(主语宾语都脱落)都有可能。汉语也没有和土耳其语一样的形态手段标记脱落的代词,需要通过上下文语境进行理解。因此,在语言类型学中,汉语和日语一样属于非主谓一致性/话语语境下代词脱落型语言(agreement-less/discourse pro-drop languages),区别于像意大利语、土耳其语这样的主谓一致性代词脱落型语言(agreement pro-drop languages,Holmberg,2005)。从这些方面来看,在汉语中的确很难把握何为主语。

相反,"话题"对于我们理解汉语句式结构就显得十分重要。很多放弃定义汉语主语的学者指出,主语突出型语言中需要通过主语才能解释的语法现象却在汉语中可以通过话题进行解释。比如,同样是回指照应,汉语允许回指到话题的成分省略,如(4.3)所示。① 话题—评述结构是汉语的基本句式,该结构可以嵌套,形成"那棵树叶子大"的双话题结构(double topicalisation)。与(4.2)不同,这里第二小句里的成分回指到主话题"那棵树",故省略。此外,(4.4)表明在汉语中第二小句的省略成分既可以回指到主语"那个人"(4.4a),也可以回指到宾语"西瓜"(4.4b),因此在汉语中主宾非对称性并不明显(Bisang,2006;LaPolla,1993)。总之,汉语在形态上缺乏和印欧语一样标识主语的手段,句法上也没有表现出像印欧语一样鲜明的主宾非对称性。因此,面对汉语句子加工是否存在主语优势这一问题,以往的句法加工理论或是无法做出预测,或是预测汉语主语相对于宾语没有加工优势。

(4.3)话题—述评结构,出自 Li & Thompson(1976,p. 463)

那棵 树ᵢ 叶子 大,

[that tree]TOP1 [[leaves]TOP2 [big]COM2]COM1

---

① 现实中汉语句子是由一串汉字构成,汉字之间没有空格。此处及后文的汉语例句中有空格是本书作者为了分析需要而加。

所以　我　　　　　不　　　喜欢＿＿＿ᵢ。

so　[1.SG]꜀ₒₚ　[not　like]꜀ₒₘ

'That tree, the leaves are big, so I don't like (it/ * them).'

(4.4)省略成分为主语或宾语，出自 LaPolla(1993,p. 10)

a.那　　个　　人　　把　　西瓜　　　掉　　在　　地上，

　　that　CL　person　BA　watermelon　drop　LOC　ground

—— 碎　　　　　　了。

　　　broke-to-pieces　　ASP

'That man dropped the watermelon on the ground，（and it）burst.'

b.那　　个　　人　　把　　西瓜　　　掉　　在　　地上，

　　that　CL　person　BA　watermelon　drop　LOC　ground

—— 慌　　　　　了。

　　　get-flustered　　ASP

'That man dropped the watermelon on the ground，（and he）got flustered.'

还有一些学者看到传统定义的局限性，另辟蹊径，完全从语义角度定义主语①，这也是从语言类型学角度或描写主义角度定义主语，如语言类型学上的论元配列（argument alignment，Bickel，2011）以及角色指称语法（RRG，Van Valin & LaPolla，1997；Van Valin，2005）。比如，Bickel(2011)认为语法关系是"equivalence sets of arguments, treated the same way by some

———————————

① 也有一些学者采用句法标准和语义标准相结合的做法来定义主语，如 Dixon(1979)。但这种做法也很难适用于所有语言。

constructions in a language, e. g. being assigned the same case in a language, or triggering the same kind of agreement"。我们用例句(4.5)来说明一个语言或者一个句子结构中被同等对待的一组论元。

(4.5)英语,论元配列

    a. Peter is sleeping.

    b. The boys are sleeping.

    c. Peter was washing the dogs.

    d. The boys were washing the dogs.

(4.5a/b)使用了不及物动词 sleep,带一个论元 S,(4.5c/d)使用了及物动词 wash,带两个论元,A 和 O。在英语中,S 和 A 论元被同等对待:它们都处于句首位置;它们都引发助动词与其保持数和人称的一致;它们若是代词,都有主格形式。这些都有别于 O。可见,英语的论元配列是{S,A} vs. {O},传统意义上的主语就是指{S,A}。这种定义法与传统定义法有一个重要的不同点,就是区分 S 和 A,因为 S 是不及物动词的唯一论元,在语义上它属于受事不是施事。{S,A}受到同等对待并不意味着它们具有相同的语义/题元角色。这样做的好处是,不会将主语和施事两个概念混同起来。可见,论元配列所定义的主语是一个跨语言存在的普遍范畴,在这一定义下汉语也有主语。这为 eADM 预测和解释一个普遍存在的主语优势以及区分主语优势和施事优势提供了理论依据。eADM 主张主语优势是一个独立于句法结构的早期加工策略,是语言加工机制尽可能减少语义依存,即遵循最小化定律(The Minimality Principle)的产物,如(4.6)所述。

（4.6）最小化定律，出自 Bornkessel & Schlesewsky（2006a, p. 790）[①]

In the absence of explicit information to the contrary, the human language processing system assigns minimal structures. This entails that only required dependencies and relations are created.

最小化定律告诉我们，在没有明确信息指向其他句式结构的情况下，语言加工机制将选择把句子分析为语义依存最小的结构，也就是只建立必要的语义依存关系。这条定律包含两个假设：（1）语言加工机制倾向把歧义论元解读为不及物事件的唯一论元 S；（2）如果 S 不成立，句子解歧为一个及物事件，那么语言加工机制倾向把该论元解读为 A 而不是 O。在 eADM 的第二阶段，语言加工机制对论元进行[-dependent]（简称[-dep]）特征分配（参见 Bornkessel, 2002；Schlesewsky & Bornkessel, 2004）：首先，把[-dep]特征分配给 NP1，认为它是唯一论元，因为 S 在语义上不依赖其他论元；当句子被解歧为一个及物事件时，再把[-dep]特征分配给 A，[+dep]分配给 O，这是因为受事在语义上依赖施事（Primus, 1999）。最小化定律不仅认为从不及物[-dep]切换到及物关系[+dep]会产生加工成本，而且还认为从最初 S[-dep]切换到 O[+dep]要比切换到 A[-dep]解读产生更高的加工成本。因此，主语优势实质上是{S, A}优势，比{O}具有更少的语义依存。根据这一观点，汉语也将呈现主语优势。

Wang, Schlesewsky, Bickel 和 Bornkessel-Schlesewsky（2009）首次在一

[①] 在 2009 版的 eADM 中，最小化定律归属于一个更大的"区别性原则"（Distinctness）。后者预测语言加工机制会倾向把"事件的参与者在任何一个显著性等级上最大限度地区别彼此"（Bornkessel-Schlesewsky & Schlesewsky, 2009c）。最小化定律之所以可以理解为是一种区别性原则是因为区别不及物关系和及物关系的最简单的做法就是将 NP1 分析为唯一的论元 S。

个视觉脑电实验中测试了汉语简单句加工。在实验中,他们在 NP1 上操纵了语序和有生性两个因素,如(4.7)所示。(4.7a)是关键句,虽然在 NP2 处语序不合法(OVS),但是在动词处,"理解了"将"小说"解歧为句子的宾语,仍然是合法语序(OV)。(4.7b/c)是控制句,分别控制动词和 NP1。为了排除动词上的脑电效应受到动词词汇的影响,(4.7b)采用了与(4.7a)相同的动词,但是它将"演员"解歧为主语;为了排除 NP1 对动词上脑电效应的干扰,(4.7c)采用了与(4.7a)相同的 NP1,但是动词将"小说"解歧为主语。同时,前期问卷调查结果显示,NP1-V 的词汇—语义关联度在三个条件中没有显著差异。也就是说,"小说"和"理解了","演员"和"理解了","小说"和"教育了"三个条件之间具有相似的语义关联度。因此我们在解歧动词处所看到的脑电效应只可能来自 NP1 被解歧为主语还是宾语。

(4.7)汉语,主宾语歧义句,出自 Wang et al.(2009)

    a. IO:NP1 为无生宾语

      *小说 <u>理解了</u> 演员。　　　　　(N400)

    b. AS:NP1 为有生主语

      演员 <u>理解了</u> 小说。

    c. IS:NP1 为无生主语

      小说 <u>教育了</u> 演员。

Wang 等人发现,NP1 被解歧为宾语的句子相对于 NP1 被解歧为主语的句子(不管 NP1 是有生主语还是无生主语)在动词处产生了一个 N400(4.7:a vs. b/c)。这反映了语言加工机制最先把 NP1 分析为 S,然后不得不将其再分析为 O,这是 NP1 违反主语优势所带来的加工成本,如图 4.2 所示。

汉语的脑电实验结果有力地支持主语优势是句子加工的普遍规律。更重要的是,它证实了主语优势并不依附于主语的形态句法特征,而是来自一

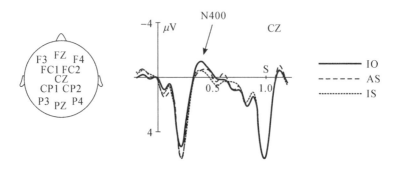

图 4.2　解歧动词处的 ERP 波幅总平均

注:选取 CZ 为代表电极。有效样本 22 人。纵坐标与横坐标的交界点代表动词
的起始点(零毫秒),习惯上负波置上,正波置下。根据 NP1 编码:IO 代表无生宾
语,AS 代表有生主语,IS 代表无生主语。

般认知规律即语义依存最小化定律。至此,该原则可以统一地解释印欧语,
还有非印欧语如土耳其语、汉语发现的主语优势。NP1 被默认解读为 S,因
为它是句子的唯一论元,从 S 切换为 O 比 S 切换为 A 产生更高的再分析成
本,故形成{S,A}优势即主语优势。即使在土耳其语中 NP1 为宾语的情况十
分常见,即使 NP1 为宾语的原来位置,即使在汉语中不存在形态句法意义上
的"主语",但是语义依存最小化定律仍然会预测这些语言呈现主语优势,并
且预测该优势不受 NP1 有生性和话题性的影响,因为在句首论元歧义的情
况下,NP1 被分析成主语而不是宾语只是基于语言加工机制预设其为句子的
唯一论元 S。显然,S 可以是有生或无生名词,也可以是话题或非话题名词。
因此,主语优势不能等同于施事优势(详见第四章第三节),也不能等同于话
题优势。土耳其语的脑电实验结果以及后续的汉语脑电实验结果都支持这
些预测是正确的(王路明,2017)。

综上,和印欧语一样,我们在土耳其语和汉语中也观测到了主语优势。
在这两个语言中,违反主语优势的句子或是产生了早期正波,或是产生了再
分析 N400。这些语言的实验结果说明,主语优势来自一般认知规律即语义
依存最小定律,主语在先的语序优势跨语言存在。

第二节　格标记效应

第一章介绍了有关格标记与语序的类型学观察。有一些语言和英语一样,语序相对固定,通过动词位置区分主语和宾语,而另一些语言和德语一样,语序相对灵活,只要论元携带格标记,无论改变其在句中的位置,也不会造成句义的改变。第一章也介绍了有关格标记与有生性的类型学观察。有一些格标记语言并不要求所有论元都带格标记,而是有选择地带格标记,这种选择与显著性等级有关。通常,在一个及物句子中,显著性越高的论元越胜任施事主语。如果一个受事宾语比施事主语的显著性更高(非典型宾语),那么就越有可能携带宾格标记,以免被误认为是施事主语,也就是前文所述的宾语差异化标记(DOM);反之,如果一个施事主语比受事宾语的显著性更低(非典型主语),那么就有必要携带主格标记。总之,格标记还具有区别论元角色的功能。这里我们介绍格标记效应,以及它与语序、有生性之间的关系。首先是 NP1 的 SO 优势,这里的 NP1 无歧义,因为格标记已经明确了它的题元角色。我们把这种 NP1(带格标记)无歧义的情况下观测到的主语在先优势称为 SO 优势,有别于前文中 NP1(不带格标记)有歧义的情况下观测到的主语在先优势,即主语优势。其次是 NP1 和 NP2 同为主语的双主格违反效应,用于说明格标记和有生性一样可以区别两个论元,有助于题元角色分配。

以德语为例,如(4.8)所示,阳性名词前面的定冠词携带格信息,der 后面的名词做主语,den 后面的名词做直接宾语,dem 后面的名词做间接宾语。在德语句子的前区,助动词 hat 处于句子第二位;在句子中区,三个论元的位置十分灵活,可以把宾语倒置在主语前[NP1$_{直接宾语}$-NP2$_{主语}$-NP3$_{间接宾语}$ (4.8a),或者 NP1$_{间接宾语}$-NP2$_{主语}$-NP3$_{直接宾语}$(4.8b)],当然也可以是常规语序 NP1$_{主语}$-NP2$_{间接宾语}$-NP3$_{直接宾语}$（4.8c）。研究人员在定冠词上发现，无论是直接宾语，还是间接宾语，两个倒置的宾语都相对于主语产生了一个负波（4.8：a/b vs. c），称为倒置负波（scrambling negativity，300—500 毫秒，Schlesewsky，Bornkessel，& Frisch，2003）。图 4.3 显示了直接宾语的定冠词 den 相对于主语的定冠词 der 产生的倒置负波（间接宾语的定冠词 dem 相对于主语的定冠词 der 也是同样的情况），该负波的分布介于一个典型的 LAN（左前区）和一个典型的 N400（中后区）之间。[①]

（4.8）德语，主宾语无歧义句，出自 Schlesewsky et al.（2003）

a. O$_{ACC}$S：直接宾语在先

Gestern　hat　den Schnuller　der Vater　　dem Sohn

yesterday has　[the$_{ACC}$ pacifier] [the$_{NOM}$ father] [the$_{DAT}$ son]

gegeben. (Scram NEG)

given

b. O$_{DAT}$S：间接宾语在先

Gestern　hat　dem Sohn　der Vater　　den Schnuller

yesterday has　[the$_{DAT}$ son] [the$_{NOM}$ father] [the$_{ACC}$ pacifier]

gegeben. (Scram NEG)

given

c. S$_{NOM}$O：主语在先

Gestern　hat　der Vater　　dem Sohn　　den Schnuller　gegeben.

yesterday has　[the$_{NOM}$ father]　[the$_{DAT}$ son]　[the$_{ACC}$ pacifier]　given

---

① Rösler，Pechmann，Streb，Röder 和 Hennighausen（1998）报告了一个类似的效应并把它归属于 LAN。他们认为这个效应反映了句首宾语不能被立即指派到常规位置上而需要储存在工作记忆中从而增加了记忆负荷。但是 Schlesewsky 等人（2003）发现，当倒置宾语不是普通名词而是代词时，该效应消失。这说明语言加工机制会根据倒置宾语的名词情况调整语序偏好。因此，Schlesewsky 等人（2003）认为这个倒置负波反映的是句法违反而非一般意义上的工作记忆限制。

'Yesterday the father gave the pacifier to the son.'

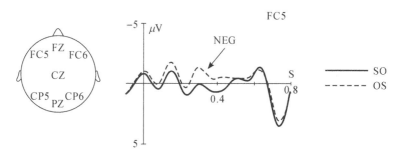

图 4.3　NP1 定冠词处的 ERP 波幅总平均

注：选取 FC5 为代表电极。有效样本 14 人。纵坐标与横坐标的交界点代表定冠词的起始点（零毫秒），习惯上负波置上，正波置下。根据句子语序编码：OS 代表宾语在先，SO 代表主语在先。

　　研究人员还在德语句子的中区，that 从句中的倒置宾语上也观测到了同样的效应（Bornkessel，Schlesewsky，& Friederici，2002）。至此，德语的脑电实验结果都显示了 SO 优势。这一发现似乎并不让人意外，因为对德语来说 OS 是一种非常规语序，它的使用需要语境的支持，比如倒置宾语必须是已知信息（e. g. Lenerz，1977；Fanselow，2003；Haider & Rosengren，2003）。然而，研究人员进一步发现，当倒置宾语是已知话题时，OS 语序的接受度提高了，但仍能观测到倒置负波。只有倒置宾语（包括宾格标记）成为回答 wh-特殊疑问句的信息焦点时，该效应才消失（Bornkessel et al.，2003）。也就是说，当倒置宾语在焦点语境下被完全预测时，倒置负波会消失。因此，这个倒置负波的出现与违反预测有关。

　　日语的实验结果有助于我们进一步看清倒置负波的实质。在一个听觉脑电实验中，Wolff，Schlesewsky，Hirotani 和 Bornkessel-Schlesewsky（2008）比较了日语宾语在先和主语在先的句子，如（4.9）所示，NP1 没有歧义，它们分别带有宾格标记和主格标记。此外，前人研究发现，在日语中这个倒置的宾语和主语之间通常有一个语音停顿（Hirotani，2005）。因此在这个实验中，Wolff 等人除了操纵 NP1 和 NP2 的语序，还操纵了它们之间有无停顿。

（4.9）日语，主宾语无歧义句，出自 Wolff et al.（2008）

a. O~ACC~S：宾语在先

二週間前、	判事を	大臣が	招きました。（NP1：ScramNEG）
nisyuukanmae	hanzi-o	daizin-ga	manekimasita
two weeks ago	[judge]~ACC~	[minister]~NOM~	invited

'Two weeks ago, the judge invited the minister.'

b. S~NOM~O：主语在先

二週間前、	判事が	大臣を	招きました。（NP2：N400）
nisyuukanmae	hanzi-ga	daizin-o	manekimasita
two weeks ago	[judge]~NOM~	[minister]~ACC~	invited

'Two weeks ago, the minister invited the judge.'

如图 4.4 所示，当研究人员锁定 NP1 格标记位置查看脑电反应时发现，在有语音停顿的条件中，宾格标记相对于主格标记产生了一个倒置负波（4.9有停顿：a vs. b）；而在无语音停顿的情况下，同样的比较却没有发现倒置负波。此外，有语音停顿的两个条件相对于无语音停顿的两个条件产生了一个额外的正波（closure positivity shift，CPS），这意味着语言加工机制能够成功探测到 NP1 之后的语音停顿。

Wolff 等人认为这个倒置负波不是由宾语本身造成的，而是由论元依存关系造成的：NP1 之后的语音停顿有助于建立论元依存关系，它提示会有第二个论元出现，但若是没有语音停顿，语言加工机制就不会预测第二个论元，因为在日语中主语脱落、宾语话题化的 OV 语序十分普遍。这种解释在 NP2

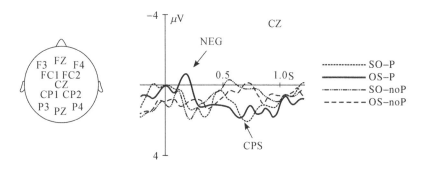

图 4.4　NP1 格标记处的 ERP 波幅总平均

注:选取 CZ 为代表电极。有效样本 24 人。纵坐标与横坐标的交界点代表格标记的
起始点(零毫秒),习惯上负波置上,正波置下。根据句子语序编码:OS 代表宾语在
先,SO 代表主语在先;P 代表 NP1 和 NP2 之间有停顿,noP 代表无停顿。

上得到了印证[①]:宾语 NP2 相对于主语 NP2 产生了一个 N400(4.9:b vs. a)。
这正说明了语言加工机制在遇到主语 NP1 之后并不期待第二个论元会出
现,而在宾语 NP1(加停顿)上已经预测有第二个论元出现,并且预测这个
NP2 是主语。NP2 上的效应同样反映了论元依存关系加工。

　　表面上看,日语的实验结果只是简单重复了前期德语的实验结果
(Schlesewsky et al.2003),但是日语的发现具有重要的理论意义。单就德语
而言,我们很容易认为在主语和宾语之间存在一个句法依存关系。在 NP1
上的倒置负波或是因为宾语这个填充词和它的空位之间的结构距离较长,或
是因为在工作记忆中维持一个句法依存的论元需要额外的成本。此外,德语
语法要求句子的主语必须出现,句首宾语必将引发下一个论元是主语的预
测,因此主语 NP2 的出现是在意料之中,也就不产生加工成本。但是这些解
释很难适用于日语。这个语言和土耳其语类似,主语可以脱落,OV 是常规

---

　　①　确切地说,不是在 NP2 的起始点上,而是在 NP2 中的词类识别点(word category recognition
point)上才发现了这个 N400。不同的 NP2,词类识别点会有差异。在这个时点之前,语言加工机制
有可能把 NP2 分析为其他词性。如(4.9b)中,"二週間前判事が"之后,在听到"dai…"时有可能把其
分析成名词如"大臣"(daizin),也可能分析成动词如"代行"(daikou)。因此,需要日语母语者人工找
出各个 NP2 的词类解歧点,以此为起始点做波幅平均分析更为准确。

语序。也就是说，除非句首宾语后面有语音停顿，否则句首宾语不一定引发下一个论元是主语的预期。因此，日语实验中，NP2 上的发现有力地证明 SO 优势不是纯粹的句法原因造成的，它反映的是一般意义上的依存关系加工。

同样，我们也可以使用 eADM 的语义依存最小化定律解释日语 NP1 无歧义句子加工的实验结果。语言加工机制首先默认 NP1（不包括格标记的部分）为不及物句子的唯一论元 S［-dep］。在（4.9a）中，当语言加工机制遇到 NP1 的宾语标记时，意识到这是一个及物句子，语义上 NP1 属于 O，需要从 S［-dep］切换到 O［+dep］，但是这种切换在日语中还不足以诱发倒置负波，必须在 O 和 A 依存关系确立之后，也就是说，在语言加工机制（通过 NP1 后的停顿）确定 A 会出现的情况下才会诱发倒置负波。在（4.9b）中，当语言加工机制遇到 NP1 的主格标记，NP1 仍然是不及物句子的唯一论元 S［-dep］，保持 SV 这种语义依存最小化的解读。之后，语言加工机制并没有遇到 V 而是意外遇到 NP2，即句子的第二个论元 O，这相对于（4.9a）在意料之中出现的 A 产生了一个 N400。虽然诱发的具体原因有差异，但是倒置负波和 N400 有一个共同点，就是它们都是由违反预期造成的，本质上都属于错配性质的负波。

格标记不仅在传统意义上具有识别论元角色的功能，而且还具有评估论元典型性的功能。在 eAMD 第二阶段加工中，格标记作为显著性等级之一（主格＞宾格）与其他显著性等级如有生性（有生＞无生）一样影响论元的显著性进而影响题元角色的指派。如 Frisch 和 Schlesewsky（2001，2005）在德语句子中区测试了双主格违反现象（double case violation）。研究人员在实验中使用 wh-特殊疑问句做宾语从句，操纵 NP2 的有生性和格标记，如（4.10）所示。NP2 是考察脑电反应的关键位置。（4.10a/b）的 NP2 是有生名词，（4.10c/d）的 NP2 是无生名词。德语不允许一个句子出现两个带主格标记的论元，即两个主语。在（4.10a/c）中，NP1 已经带有主格标记，而 NP2 又带了主格标记，属于不合法句子。

(4.10)德语,双主格违反句,出自 Frisch & Schlesewsky(2001)

*a. AN-IC: NP2 为有生,不合法

　　… welcher Angler　　der Jäger　　　gelobt　　hat.　（N400-LPS）

　　[which angler]$_{NOM}$　[the hunter]$_{NOM}$　praised　has

b. AN-CO: NP2 为有生,合法

　　… welchen　Angler　　der Jäger　　　gelobt　　hat.

　　[which　　angler]$_{ACC}$　[the hunter]$_{NOM}$　praised　has

　　'… which angler the hunter praised. '

*c. IN-IC: NP2 为无生,不合法

　　… welchen　Förster　　der Zweig　　gestreift　hat.（LPS）

　　[which　　forester]$_{NOM}$　[the twig]$_{NOM}$　brushed　has

d. IN-CO: NP2 为无生,合法

　　… welchen　Förster　　der Zweig　　gestreift　hat.

　　[which　　forester]$_{ACC}$　[the twig]$_{NOM}$　brushed　has

　　'… which forester the twig brushed. '

　　NP2 上的脑电反应如图 4.5 所示。当 NP2 是有生名词时,双主格违反条件相对于无违反的控制条件诱发了一个 N400-LPS 双相效应(4.10:a vs. b);当 NP2 为无生名词时,相对于无违反的控制条件,双主格违反条件却只诱发了一个 LPS(4.10:c vs. d)。简言之,双主格违反条件总是诱发 LPS,但 N400 的隐现与有生性有关:当 NP1 和 NP2 都是有生名词的情况下,N400 出现;而当 NP1 是有生名词,NP2 是无生名词时,N400 消失。

　　与题元颠倒句加工一样,这里的 N400 隐现问题也可以通过 eADM 第二阶段,即基于论元显著性的题元分配,进行解释。当两个论元具有同样的显著性,如带同样的主格标记,有同样的有生性,语言加工机制就会面临题元如何分配的困难,从而产生 N400。当两个论元具有不同的显著性,如带不同的格标记,有不同的有生性,这种显著性差异能够帮助语言加工机制区别这两

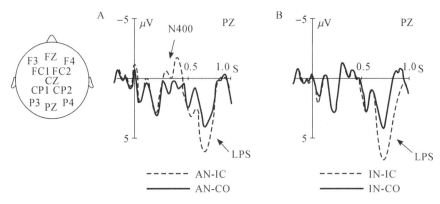

图 4.5　NP2 的 ERP 波幅总平均

注：选取 PZ 为代表电极。有效样本 16 人。纵坐标与横坐标的交界点代表 NP2 的起始点（零毫秒），习惯上负波置上，正波置下。图 A：NP2 为有生名词条件（AN）；图 B：NP2 为无生名词条件（IN）。CO 代表 NP2 的格标记正确，是合法句子；IC 代表 NP2 的格标记错误，是不合法句子。

个论元，题元分配的困难就会消除（也可参考相似性干扰）。相反，LPS 不受有生性的影响，因为它是由句子非完好性造成的。

　　本节主要介绍了母语加工中的格标记与语序、有生性的关系以及格标记效应。德语和日语的脑电实验利用格标记可以识别论元角色的功能，考察了无歧义句句首论元上的语序优势。实验发现，句首宾语（带宾格标记）相对于句首主语（带主格标记）会诱发一个倒置负波，证实句子加工中存在 SO 优势。从形成机制来看，该优势与主语优势一样，并不是句法加工的产物，而是语言加工机制尽可能地减少语义依存的产物。一旦宾语和主语之间的依存关系确立，语言加工机制就会期待主语先于宾语，实际遇到宾语先于主语，不得不从 S 切换到 O 的解读，那么就会产生倒置负波。此外，德语的脑电实验利用格标记可以区别论元角色的功能，考察了双主语违反效应，发现格标记违反会诱发一个 N400-LPS 双相效应，其中 N400 受到有生性的调节。该结果证明格标记和有生性一样影响论元显著性，进而影响题元指派过程。当语言加工机制无法利用格标记和有生性区分两个论元时，题元指派产生困难，就会导致 N400 出现，随后句子非完好性会导致 LPS 出现。

第三节　有生性效应

　　第一章提到有生性在传统上被视为语义信息,其何时与句法信息交互,不同理论模型有不同的答案(第一章第四节)。模块化模型认为句法信息和语义信息参与句子加工的时间点有先后,句子加工的第一阶段只有句法信息(即句法优先模型),第二个阶段才会有语义信息的参与,因此句法信息和语义信息的交互最早发生在第二阶段,而交互模型认为语义信息可以参与句子加工的初始阶段,即两种信息的交互可以早于第二阶段发生。eADM 吸收和借鉴了上述两种模型的观点,采用了级联式结构:整体上该模型认为句子加工的初始阶段只是利用词类信息构建基本句子模板,有生性不会参与其中;细节上该模型不区分句法信息和语义信息,而是把有生性视为与语序、格标记一样的论元显著性信息,不排除在某些语言或是某些句子中有生性更早参与加工的可能性。这里我们主要关注有生性和语序的关系,对"主语优势是否来自施事优势"这一议题进行探讨。句首位置的有生名词是否会被直接指派到施事角色,从而产生所谓的主语优势,这需要跨语言验证和思考。

　　Weckerly 和 Kutas(1999)最早在脑电实验中考察句首论元的有生性对英语句子加工的影响。他们比较了句首论元是无生名词的条件"The movie that …"和有生名词的条件"The novelist that …",发现无生 NP1 相对于有生 NP1 产生了一个 N400。基于句法的句子加工理论认为该效应支持主语优势,语言加工机制偏好把一个歧义 NP1 分析为主语,而无生名词很难被解读为主语(cf. Frazier,1987),而基于语义/题元角度的句子加工理论却认为该效应支持"施事优势",语言加工机制偏好把一个歧义 NP1 分析为施事,而无生名词不是典型的施事(cf. agent-action-object strategy,Bever,1974)。如果这些观点都正确,那么不仅仅在英语中,我们在其他语言中也应该观测到无生 NP1 的加工成本。然而，在德语中，有生 NP1 做主语和无生 NP1 做主语没有加工差异（Scheepers et al.，2000；Schlesewsky et al.，2000）；同样，土耳其语和汉语也在解歧动词处显示了一个违反主语优势的效应，并且该效应在有生 NP1 和无生 NP1 条件上没有差异。① 换言之，NP1 的有生性不会影响主语优势（例句 4.1 和 4.7）。这些语言的实验结果说明，NP1 上出现有生性效应是英语的加工特性，而不是跨语言共性。如第三章所述，英语十分依赖语序进行题元分配，NP1 被直接指派为施事，然而在不依赖语序进行题元分配的其他语言中，NP1 并不直接对应施事，主语优势也不受有生性影响。原因很简单，根据语义依存最小化定律，NP1 分析为主语只是因为它是句子的唯一论元，而这唯一论元可以是有生名词也可以是无生名词。从这点来讲，主语优势不能等同于施事优势。

有生性对 NP1 的影响因语言而异，但是对 NP2 的影响却是十分稳定且普遍。以德语为例，我们再引（4.10）如下。前文提到德语 NP2 上的双主语违反效应（N400-LPS）明显受到有生性的调节。具体表现为，当 NP1 是有生名词，NP2 也是有生名词时，双主语违反条件相对于合法条件产生了一个 N400-LPS（4.10：a vs. b）；当 NP1 是有生名词，NP2 是无生名词时，双主语违反条件相对于合法条件只产生了一个 LPS（4.10：c vs. d）。有趣的是，Roehm 等人（2004）同时比较了（4.10）中的四个条件，结果如图 4.6 所示。

（4.10）德语，双主格违反句，出自 Frisch & Schlesewsky（2001），又见 Roehm et al.（2004）

---

① 虽然（4.1）和（4.7）只呈现了解歧动词处的脑电反应，但是研究人员也锁定了 NP1 的起始处考察有生性效应。在土耳其语中，无生 NP1 和有生 NP1 之间没有类似于英语这样的效应差异。在汉语中，无生 NP1 和有生 NP1 之间的差异时有时无［对比 Wang et al.（2009）中实验一和实验二］。而后文 Phillipp 等人（2008）和王路明（2015）都没有在 NP1 上发现有生性效应。可见，汉语 NP1 上的有生性效应很不稳定。

＊a. AN-IC：NP2 为有生,不合法

| … welcher | Angler | der Jäger | gelobt | hat. | （N400-LPS） |
| [which | angler]NOM | [the hunter]NOM | praised | has | |

b. AN-CO：NP2 为有生,合法

| … welchen | Angler | der Jäger | gelobt | hat. |
| [which | angler]ACC | [the hunter]NOM | praised | has |

'… which angler the hunter praised.'

＊c. IN-IC：NP2 为无生,不合法

| … welchen | Förster | der Zweig | gestreift | hat. (N400-LPS) |
| [which | forester]NOM | [the twig]NOM | brushed | has |

d. IN-CO：NP2 为无生,合法

| … welchen | Förster | der Zweig | gestreift | hat. (N400) |
| [which | forester]ACC | [the twig]NOM | brushed | has |

'… which forester the twig brushed.'

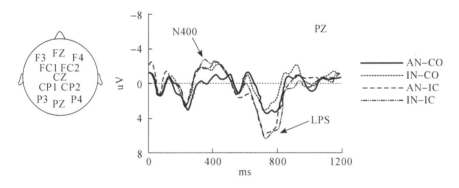

图 4.6　NP2 的 ERP 波幅总平均

注:选取 PZ 为代表电极。有效样本 16 人。纵坐标与横坐标的交界点代表 NP2 的起始点(零毫秒),习惯上负波置上,正波置下。根据 NP2 编码:AN 为有生名词,IN 为无生名词;CO 为格标记正确,IC 为格标记错误。

从图 4.6 中可以进一步看到两个双主语违反条件都诱发了一个 N400-

LPS 效应(4.10:a/c vs. b),此外,无生 NP2 做主语的合法条件也诱发了一个 N400(4.10:d vs. b),但没有诱发 LPS。没有诱发 LPS 并不意外,因为该句子是合法的,在句子完好性评估阶段没有问题。无生 NP2 做主语所诱发的 N400 是因为语言加工机制遭遇非典型施事的缘故:根据德语中宾语和主语之间的依存关系(在这门语言中主语不可能省略),当语言加工机制遇到宾语 NP1(带了宾格标记)便会预测下一个论元 NP2 是主语,同时期待 NP2 是典型的主语,即有生名词做主语,承担施事角色,然而实际上却遇到无生命的施事主语,这种错配导致了 N400。^① 因此,eADM 认为有生性在单独的 NP1 上不发挥作用,而是在两个及以上论元之间发挥作用。

再看汉语。前文提到,在 NP1-V-(NP2)句子加工中,汉语呈现主语优势,该优势不受 NP1 的有生性和话题性的影响(Wang et al.,2009;王路明,2017)。其实汉语除了常规的动词中置句,在一定语境下也允许 NP1-NP2-V 这种动词后置的句子。动词后置句分为两种:一种是双论元无歧义句 NP1-把/被-NP2-V,它含有"把"和"被",动词前的两个论元都无题元歧义;另一种是双论元歧义句 NP1-NP2-V,它不含题元标记,动词前的两个论元都有题元歧义。下面我们先介绍前者,把字句和被字句加工中的有生性效应。

Phillipp,Bornkessel-Schlesewsky,Bisang 和 Schlesewsky(2008)在一个听觉脑电实验中考察了有生性对被字句和把字句加工的影响。"把"和"被"位于 NP1 和 NP2 之间,明确了这两个论元的题元角色。在把字句中,NP1 为施事(Actor,A),NP2 为受事(Undergoer,U);相反,在被字句中,NP1 为受事,NP2 为施事。Philipp 等人操纵了 NP1 和 NP2 的有生性(有生 an,无生 in),形成(4.11)所示的八个条件。

(4.11)汉语,NP1-把/被-NP2-V,出自 Philipp et al. (2008)

---

① 虽然无生 NP2 做主语条件与双主格违反条件都产生了相似的 N400,但是 Roehm 等人(2004)通过时频分析(time-frequency analysis)区分了这两个 N400,指出它们具有不同的频段。

a. Aan-Uan：<u>王子</u>把挑战者刺死了。

b. Aan-Uin：<u>王子</u>把绳子切断了。

c. Ain-Uan：<u>小刀</u>把挑战者刺死了。

d. Ain-Uin：<u>小刀</u>把绳子切断了。

e. Uan-Aan：<u>王子</u>被挑战者刺死了。

f. Uan-Ain：<u>王子</u>被绳子勒死了。　　　（NP2：N400）

g. Uin- Aan：<u>小刀</u>被挑战者拿走了。　　（NP2：N400）

h. Uin- Ain：<u>小刀</u>被绳子捆起来了。　　（NP2：N400-LPS）

　　假设 NP1 的有生性能够决定题元分配，即有生 NP1 被指派为施事，无生 NP1 被指派为受事，那么在 NP1 上或者在"把"和"被"上将会观察到违反这种指派的有生性效应，如无生 NP1 却是施事，有生 NP1 却是受事。但是，Phillipp 等人在 NP1 上没有发现有生性效应（所有无生 NP1 条件 vs. 所有有生 NP1 条件），甚至在"把"和"被"上也没有发现有生性效应（把字句：c/d 的无生施事 NP1 vs. a/b 的有生施事 NP1；被字句：e/f 的有生受事 NP1 vs. g/h 的无生受事 NP1）。[①] NP1 的结果支持语义依存最小化定律，NP1 的解读只基于它是句子的唯一论元，与它的有生性无关。

　　如图 4.7 所示，Phillipp 等人在被字句的 NP2 上发现了有生性效应：在被字句中，NP2 为无生施事的条件相对于 NP2 为有生施事的条件产生了一个 N400(Uan-Ain/Uin-Ain vs. Uan-Aan)。注意在这个实验中，一个名词做

---

　　① 与有生性的预测方向相反，Philipp 等人（2008）在"被"字上发现无生受事 NP1 相对于有生受事 NP1 产生了一个 N400（被字句：g/h vs. e/f）。他们认为这个 N400 来自汉语被字句的语用限制。和印欧语不同，汉语的被字句通常用于描述对受事不利的事件（e. g. Chappell，1986；Bisang，2006b），受事在心理上感到受损，因此被字句的 NP1 多为有生命的人。当 NP1 为无生受事时会产生 N400。该解释在随后的汉语关系从句加工中得到了证实。Philipp 等人（2008）在实验二中操纵关系从句中名词 NP1 和主句中心词 NP2 的有生性，如"把/被NP1 V 的NP2…"。他们观测到在被字句中，中心词 NP2 为无生受事的条件相对于有生受事的条件再次诱发了一个 N400。同时，在把字句中，中心词 NP2 为无生施事的条件相对于有生施事的条件再次诱发了一个 N400。

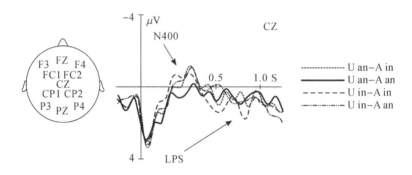

图 4.7 被字句 NP2 的 ERP 波幅总平均

注：选取 CZ 为代表电极。有效样本 27 人。纵坐标与横坐标的交界点代表 NP2 的起始点（零毫秒），习惯上负波置上，正波置下。根据 NP1 和 NP2 编码：A 为施事，U 为受事，an 为有生名词，in 为无生名词。例如 Uan-Ain 代表被字句，NP1 为有生受事，NP2 为无生施事。

NP1 和做 NP2 的概率相等，也就是说，综合所有试次，研究人员在 NP1 上对比的和在 NP2 上对比的是同一组有生名词和同一组无生名词。因此，有生性效应没在 NP1 上出现而在 NP2 上出现，这不可能是 NP1 和 NP2 的词汇差异造成的。汉语实验结果重复了前期德语的实验发现，首先，NP1 上没有有生性效应；其次，有生性效应出现在 NP2 上，当 NP1 为受事时，无生 NP2 做施事将导致 N400。

除了无生 NP2 做施事的条件产生了预期中的 N400 之外，被字句加工还产生了两个额外的效应：一个是无生 NP1 做受事、有生 NP2 做施事的条件相对于有生 NP1 做受事、有生 NP2 做施事的条件产生了一个 N400（Uin-Aan vs. Uan-Aan）。Phillipp 等人认为，这个 N400 是有生性要求和汉语被字句的语用要求发生错位造成的：一方面，有生性要求 NP1 为无生受事，NP2 为有生施事，这样可以建立典型的题元层级，施事$_{有生}$＞受事$_{无生}$；而另一方面，汉语被字句要求 NP1 为有生受事，表达受损的含义。另一个是无生 NP1 做受事、无生 NP2 做施事的条件诱发了一个 LPS（Uin-Ain vs. Uan-Aan），这可能是因为两个论元都是无生名词的句子比较少见，进而影响句子完好性的缘故。

　　与被字句加工的实验结果相反,Phillipp 等人在把字句的 NP2 上没有发现有生性效应。该结果再次证实了句子加工中的预测机制:受事在语义上依赖施事,而施事在语义上并不依赖受事,因此在被字句中一个受事 NP1 使得语言加工机制预测一个施事 NP2,并且期待 NP2 是一个有生施事;而在把字句中一个施事 NP1 却不会使语言加工机制预测一个受事 NP2,也不会对受事 NP2 的有生性有所要求。

　　eADM 认为有生性 N400 效应不是来自主语和有生性的不匹配,而是来自第二阶段语言加工机制基于显著性信息进行题元分配的过程中,不得不把无生名词指派为施事的结果。在这一阶段,有生性与格标记、语序等其他显著性信息一起参与题元关系的构建。因为句末动词还未出现,此时的题元构建过程只基于两个论元而非动词。如前文所述,显著性信息在不同语言中强度有所不同。英语主要依赖语序进行题元分配,如在加工句子"The movie that …"时,语言加工机制在定冠词 the 上就根据语序等级(第一论元>第二论元)预测 NP1 为一个高显著性论元,即一个有生施事,当它实际上遇到无生施事时,与预测不匹配,就会诱发 N400。与英语不同,德语主要依赖格标记、有生性进行题元分配。当语言加工机制遇到句首带宾格标记的受事论元时,语言加工机制就根据格标记(主格>宾格;有生>无生)预测下个论元为一个典型的施事,而一个高显著性的施事应该是有生命的、带主格标记的论元。同样,这个预期与现实中的无生论元发生不匹配,诱发了 N400。汉语与德语相同,题元分配没有像英语那样依赖语序,研究人员在汉语句首论元上没有发现有生性效应,而是在句首论元之后的论元上才发现有生性效应。

　　总之,不同于英语,其他语序相对自由的语言如土耳其语、德语和汉语在句首论元上都没有出现有生性效应。也就是说,把一个有生的句首论元直接分析为施事,这只是英语的特性,在这门语言中论元位置(线性序列)和题元角色过于重合(第一论元直接对应施事)。与语义/题元理论相比,语义依存最小化定律能更好地解释跨语言的实验结果，即句首论元的解读只是基于该论元是句子的唯一论元，而不是基于有生性。有生性是一个构建论元之间题元关系的显著性信息，它必须在一个以上的论元之间发挥作用。

汉语中还有一种 NP1-NP2-V 句，由于论元没有题元标记，句末动词前的两个论元都有题元歧义。根据上述 eADM 的观点，有生性应该在 NP1-NP2-V 句型比在 NP1-V 句型中发挥更大的作用。该句型可以解歧为 SOV，也可以解歧为 OSV。两个论元没有施事或受事标记，使用这个句型需要更多的语义或者语境的支持。从语境角度来看，由于 SOV 和 OSV 中 O 都处于动词前面，在汉语学界常被合并为 OV 结构，与常规语序 VO 进行对比研究（Tao，1996）。OV 和 VO 的最大区别是，前者表达的是已知信息，而后者表达的新信息。同样是 OV 结构，SOV 和 OSV 又有细微的区别：前者的 O 为对比焦点（屈承熹，2003；但胡建华、潘海华、李宝伦，2003 认为是次话题），带重音，而后者的 O 为话题，在 O 与 S 之间经常有停顿（Ernst & Wang，1995；Li & Thompson，1981）。

王路明（2015）在一个听觉脑电实验中考察汉语 NP1-NP2-V 的解歧过程。在实验中操纵了 NP1 和 NP2 的语序（SO 或 OS）和有生性（有生 an 或无生 in），形成四个条件，如（4.12）所示。语境问题总是询问 NP1，NP1 成为话题，NP1 和 NP2 总是具有不同的有生性，句末动词将句子最终解歧为 AUV 或者 UAV 句。[①]

（4.12）汉语，NP1-NP2-V，出自王路明（2015）

语境一：子弹怎么了？

a. Uin-Aan：子弹侦探<u>保存了</u>。

b. Ain-Uan：子弹侦探<u>击中了</u>。（NEG：450—700ms，700—850ms）

———————

① 在及物句子中，施事 A 和主语 S 重合，U 和 O 重合。这里我们选择使用 A 和 U，与前文把字句和被字句的汉语实验保持编码上的一致。

语境二：侦探怎么了？

c. Aan-Uin：侦探子弹<u>保存</u>了。

d. Uan-Ain：侦探子弹<u>击中</u>了。（NEG：700—850ms）

值得注意的是，研究人员认为在汉语 NP1-NP2-V 加工中存在宾语优势，而不是主语优势。具体而言，在 eADM 的第一阶段，语言加工机制构建句子基本模板，如 NP1-V-NP2，NP1-V，V-NP1 或 V，其中 NP1-V 结构与 S 这一语义依存最小化的解读兼容（SV），故呈现主语优势，并且这一优势不受有生性（NP1 是否为有生）和话题性（NP1 是否为话题）的影响（Wang et al.，2009；王路明，2017）。然而，如前文所述，汉语非常规语序涉及话题、焦点等信息结构，受信息结构的影响，句子加工可能在第一阶段就有所不同。语言加工机制在第一阶段选择基本模板 NP1-NP2-V，但是被解读成 SOV 还是 OSV，取决于哪个信息结构更加简单。信息结构包括代表话题的左脱离位置（left-detached position，LDP）和代表焦点的核心前位置（pre-core slot，PrCS），它们都附加于基本模板（Van Valin & LaPolla，1997）。OSV 是一个 LDP 附加在一个 NP1-V 模板之上（话题 O 和 SV），而 SOV 是一个 LDP，一个 PrCS 附加在一个 V 模板之上（话题 S、焦点 O 和 V）。[①] OSV 比 SOV 信息结构更简单，因此会产生 OSV 的语序优势。同时，在 NP1 和 NP2 具有不同的有生性的情况下，语言加工机制会倾向有生名词做施事，无生名词做受事。因此，研究人员预测在 NP2 上能够观测到最优条件是 Uin-Aan，它同时符合 OSV 的语序偏好和有生施事的偏好，最劣条件是 Ain-Uan，因为它同时违反了这两种偏好。其他两个条件各自违反其中一个偏好，语序和有生性处在竞争状态，这正是研究人员的关注点。

---

① 有些研究生成语法的学者将 OSV 和 SOV 的区别处理成 O 在屈折短语还是在动词短语的区别，他们认为 OSV 的 O 在 IP 下而 SOV 的 O 在更为内层的 VP 下。参见：Ernst & Wang，1995。从中也能看出 OSV 比 SOV 比结构更简单。

出人意料,研究人员并没有在 NP2 而是在句末解歧动词处观测到语序和有生性的交互作用,如图 4.8 所示。

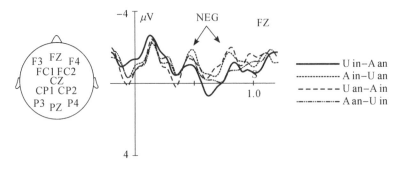

图 4.8　双论元歧义句中句末动词的 ERP 波幅总平均

注:选取 FZ 为代表电极。有效样本 25 人。纵坐标与横坐标的交界点代表动词的起始点(零毫秒),习惯上负波置上,正波置下。根据 NP1 和 NP2 编码:A 为施事,U 为受事,an 为有生名词,in 为无生名词。例如 Uan-Ain 代表 NP1 为有生受事,NP2 为无生施事。

实验结果清晰地表明 Uin-Aan 条件最具加工优势,当 OSV 语序和有生性的题元分配不一致时,这种语序优势就会消失,这体现在早期时窗 450—700 毫秒中,两个有生 NP1 条件之间没有差异。OSV 和有生施事这两种偏好在加工早期势均力敌,此时语言加工机制无法做出特定的题元分配,或者做出了特定的题元分配,但这一分配随着试次的变化而变化,并不稳定。譬如在某些试次中,语言加工机制遵循优势语序选择 UAV,而在另一些试次中,它遵循优势解读选择 AanUV(选择随试次而变的证据可参照 Traxler, Pickering, & Clifton, 1998; Van Gompel, Pickering, & Traxler, 2001; Van Gompel, Pickering, Pearson, & Liversedge, 2005)。若这两个条件各自有 50% 的试次需要再分析,而同时违反这两个偏好的 Ain-Uan 有近 100% 的试次需要再分析,平均叠加下来有生 NP1 的这两个条件之间没有明显差异,都诱发了一个波幅介于无生 NP1 条件之间的前区负波。以上两种可能都能解释早期时窗的数据 Ain-Uan>Aan-Uin/Uan-Ain>Uin-Aan,但无论是语言加工机制在加工早期缺少明显的题元分配,还是该分配随试次而变得不稳定,结果都说明语序和有生性共同参与 NP1-NP2-V 的在线加工,它们对题元分配的影响力总体持平。

在 700—850 毫秒时窗内,Ain-Uan 和 Uan-Ain 在解歧动词处诱发了一个前区负波。这两个条件都违反了有生施事偏好,这说明在加工晚期,有生性最终战胜 OSV,对题元分配起主导作用。这个结果也与行为测试,也就是被试者读完整个句子后做出可接受度判断的结果一致,有生施事条件比有生受事条件的接受度要高。对于这个前区负波也可能存在其他解释,例如,它可能是由"击中了""保存了"词汇本身不同造成的。但如果是这样,应该观测到一个典型的 N400,分布在顶叶中部(Kutas, Van Petten, & Kluender, 2006),然而该负波分布在前区偏右侧。另一种解释是,该负波是由非合理性加工(implausibility)造成的。被试者可能把"子弹侦探击中了"错误地解读为侦探击中了子弹,从而产生了加工成本。但如果是这样,应该观测到一个分布更为典型的 N400(van de Meerendonk et al.,2010,参见 Bornkessel-Schlesewsky et al.,2011 中汉语的题元颠倒句),也应该导致句子理解任务的正确率十分低下。但事实并非如此。所有条件的正确率都在 90% 以上。因此,该负波更有可能来自无生施事作用于有生受事这对非典型题元角色的加工成本。其实 Wang 等人(2009)使用了 NP1-V-NP2 句子,在 NP2 位置上,也就是当整个句子被解歧为一个无生施事(NP1)作用于一个有生受事(NP2)时,也发现了一个类似的前区负波。

该实验结果反映了语序和有生性在题元分配过程中的交互作用,两者在加工早期和加工晚期呈现出不同的力量对比。首先,在整个加工时窗,违反 OSV 语序和有生性的条件 Ain-Uan 始终比遵从这两个条件的 Uin-Aan 产生一个更大的前区负波;其次,当 OSV 语序和有生性的题元分配指向发生矛盾时,两者在加工早期力量相当,没有特定的题元分配指向,然而在加工晚期,有生性战胜 OSV 语序开始主导题元分配,违反有生施事的条件 Uan-Ain 最终比满足这一偏好条件的 Aan-Uin 产生了一个更大的前区负波。

汉语 NP1-NP2-V 句子加工的实验结果重复了德语、汉语被字句和把字句的实验结果,再次证明了有生性是在两个论元之间建立题元关系时发挥作用。但是在这个实验中,让人感到意外的是有生性效应发生在句末动词上而不是在 NP2 上。也许 NP2 和句末解歧动词的加工早期一样,语言加工机制在这个时点还没有明确的题元分配指向,或是有指向但不稳定。

一个更为重要的新发现是,该实验揭示了汉语句子的加工个性。在汉语 NP1-NP2-V 句中,有生性从一开始与语序力量相当,到最终推翻(宾语在先的)语序优势(与 Uan-Ain 相比,Aan-Uin 最终胜出),这与德语形成鲜明的对比。在德语 NP1-NP2-V 句中,有生性无法推翻(主语在先的)语序优势。Schlesewsky 和 Bornkessel-Schlesewsky(2009)测试了(4.13)中德语的双论元歧义句。

(4.13)德语,NP1-NP2-V,出自 Schlesewsky & Bornkessel-Schlesewsky(2009)

a. Aan-Uin: … dass Techniker Schalter <u>bedienen.</u>

                 that technicians switches operate

b. Uin-Aan: … dass Schalter Techniker <u>bedienen.</u> (NEG)

                 that switches technicians operate

        '… that technicians operate switches.'

在(4.13)中,NP1 和 NP2 都采用了复数形式,复数名词的主宾格同形,无法识别施事或受事,只有通过句末动词语义(和合理性)才能将有生名词解歧为施事,把无生名词解歧为受事,这与第二章德语例句(2.3)和(2.4)通过动词的单复数信息(谓语动词必须与主语保持数一致)进行解歧不同。因此(4.13)与前文汉语例句(4.12)有可比性。唯一与(4.12)不同的是,这里德语的语序优势还是主语优势,不是宾语优势,SOV 是德语的常规语序,使用它无需语境支持。在(4.13a)中,主语优势和有生性一致支持 NP1 为施事,NP2 为受事,在(4.13b)中,主语优势与有生性的题元分配方向不一致,因为前者要求 NP1 做施事而后者要求 NP2 做施事。研究人员在解歧动词上发现 Uin-Aan 条件相对于 Aan-Uin 条件产生一个广泛分布的负波(350—650 毫秒),这说明在德语中有生性(有生施事和无生受事)无法推翻(主语在先的)语序优势。

上述脑电实验结果有力地证明了有生性的作用因语言的不同而不同(汉语 vs. 德语),也因句型的不同而不同(NP1-V vs. NP1-NP2-V)。在双论元歧义句加工中,有生性在德语中不能决定题元分配,而在汉语中却能推翻语序优势决定题元分配。回顾第三章中的类型学特征,早期竞争模型的行为实验结果曾表明,相比语序信息,德语和汉语更加依赖有生性线索进行题元分配(德语和汉语:ani>wo,参见表 3.1),而这里脑电实验结果更是加深了我们对线索强度的认知:在双论元歧义句加工中,汉语比德语更加依赖有生性信息进行题元分配(德语:ani>wo;汉语:ani>> wo)。[1] 这可能是汉语自身特点造成的,譬如汉语缺少格标记,缺少词类的屈折变化,也可能是双论元歧义句自身特点造成的,该结构无施受标记,有生性成为题元分配过程中仅有的可以依赖的信息(Miao,Chen,& Ying,1986;Li,Bates,& MacWhinney,1993)。此外,在同一语言中,有生性在不同句型中的影响力也不同。在汉语中,有生性在 NP1-V 上只面临一个论元,没有发挥作用的空间,而在 NP2 上面临两个论元,可以参与题元分配,特别是在 NP1-NP2-V 句中有生性差异得

---

① 注意竞争模型的行为实验关注的是无格标记的情况。因此,德语是在无格标记的情况下依赖有生性线索,呈现 ani>wo 的排序。而在有格标记的情况下,德语无疑是依赖格标记线索进行题元分配。另外,(4.13)表明,即使 NP1(手表)是无生名词,德语加工机制还是把它分析为主语/施事,直到遇到句末动词将其解为宾语/受事,产生再分析成本。但是我们不能就此认为德语的线索排序是 wo>ani,因为句子最终解读仍然是有生性作为主导线索,将句子解歧成"技师修理了手表",而不是语序作为主导线索,将句子解歧成"手表修理了技师"。这与竞争模型通过句末解读进行线索排序一样。">"表示比">"作用更大。

到凸显,它最终起到决定题元角色分配的作用[参见(4.6)的脚注,区别性原则]。如果说双论元无歧义句加工(被字句和把字句)揭示了有生性影响施事是否典型这一跨语言共性,那么双论元歧义句加工则揭示了语言与语言之间的差异,展示了有生性在汉语中的强大影响力,它可以强到与传统的句法信息一样决定题元分配,这为 eADM 不区分句法信息和语义信息的做法提供了依据。

第四节 综合评述

本章介绍了语序、格标记、有生性对母语简单句加工的影响,被测语言也不仅仅局限于印欧语,而是扩展到了其他类型的语言如土耳其语、日语、汉语等等。汇总这些跨语言的脑电实验数据,我们可以观察到简单句加工具有两个跨语言共性。(1)语言加工机制倾向把句首论元分析为主语,偏好主语在先的语序。这种偏好表现为句首歧义论元 NP1 上的主语优势,以及句首无歧义论元上的 SO 优势。(2)当句子解歧为有两个论元参与及物事件的句子时,语言加工机制倾向于把显著性高的那个论元分析为施事。这两条共性模型化为 eADM 的第一阶段中的基本句子模块构建(basic constituent structuring)和第二阶段中的计算论元显著性(compute prominence)。主语优势是语义依存最简化的产物,这个优势来自语言加工机制把 NP1 解读成句子的唯一论元 S,该解读与第一阶段构建的 NP1-V 这种不及物的句子模块兼容;当句子明确解歧为及物句子时,此时主语优势转化为施事优势,语言加工机制偏好施事为显著性更高的论元,这种解读也与第一阶段构建的 NP1-NP2-V、NP1-V-NP2 这些及物的句子模块兼容。及物句中的施事在先优势(在还未解歧为及物句时是主语优势)和典型施事者偏好归纳为文首提出的"施受不对称性"。

纯句法理论或者纯语义加工理论都很难解释目前的跨语言脑电数据。纯句法理论能够从句法上推导出 NP1-V 句中的主语优势和 SO 优势,排除语义因素(如有生性)对 NP1 的影响,也能够推导出汉语 NP1-NP2-V 中的 OSV 优势,但是它却不能解释为什么有生性在 NP2 上对语序优势产生调节作用,甚至在汉语中能够和句法信息一样决定题元分配。纯语义加工理论认为有生性可以直接决定题元分配,也就是说,它认为有生名词可以直接被分析为施事主语，无生名词可以被直接分析为受事宾语，但是它却无法解释为什么在德语、土耳其语、汉语的 NP1-V 句加工中，NP1 上均没有生性效应（英语除外），也无法解释为什么在无生 NP1 之后的解歧动词上仍然产生了再分析成本，即语言加工机制把 NP1 再分析成受事宾语的成本。该理论可以较好地解释有生性在 NP2 上对语序优势的调节作用，这似乎与早期行为实验的结果一致（参见第一章有生性在关系从句加工中的作用，英语：Traxler et al.，2002，2005；Chen，West，Waters，& Caplan，2006；荷兰语：Mak et al.，2002，2006；汉语：Wu et al.，2012）。比如，Mak 等人（2002，2006）通过观测荷兰语关系从句加工，认为两个论元的有生性可以影响关系从句的最初分析，即决定孰为施事主语，孰为受事宾语。这与我们在汉语双论元歧义句的脑电结果不符，因为如果有生性足以强到在加工早期就能决定题元角色分配，那么我们从 450 毫秒开始就应该观测到 NP1 和 NP2 的有生性推翻 OSV 语序优势的效应，但是事实却是，有生性和 OSV 语序在 450 毫秒开始的早期时窗，势均力敌，只在 700 毫秒开始的晚期时窗，才推翻 OSV 语序优势。从整个时窗来看，有生性和 OSV 语序共同决定两个歧义论元的解读。

值得一提的是，频率理论无法解释双论元歧义句的跨语言差异。面对有生性在汉语双论元歧义句中能够决定题元分配而在德语中却不能的情况，频率理论会把这种跨语言差异归因于特定句子的频率差异，比如，主语是有生名词、宾语是无生名词的概率在汉语中和在德语中可能有所不同。虽然缺少直接对比汉语和德语这种句子的语料库研究，但是从已有结果来看，这种可能性较小。在英语中，即使有生性无法决定题元角色，有生主语和无生宾语构成的句子也比偏离这种模式的句子频率更高。在其他语言中，如瑞典语和土耳其语中都能得到类似观察（Jäger，2007；Demiral，2007）。这说明有生主语和无生宾语这种句子的频率普遍较高，因为这是最自然最典型的及物句子（Comrie，1989）。

eADM 从一个完全不同的角度去解释脑电数据所反映的跨语言共性和

差异。首先,它从语言加工机制试图减少语义依存的角度解释各种表面上的语序优势,如主语优势、SO 优势,甚至是汉语双论元歧义句中的宾语优势。该解释不再借助主语、宾语这些语法概念,因此独立于传统的句法理论。其次,eADM 不区分句法因素和语义因素,而是把语序、格标记、有生性都视为显著性信息,在功能上它们都是参与题元分配的竞争因素。在这个意义上,eADM 打破了传统做法,即这种句法因素(语序、格标记)对应于识别题元的功能(role identification),语义因素(有生性)对应于评估题元的功能(role prototypicality)的传统做法。最后,eADM 通过显著性信息的强度来解释句子加工的跨语言差异。如,双论元歧义句加工的德语与汉语差异来自汉语比德语(在无格标记的情况下)更加倚重有生性信息。

首先,eADM 的解释更贴近人类大脑高效进行语言交流的事实。比如,有生性能够帮助语言加工机制在动词出现之前就开始进行题元解歧,无需等待句末动词出现。在前文我们提到句子加工遵循递增原则,每一个字词的出现都会被迅速感知并且整合到之前的句子表征中,利用有生性解歧将极大促进句子理解,提高交流效率。大脑的这种做法也符合语言演化的结果,格标记和有生性不可能不在动词前发挥解歧作用,否则 SOV 也不可能成为世界语言中被采用最多的语序类型(Dryer,2005)。eADM 的解释更容易让我们从一个多因素互动和跨语言的视角去看待句子加工。Bornkessel-Schlesewsky 和 Schlesewsky(2014)提出了"递增式论元解读的交互假说"(the interface hypothesis of incremental argument interpretation),即通过一组适用于各种语言的显著性信息(或等级)和这些信息在不同语言中的排序去解释句子加工中的跨语言共性和差异。

eADM 的母语加工成果为二语加工研究奠定了基础。它与 CM 一样都视句子加工为语序、格标记、有生性等多种线索与显著性信息互相竞争的结果,都认为在句子加工中发挥主导力量的线索和显著性信息可能随语言不同而不同。二语习得的过程也是学习者逐渐摆脱母语线索掌握二语线索的过程(McDonald,1987;Su,2001)。但是 eADM 的研究者不仅关注非母语语法的可习得性,还关注这些语法的可训练性,提出学习者的语法系统是可以训练的,但训练能到达的边界还有待探索(Bornkessel-Schlesewsky & Schlesewsky,2019)。

在第五章中,我们主要采用脑电技术研究二语句子加工。具体而言,我们将比较汉语者、德语者学习同一门人工语言(又称实验室语言)的脑电结果,在显著性信息层面上考察母语个性对二语学习的影响,也就是母语迁移效应,以及该效应随训练时间的增加而发生的变化,也就是记录学习者逐渐摆脱母语线索开始掌握二语线索的过程,以证明成人大脑可塑性。

第五章　二语加工

　　本章将介绍语序、格标记和有生性在二语加工中的作用。二语加工研究关注学习者如何习得母语中没有的形态句法，又在什么条件下才会成功习得。前者涉及语言本体特征，如跨语言相似性；后者涉及学习者本人的因素和环境因素，如考察学习者年龄、二语水平、二语输入量或训练方法能否帮助学习者接近母语者的加工模式。本章同样关注上述两个问题，但是在 eADM 的框架下考察二语加工，会与过往二语研究有所不同。首先，与以往只考察某一组母语者学习某一种二语不同，神经类型学研究的语种更为多样，也更为关注显著性信息层面上的母语迁移。多语种多信息是 eADM 的属性和优势，它从跨语言的角度考察母语加工中的显著性信息迁移到二语加工中的过程，揭示不同母语者在学习二语时神经机制的异同。其次，以往 CM 认为二语句子理解过程就是学习二语主要线索的过程（MacWhinney，1997）。在二语学习初期，学习者会把母语的主要线索迁移到二语句子理解中去，但随着二语训练，他们会逐渐摆脱母语影响开始掌握二语句子理解的主要线索（McDonald，1987；Su，2001）。eADM 与 CM 持相同观点，但是更加关注这一动态过程的脑电数据采集，也就是通过脑电技术探测和记录母语和二语显著性信息实时互动、力量更迭的过程。

　　本章首先介绍二语加工研究中比较关注的两个议题，即跨语言相似性（cross-linguistic similarity）和可训练性（trainability）。目前国内二语研究主要考察自然语言的学习，特别是英语学习，即（成人）汉语母语者如何学习英语，注重实验结果对英语教学研究的启示，但使用人工语言（artificial languages）范式的实证研究并不多见。事实上，在国际二语研究中，使用人工语言训练被试内隐式掌握抽象的语法规则是十分经典的实验范式（综述请见耿立波，杨丽，杨亦鸣，2018）。在本章中，我们根据语言类型学的跨语言概括设计了一门人工语言，在脑电实验中分别训练德语者和汉语者内隐式学习这门人工语言的格标记规则。最后，通过对比不同母语者的学习结果，考察显著性信息如何影响二语加工以及这种影响的变化，加深我们对施受非对称性、母语迁移（L1 transfer）、成人大脑可塑性（brain plasticity）等相关议题的认识。

第一节　跨语言相似性

关于跨语言相似性，CM 研究者指出，如果母语和二语都具有相同的形态句法特征（语序、一致性），母语句子可以按语序逐词翻译为二语句子，且二语句子合法、句义不变，那么所学语法是跨语言相似的；相反，母语句子不能翻译为二语句子，因为在二语中句子不合法，那么所学语法是跨语言相异的；如果某一形态句法特征在母语中不存在，那么所学语法就是二语独有的。（5.1）至（5.3）是来自 Tolentino 和 Tokowicz(2011)的西班牙语例子，试想英语母语者学习西班牙语，就会遇到相似语法、相异语法和独有语法这三种情况。星号代表句法违反处。

（5.1）相似语法

a. Este　　　　　chico　　　es　　　alto.
　　this-SG　　　boy-SG　　　is　　　tall

'This boy is tall.'

b. <u>Estos</u> <u>chicos</u> son altos.

 these-PL boy-PL are tall

 'These boys are tall.'

(5.2)相异语法

a. <u>El</u>   <u>chico</u> es alto.

 the-SG boy-SG is tall

 'The boy is tall.'

b. <u>Los</u>   <u>chicos</u> son altos.

 the-PL boys-PL are tall

 'The boys are tall.'

c. *<u>El</u>   <u>chicos</u> son altos.

 the-SG boys-PL are tall

(5.3)独有语法

a. <u>El</u>   <u>chico</u> es alto.

 the-MAS boy-MAS is tall

 'The boy is tall.'

b. *<u>La</u>   <u>chico</u> es alto.

 the-FEM boy-MAS is tall

  (5.1)展现了英语和西班牙语的相似语法,它们都要求指示词和名词保持数一致,英语句子能够逐词翻译成合法的西班牙语句子。在(5.2)中,西班牙语要求定冠词和名词保持数一致,但在英语中,无论是单数名词还是复数名词,它们前面的定冠词都不会发生形变,若逐词翻译英语就会产生(5.2c)

这样违反西班牙语语法的句子，这属于相异语法。在(5.3)中，西班牙语还要求定冠词和名词保持性一致，而英语语法没有这样的要求，那么这被认为是西班牙语独有的语法。CM 研究者根据这三种情况做出不同的推断，如果学习相似语法，母语就会产生正迁移，促进二语加工；如果学习相异语法，那么母语线索和二语线索就会产生竞争，母语产生负迁移，导致学习者犯错，阻碍二语加工；学习二语独有结构的情况比较复杂，学习者既没有从正迁移中受益，也没有受到竞争和负迁移的影响，那么能否习得该结构则取决于二语线索的强度(Tokowicz & MacWhinney,2005;Tolentino & Tokowicz,2011)。

　　二语加工脑电研究的一个基本思路是对比学习者和母语者的脑电效应，考察学习者能否和母语者一样诱发同样的脑电效应。如第二章所述，母语者面对形态句法特征违反，例如短语结构违反，会产生 ELAN，又如一致性违反，会产生 LAN 并经常伴有 P600。而与母语者相比，学习者往往会呈现某一特定脑电成分的缺失、减弱或滞后(Weber-Fox & Neville, 1996;Hahne,2001)。研究人员操纵形态句法的跨语言相似性(相似、相异、独有特征)，考察它们在二语加工中不同的脑电表现(Chen,Shu,Liu,Zhao,& Li,2007;Tolentino & Tokowicz,2011)。国内二语研究主要关注汉语者学习英语某一特定句式结构，如被字句、关系从句、倒装句等复杂句子，从语序角度如动词和论元的位置、动词和副词的位置来探讨英汉相似性，或者考察英汉相似性与其他因素之间的交互作用(常欣,王沛,2013;常欣,朱黄华,王沛,2014;耿立波,2012;张辉,余芳,卞京,2017)。

第二节　可训练性

　　成人学习者面对一个陌生的语法系统,能否习得、如何习得、多快习得,都值得探索。可训练性代表了一种比较积极的观点,即认为成人大脑具有可塑性,他们可以通过语言训练达到与母语者相当的熟练水平。因此,二语研究者不仅关注学习者能够习得什么语言特征,还要关注如何训练、训练多久才能帮助学习者接近母语者水平。训练方式可分为外显式和内隐式。前者通常出现在二语的课堂教学,学习者受到有关语法规则的明确指导和提示;而后者不但出现在无意识的母语习得过程中,也被广泛运用于人工语言(或称实验室语言)的学习中,它是指学习者通过接触语料自主发现所学语言的语法规则。相对于自然语言,人工语言具有词汇量少、学习者在短时间内能够从低水平到高水平、易于控制其他无关变量的优点,因此常被用来模拟学习者内隐式掌握抽象语法规则的过程(耿立波、杨丽、杨亦鸣,2018)。

　　训练所用的语料可以是自然语言也可以是人工语言。通常研究人员根据实验目的精心设计人工语言的特征和训练程序。早期一个比较著名的人工语言是 Friederici,Steinhauer 和 Pfeifer(2002)设计的 BROCANTO。与自然语言相比,这是一种小型但是可以扩展的语言,用于验证语言学习的关键期假说(Critical Period Hypothesis)和少即是多假说(Less-Is-More Hypothesis),因为前者预测二语者呈现与母语者不同的加工结果,而后者预测二语者在学习少量语法的情况下可以接近母语者的加工。BROCANTO 共有 14 个德语中没有的词汇,其中为 4 个表达抽象符号的名词(gum、plox、tok、trul)、4 个表达移动的动词(glif、pel、prez、rix)、2 个表达不同形状的形容词(böke、füne)、2 个表达移动方位的副词(nöri、rüfi)以及 2 个定冠词(aaf、aak)。研究人员通过有限的句法规则来排列组合这些词汇,形成 SV(O)的简单句,如 aaf trul prez nöri aakfüne plox,逐词翻译为'the trul-piece captures horizontally the round plox-piece';将正确句子中的某一个词替换成不同词性的词可以制造句法(短句结构)违反,如 aaf trul preznöri ＊ rix füne plox,逐词翻译为'the trul-piece captures horizontally ＊ buy round plox-piece'。

Friederici 等人把德语母语者分为两组,训练组和控制组。在训练组中,被试者需要多次玩一款电脑桌面游戏来习得 BROCANTO 中潜在的句法规则。每次训练总计 5 小时,被试者两两成对玩游戏,全程可用 BROCANTO 交流。当一方说出一个句子,另一方则根据句义在自己的电脑桌面上移动符号。当句子产出和理解发生错误时,电脑自动进行更正,呈现正确的句子并提供词汇帮助,其他错误或者额外帮助则会造成扣分。每次训练前后都有行为测试,训练一直持续到每个被试者达到 95％ 的正确率为止。而控制组只进行词汇训练,即词汇和符号之间的匹配训练,没有电脑桌面游戏环节,词汇训练成绩也必须达到 95％ 的正确率。在正式的脑电实验中,被试者将听到 488 个 BROCANTO 句子,每句结束后需要判断该句的合法性或者判断电脑屏幕上出现的词是否出现在所听句子当中,而控制组的被试者则根据自己喜好做出判断。实验结果显示出训练组和控制组的巨大差异:训练组的被试者在加工 BROCANTO 的句法违反句时,出现了类似于加工自然语言的双相脑电模式。该模式也同样出现在加工 BROCANTO 独有的句法特征中。在这门语言中,一个定冠词是 aaf,后面直接接名词,例如 aaf pplox(plox-piece);另一个定冠词是 aak,它和名词之间需要加入一个形容词,例如 aak fune plox(the round plox-piece),如果 aaf 或 aak 的互换会造成句法违反。由于该语法是被试者新掌握的句法知识,在德语或其他任何自然语言中并不存在,该效应不可能受到母语迁移的影响。因此,Friederici 等人利用 BROCANTO 证明了在学习少量语法的情况下,成人学习者也可以和母语者一样拥有非常相似的实时句法加工模式,该发现成为反驳语言学习关键期假说的有力证据。

还有一种人工语言直接选取了自然语言的部分词汇和句法,也就是说,研究人员通过考察一个自然语言的子集达到实验目的,如 Müller,Hahne,Fujii 和 Friederici(2005)设计的迷你版日语(Mini-Nihongo)。这门语言只有 17 个日语词汇组成,它们分别是 4 个名词、4 个动词、2 个数词、2 个量词、1 个形容词、1 个时间副词和 3 个格标记(主格标记 ga,宾格标记 o,所有格标记 no)。根据日语语法,将这些词组成 SOV 或 OSV 句子。无日语学习背景的德语母语者参加实验,在实验之前先通过电脑桌面游戏进行迷你版日语的训练:第一阶段是词汇训练,电脑可视化词汇语义,确保被试者掌握词义;第二阶段是句子训练,电脑共播放 640 个正确句子,每一句都要求被试者在所有可能的句义中选择自己所认为的句义,电脑给予反馈,也允许被试者返回到上题重新选择;训练的最后阶段和第二阶段一样进行句义选择,但是该阶段没有电脑反馈,也不可以返回上题,每个被试者在该阶段须达到 75% 的正确率,之后他们还需要正确使用这门语言表述 12 个动画的意义。每个被试者花费 4 至 10 小时完成训练要求。在正式的听觉脑电实验中,研究人员在迷你版日语句子中操纵了三种违反,即词类违反、格违反和量词违反。通过对比日语组(日语母语者)和德语组(日语学习组)的脑电结果发现,德语组在加工格标记违反句(双主格违反)时只产生了一个 P600,并没有产生和母语组完全一致的 N400-LPS 双相脑电模式。Müller 等人从这个实验中得到启发,在之后的研究中采用了无语义型训练(semantic-free training,Müller,Girgsdies,& Friederici,2008)。整套训练分为四个阶段和一个最终评估,每个阶段有不同的任务要求和成绩标准。总体而言,就是给被试者播放 640 个迷你版日语句子,剔除语义对被试者的影响,确保被试者在不知道词义的情况下掌握词汇之间的线性序列,特别是 NP1 格标记和 NP2 格标记之间的依存关系。训练结束后的脑电实验结果显示,学习者在加工双主格违反句时表现出与母语者一致的 N400-LPS 双相脑电模式。由此,Müller 等人得出结论:二语句子加工的脑电效应会受到训练类型和训练内容的影响;语言学习中解除语义负载可以释放更多的认知资源进行句法加工,促进二语学习者的句法加工接近母语者水平。

上述使用人工语言的脑电研究都采用了内隐式的训练方法,让被试者在训练过程中自主发现人工语言的句法规则,在短时间内(以小时计)从零起点发展成为高熟练水平的学习者。也有使用自然语言的脑电研究采用外显式的训练方法,长期(以月数和年数计)跟踪记录被试者的学习过程,例如Osterhout 等人(2008)跟踪记录了第一年在大学法语课上学习法语的美国大学生的脑电变化。研究人员在脑电实验中测试了(5.4)所示的三种违例,相应的语法知识点已经出现在学习者第一个月所学的大学法语课本中。

(5.4)法语,外显式训练,出自 Osterhout et al. (2008)

a. 语义违反

Sept	plus	cinq/ * livre	font	douze.
seven	plus	five/book	make	twelve

b. 主谓一致性违反,屈折词缀发音

Tu	adores/ * adorez	le	français.
you-2. SG	adore-2. SG/adore-2. PL	the	French

c. 数一致性违反,屈折词缀不发音

Tu	manges	des	hamburgers/ * hamburger	pour diner.
you-2. SG	eat-2. SG	some-PL	hamburgers-PL/hamburger-SG	for dinner

在(5.4a)中 livre(book)上产生语义违反。(5.4b)中主语是第二人称单数形式,动词须为单数形式,复数形式的 adorez(adore)违反了主谓一致性。(5.4c)中 des(some)是复数形式,后跟名词也应该是复数形式,单数形式的名词 hamburger 违反了数一致性。从跨语言相似性的角度来看,这里的主谓一致是英法相似语法,而数一致是英法相异的语法,因为在英语中名词有单复数的屈折变化,但其前面的 some 没有单复数的屈折变化。此外,很多法语词汇的后缀不发音,这对学习者而言是一大挑战,例如在(5.4b)中,学习者可以

在形态上和语音上区分动词的单复数形式,而在(5.4c)中却只能在形态上区分名词的单复数形式,无法在语音上听到这样的区别,因为这里的名词后缀 s 不发音。这意味着在学习过程中,学习者没有语音提示却要拼写出正确的词汇。因此,Osterhout 等人预测,相对于(5.4c),学习者在跨语言相似性和语音实现性的双重帮助下比较容易发现(5.4b)这样的违反。

在视觉脑电实验中,逐词呈现正确句和违反句共 180 个法语句子。每一句结束后,被试者需要判断该句子的可接受度。对比法语组(法语母语者)和英语组(法语学习者)的脑电反应发现,法语组呈现出经典的语义违反 N400 和句法违反 P600 的脑电模式,即在语义违反条件上产生了一个典型的 N400,在主谓一致性违反条件和数一致性违反条件上都产生了一个强烈的 P600;而英语组无论是在句子可接受度判断上还是在脑电模式上都显示了巨大的个体差异。特别在数一致性违反条件上,英语组缺乏句子可接受和不可接受的分辨能力,也缺乏稳定的违反效应。值得注意的是,Osterhout 等人根据学习者的行为指标,进一步把英语组分为快速习得组和慢速习得组。他们发现快速习得组经过 1 个月的课堂学习,面对法语的主谓一致性违反只产生了一个 N400,而经过了 4 个月的课堂学习,同样的主谓一致性违反诱发了一个 P600,6 个月后诱发了一个接近母语者的更大的 P600,如图 5.1 所示。对此,Osterhout 等人给出的解释是:句法学习会经历不同的阶段,在早期被试者可能只是记忆某些词汇的特定组合或者词汇排列的概率,后期才归纳出一般性的句法规则,把动词拆分成词根和屈折词缀。虽然 Osterhout 等人还是在语义 N400 和句法 P600 的传统框架下解释脑电效应,但是他们的脑电实验结果有力地证明了二语学习是一个动态发展的过程,学习者的脑电效应随着训练时间(二语输入量)而发生改变,在质性指标(波的极性)或量性指标(波幅)上越来越接近母语者。

总之,无论训练语料是自然语言还是人工语言,训练方式是外显式还是内隐式,二语加工的研究者主要通过对比训练组和控制组,对比母语组和学

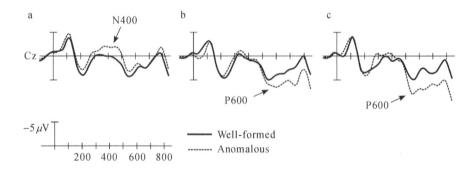

图 5.1　快速习得组在主谓一致性违反条件上的 ERP 波幅总平均

引自：Osterhout et al.（2008）的图 2。有效样本 7 人。纵坐标与横坐标的交界点代表动词的起始点（零毫秒），习惯上负波置上，正波置下。（a）为学习法语 1 个月，（b）为学习法语 4 个月，（c）为学习法语 6 个月。

习组，对比同一组学习者的不同学习阶段，探求何种语言特征能够被习得，何种训练方式、何种训练内容能够帮助学习者像母语者一样加工目标语言。利用脑电技术，研究者不但可以评估训练的效度，还可以跟踪记录学习过程，找到训练时间和训练效果的边界。然而，国内现有的二语加工研究主要关注英语学习，探讨显著性层面上的相似性的研究并不多，训练型研究更是稀少。显然，鉴于自然语言的多样性和语言事实的复杂性，展开更为广泛的跨语言研究和训练型研究有助于我们更好地把握二语学习能力的全貌。本研究将设计一门人工语言，训练德语者、汉语者学习这门语言的格标记规则，该规则基于论元的有生性。通过考察简单句子学习过程中母语和二语显著性信息（语序、有生性、格标记）互动的过程，揭示显著性层面上的母语迁移作用以及语言训练带来的神经机制的变化。

第三节　基于有生性的格标记规则和加工

如第一章所述,语言类型学的跨语言工作显示格标记与语序具有一定的相关性。非格标记语言(如英语、汉语)大多采用 SVO 语序,而格标记语言(如日语、韩语、德语、土耳其语)大多采用 SOV 语序。因为在 SOV 语言中,动词不能有效区分论元角色,格标记承担起识别论元角色的功能。此外,从格标记语言的"宾语差异化标记"中可以看到格标记出现与否遵循名词等级,在 eADM 中又称显著性等级,宾语的显著性越高,就越有可能带宾格标记。这些语言类型学的跨语言概述启示我们格标记具有识别(identification)和区别(distinguishability)论元角色的功能(de Hoop & Malchukov,2008;Aissen,1999,2003;Malchukov,2008)。例句(5.5)至(5.7)分别体现了这两大功能。

有些格标记语言选择标记施事。例如,Manipuri 语使用作格(ergative case)"-nə"标记显著性高的典型施事,施事不仅是有生命的人,而且必须具有施动意图和控制能力(5.5a)。有生却没有施动意图和控制能力的人则不带格标记(5.5b),这体现了识别功能。又如,在受事的显著性与施事相同,甚至高于施事的时候,Fore 语使用作格"-wama"标记显著性低的施事(pig),避免显著性更高的受事(man)被误认为是施事(5.6)。但也有些语言在这种情况下选择标记受事,如 Hindi 语使用宾格"-ko"标记有生受事(child),避免它被误认为是施事(5.7),这种做法体现了格标记的区别功能。

(5.5)Manipuri 语,出自 Bhat & Ningomba(1997)

a. əy-nə　　　tebəl-də　　　theŋŋi.

　 I-ERG　　　table-LOC　　　touched

'I touched the table (volitionally).'

b. əy   tebəl-də   theŋŋi.

I   table-LOC   touched

'I touched the table (involuntarily).'

(5.6)Fore 语，出自 Scott(1978)

Yagaa-wama/ * Yagaa   wá   aegúye.

pig-ERG   man   hit

'The pig hits the man.'

(5.7)Hindi 语，出自 Mohanan(1994)

Ilaa-ne   bacce-ko/ * bacce   utaayaa.

Ila-ERG child-ACC   lift-PERF

'Ila lifted the child.'

可见，这些语言或是根据论元本身的显著性进行标记，达到识别施事的目的(5.5)，或是比较两个论元之间的显著性进行标记，达到区分施事和受事的目的(5.6 和 5.7)。从上述例子中也可以看到，有生性是论元显著性高低的一个重要特征(名词等级也包含了有生性等级)。跨语言调查结果也显示有生性是影响宾语带不带标的常见因素，如在西班牙语中有生性可以决定宾语带不带标，甚至在被认为是有定性决定宾语带不带标的土耳其语中也能看到有生性的影响(Krause & Von Heusinger，2019)。

在句子加工领域，Nieuwland，Martin 和 Carreiras(2013)聚焦西班牙语的宾语差异化标记现象，在实验中操纵了宾语的格标记(有标 vs. 无标)和有生性(有生 vs. 无生)，考察格标记违反的脑电效应。如(5.8)所示，这门语言的基本语序是 SVO，宾语带不带格标记主要取决于宾语的有生性。通常有定名词或特指名词前面需加定冠词 el,但是当宾语是有生名词时,则定冠词 el 须带宾格标记 a,形成 al(5.8a);当宾语是无生名词时,则不带宾格标记,否则将不合法(5.8b)。

(5.8)西班牙语,出自 Nieuwland,Martin & Carreiras(2013)

 a. El Papa besó <u>al/ * el obispo</u> en un gesto de bienvenida.

  the pope kissed the   bishop in a welcoming gesture

  'The pope kissed the bishop in a welcoming gesture. '

 b. El Papa besó <u>* al/el suelo</u> en un gesto de bienvenida.

  the pope kissed the   floor in a welcoming gesture

  'The pope kissed the floor in a welcoming gesture. '

前期德语实验结果显示双主格违反条件相对于格标记正确条件产生了一个 N400-LPS 双相效应(参见例句 4.10,Frisch & Schlesewsky,2001)。其中 N400 与有生性有关:当 NP1 和 NP2 都是有生名词,都带主格标记,具备同样的显著性时,语言加工机制会面临题元关系的构建困难,于是出现 N400;而当 NP1 和 NP2 具有不同有生性时,语言加工机制可以根据有生性建立题元关系,同样的格标记违反不会产生 N400,只会产生一个代表句子不合法的 LPS。根据这一实验结果,Nieuwland 等人预测在(5.8)中,相对于格标记正确条件,格标记违反条件无论宾语是有生名词还是无生名词,都会产生一个 LPS(5.8a 中的 * el obispo 和 5.8b 中的 * al suelo);但是,同样是格标记违反条件,有生宾语条件会额外产生一个 N400,而无生宾语条件则不会。这是因为与前期德语实验不同,这里西班牙语的 SVO 语序能清晰地区别动词前论元为施事、动词后论元为受事,不存在题元识别的困难,但是存在题元典型性的问题,也就是说,如果受事和施事一样都是有生名词,会造成题元加工困难,只有受事是无生名词,施事是有生名词时,该困难才会得到消解。

然而，Nieuwland 等人却发现西班牙语在有生宾语和无生宾语上呈现出不对称的格标记违反效应：无生宾语的确产生了一个代表不合法的 LPS，没有产生 N400，但是有生宾语只产生了一个 N400，却没有 LPS。他们认为该 N400 不是因为违反预期造成的，如果通过带宾格的 al 和不带宾格的 el 可以预测其后面的名词语义，即根据 al 判断后面是有生名词，根据 el 判断后面是无生名词，那么当这一预期受到违反时，有生宾语和无生宾语应该诱发一个同样的错配 N400。这显然与实验结果不符。也有可能这种预期是不对称的，即根据 al 可以预测后面是有生名词，但不能根据 el 预测后面是无生名词，如果这是真的，那么在 al 和 el 上就应该观测到一个不对称效应，然而在 al 和 el 上并没有显著差异。因此，Nieuwland 等人认为该 N400 反映了受事宾语"意外地"具有高显著性（有生）而造成题元加工困难。

有生宾语条件的格标记违反没有产生 LPS 让人惊讶，这与前期德语的脑电实验结果并不一致（Frisch & Schlesewsky, 2001）。Nieuwland 等人认为产生这种差异的原因是德语实验句子的格标记违反十分明显，即 NP2 携带了与 NP1 一样的主格标记，而西班牙语实验句子的格标记违反相对不明显，体现为格标记缺失（没有使用格标记规则）或者格标记多余（过度使用格标记规则）。由于格标记缺失总是有生宾语条件，格标记多余总是无生宾语条件，该实验尚无法将格标记效应从有生性效应中剥离。从实验任务来看，德语实验明确要求被试者评估句子的合法性，而西班牙语实验则要求被试者回答有关句子理解的问题，这些问题与宾格标记无关。此时被试者主要把注意力分配在语义加工上，特别是在有生宾语条件中，两个论元具有相同的显著性，需要重新解读题元，分配在句法加工的注意力相对较少；而在无生宾语条件中，不同有生性为被试者腾出了注意力资源，使得被试者能够敏锐地注意到无生宾语的格标记违反，产生的 LPS 符合典型的句法违反效应的分布特点（顶中部和后部）。

综上，自然语言的格标记具有识别论元角色和区别论元角色的功能，对于一些格标记语言而言,带或者不带格标记遵循显著性等级。过往格标记加工实验结果说明,格标记违反效应表现为 N400-LPS,但是该效应与语序、有生性,甚至与实验任务紧密相关,也可能诱发单独的 N400 或单独的 LPS,这需要具体情况具体分析。格标记规则为我们观测多种显著性信息(语序、格标记和有生性)提供了良好的测试环境。学习者如何掌握一门新语言的格标记规则,该过程中母语信息如何与二语信息互动(跨语言相似性、可训练性),都是值得探讨的问题。

第四节 人工语言实验

为了考察学习者如何掌握一门新语言（新的格标记规则），本研究设计了一门人工语言。这门人工语言类似迷你版的 Hindi 语，它共有 20 个名词，其中 10 个有生名词（人），10 个无生名词（物），若干动词，以及主格标记-*ne* 和宾格标记-*ko*。部分词汇如 rajkumarii（公主）缩短为 kumarii，dantmanjan（牙膏）缩短为 manjan，使得所有词汇保持在 4—8 个字母，平均词长为 6.15 个字母。这门语言的语序自由，句子或为 NP1~施事~-NP2~受事~-V，或为 NP1~受事~-NP2~施事~-V。使用人工语言而非直接使用 Hindi 语是因为：首先，人工语言既具备自然语言中常见的显著性特征（语序、格标记和有生性），又具备包括 Hindi 语在内的更多语言的格标记规则，提供了比较全面和集中的测试环境；其次，人工语言只限在实验室规定的时间内学习，有利于控制二语输入量，并且只有少量词汇，学习者通过短时间训练就能成为高熟练水平者，有利于考察学习者在不同阶段的脑电变化。过往研究也表明学习者在加工人工语言时也能产生与自然语言类似的脑电反应。

利用这门语言，我们考察被试者学习不同格标记规则的违反效应，揭示这些效应背后的一般认知规律；比较不同母语者（德语组和汉语组）学习这门语言的格标记规则，考察母语迁移效应。同时，训练被试者两次学习这门语言，比较两次学习的脑电变化。这里我们介绍研究问题、格标记规则、语料制作、训练步骤和大致假设，后文涉及具体实验时，将进一步细化实验设计和假设，展示统计分析和脑电结果。

施受非对称性 语言学习是否受到施受非对称性的制约？如本书所述，eADM 认为母语加工普遍存在施受非对称性，语言加工机制总是试图又快又准地识别施事而不是受事（Bornkessel-Schlesewsky & Schlesewsky，2009b）。具体表现为:首先,语言加工机制总是偏好把句首论元分析为主语,当句子解歧为及物事件时,总是偏好把主语分析为施事;其次,语言加工机制总是期待施事是一个典型的施事,而对受事却没有典型性的要求。施事在认知上的"特殊地位"也反映在语法中。有些语言标记典型的施事,一旦受事的显著性等于或高于施事时,也就是偏离了最典型的及物句子时(Comrie,1989),那么就需要标记(非典型的)施事或标记(非典型的)受事,达到区别论元角色的目的。如果施受非对称性是一般认知规律,那么语言学习中也应该呈现这种不对称性,即学习者可能对施事的格标记违反比对受事的格标记违反更加敏感。基于此,我们将人工语言设计为 Lg1 和 Lg2 两种语言类型,如(5.9)所示。归纳前文中自然语言的格标记策略,在施事上有两种标记策略,一种是标记显著性高的施事,一种是标记显著性低的施事;受事只有一种策略,即标记显著性高的受事,Lg1 和 Lg2 分别体现了这种语言类型的差别。

(5.9)Lg1 和 Lg2 格标记规则。A/a 表示施事,U/u 表示受事。字母大小写分别对应有生和无生,如 A 表示有生施事,a 表示无生施事。

Lg1:　　A-ne,　a,　　　　U-ko,　　u

Lg2:　　A,　　　a-ne,　　　U-ko,　　u

显然,Lg1 和 Lg2 的格标记规则都基于论元显著性,在本研究中论元显著性是指有生性。Lg1 要求标记有生施事(识别功能)和有生受事(区别功能)而不标记无生论元;Lg2 要求标记无生施事(区别功能)和有生受事(区别功能)而不标记有生施事和无生受事。不同的格标记规则也带来了不同的格标记违反,我们可以推断:在 Lg1 中有生名词却不带格标记(＊A,＊U),或者无生名词却带了格标记(＊a-ne,＊u-ko)都会造成格标记违反;在 Lg2 中,有生施事带了格标记和无生施事没带格标记会造成格标记违反(＊A-ne,＊a),

而受事的违反条件与 Lg1 相同（＊U，＊u-ko）。此处星号代表格标记违反。Lg1 和 Lg2 是否都呈现施受非对称性，该问题值得验证。

母语迁移效应　母语特点即母语中显著性信息的类型和强度是否影响以及如何影响语言学习？如果说施受非对称性是语言加工的共性，那么语言之间的差异主要表现为在不同语言中对题元分配起主导作用的显著性信息不同。对比不同母语背景的被试者学习这门语言：(1)德语组，德语为 SOV 语言，语序自由，名词有格标记；(2)汉语组，汉语为 SVO 语言，一定语境下也允许 SOV 和 OSV 语序，名词无格标记。德语和汉语之间最明显的区别是前者有格标记，后者无格标记，在形态特征上德语组似乎比汉语组更有学习这门人工语言的优势。但是母语加工的实验结果也显示，在汉语 NP1-NP2-V 句式的解歧过程中，有生性可以强于语序决定题元角色，而在德语中则不能。因此，汉语 NP1-NP2-V 句式加工中占主导作用的是有生性，得益于此，汉语组似乎比德语组更有发现格标记规则的优势。究竟是形态相似还是强度相似更能影响被试者学习这门人工语言？过往的跨语言相似性理论主要关注母语和二语句法形态层面上的相似性，无法提供直接预测，因此需要通过实验进行测试。

成人大脑可塑性　语言训练如何影响学习者的脑电反应？如前文所述，在学习少量语法的情况下，学习者有训练和无训练，以及接受怎样的训练都会带来脑电模式的变化。此外，学习者的脑电模式也会随着二语输入量的变化而发生改变。在本实验中，我们同样采用内隐式的训练方法，让被试者在训练过程中自主发现人工语言的格标记规则。由于没有类似的格标记学习的训练型实验可以参照，我们无法精准地预测被试者是否能发现并掌握格标记规则。在实验正式投放之前，我们在小规模人群中进行了预实验。根据预实验结果，我们决定训练被试者学习这门人工语言两次，第二次重复第一次的过程以增加这门语言的输入量，考察施受非对称性和母语迁移效应在两次学习中的变化。总体假设是，被试者应该在第二次学习中比在第一次学习中更能清晰地区分施事和受事的格标记规则，也更能积极利用有生性信息，逐渐摆脱母语中其他信息的影响。

从上述研究问题出发设计两个实验。实验一主要探讨施受非对称性和大脑可塑性，实验二聚焦母语迁移效应和大脑可塑性。两个实验均采用相同的刺激语料和训练步骤。

语料制作 制作语料分别用于词汇学习和句子学习。词汇学习需要制作 20 个图片对应 20 个单词，如图 5.2a 所示。由于比较脑电反应的关键区是动词前两个名词而不是句末动词，动词不在词汇学习之中，只在之后造句时放入动词以呈现完整的句子。句子学习分输入和测试两个阶段。首先，制作 30 张图片对应 30 个 NP1-NP2-Verb 格标记正确句子，用于句子输入。所有图片中都有一个箭头从施事指向受事以表示动作方向（即谁对谁做了什么），因此这些句子均为表达施受关系的及物事件，如图 5.2b 所示。由于该人工语言语序自由，一个图片可以有 SOV 和 OSV 两种语序表达，这样共有 60 个图片—句子组合。其次，制作 64 个条件句，56 个填充句，共 120 个句子，用于句子测试。这些句子只有文字没有配图，NP1-NP2 为所学名词之间的新组合，加入 120 个新动词，形成与之前输入都不重复的句子（参照 Amato & MacDonald，2010）。填充句包括句首 NP1 不带格标记的句子，动词形态违反，如动词本应该是"aa"结尾的变成"ii"结尾。总之，这 120 个句子中施事和受事在带和不带格标记方面概率相等，格标记正确和违反的句子在数量上相等。

训练步骤 被试者先后参加词汇学习和句子学习。在词汇学习中，被试者通过纸质文档上的 20 个图片记住这门语言的 20 个单词。学习时间由被试者掌握。当被试者认为自己记住了这些单词后，可以进入实验室完成电脑上的图片—单词匹配任务。该任务最多执行两次，当正确率达到 90% 以上时才能参加句子学习。句子学习分两次进行，两次间隔 1—2 天，每次学习过程相同：首先，接受句子输入。被试者在电脑上看完 60 个图片—句子组合，每

kasaaii

图 5.2a　词汇学习

Kasaaii-ne chor-ko khaderaa.

图 5.2b　句子学习

个组合呈现 10 秒,不可返回,也不可调速。所有句子都是表达图片含义的格标记正确的句子,视为正确的二语输入。随即,被试者参加句子测试,句子测试使用脑电技术记录。电脑逐词呈现 120 个新句子,不提供配图。如图 5.3 所示,在一个句子中,每个词显示 1000 毫秒,当句末动词显示完毕后,电脑屏幕上出现一个问号,提示被试者按键判断句子是否合法,被试者须在 4000 毫秒内做出判断。判断正确,电脑反馈笑脸,反之哭脸。学习全程需被试自己发现这门语言的语法规则,工作人员不得给予有关语言的任何提示。120 个句子分为 3 组,每组 40 个句子,组与组之间有短暂休息。正式测试之前,被试者进行简短的练习以熟悉实验任务。为了了解学习者对这门语言的掌握程度,每次测试结束后要求被试者填写问卷,问卷内容包括句子理解和产出,两次测试全部结束后要求被试者写下其发现的语法规则。

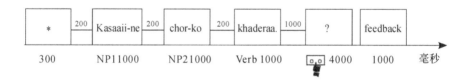

图 5.3　句子测试中一个试次流程(单位:毫秒)

一、实验一:德语组

实验一关注的是语言学习中是否存在施受非对称性以及学习者在前后两次学习中的脑电变化。Lg1 和 Lg2 代表了自然语言中标记施事的两种标记策略：Lg1 标记显著性高的施事即有生施事，Lg2 标记显著性低的施事即无生施事；无论是 Lg1 还是 Lg2，都只标记显著性高的受事即有生受事。过往脑电实验结果显示，格标记违反会诱发一个 N400-LPS 的脑电模式（Frisch & Schlesewsky，2001；Friederici，Steinhauer，& Pfeifer，2002；Müller，Hahne，Fujii，& Friederici，2005），N400 是题元构建困难造成的，它受到显著性信息如有生性的调节，LPS 是句子不合法性造成的，它也会受到实验任务以及其前面 N400 的影响（Nieuwland，Martin，& Carreiras，2013）。然而，过往格标记加工实验研究总是操纵一个特定的题元，如操纵施事的格标记（如德语中 SOV 句的双主格违反）或操纵受事的格标记（如西班牙语中 SVO 句的宾格违反），我们无法直接对比施事和受事的格标记违反效应来证明施受非对称性。同时，也无法获知随着语言输入量的增加脑电效应会发生怎样的变化。因此，本实验操纵了施事和受事两个论元上的格标记，训练德语者两次学习这门人工语言。语言学习是否存在施受非对称性的问题在本实验中可以落实为 Lg1 和 Lg2 是否都呈现施受非对称性。实验一的具体设计和假设如下：

实验设计 如表 5.1 所示，所有句子由 NP1-NP2-Verb 组成。实验操作语序（即题元）、有生性和格标记三个变量。在 NP1 上有 2 个变量，题元（施事 vs. 受事）×有生性（有生 vs. 无生），共 4 个条件。在 NP2 上有 3 个变量：题元×有生性×格标记（带标 vs. 不带标），共 8 个条件。注意 Lg1 和 Lg2 的格标记规则不同，违反条件也会相应的不同：Kasaaii-ne chor-ko Khaderaa.（屠夫—主格小偷—宾格做了什么）属于 A-ne U-ko Verb 条件，施事和受事都是有生命的人，都带了格标记，这在 Lg1 中是格标记正确条件，但在 Lg2 中却是格标记违反条件，因为 Lg2 不标记有生施事。Caakoo-ne larkii-ko kurchaa.（小刀—主格女孩—宾格做了什么）属于 a-ne U-ko Verb 条件，施事是无生命的小刀，带了格标记，这在 Lg1 中是格标记违反条件，但在 Lg2 中则是格标记正确条件。

表 5.1　实验条件

Lg1			Lg2		
NP1	NP2	Verb	NP1	NP2	Verb
A-ne / *a-ne	U-ko	V	*A-ne/a-ne	U-ko	V
	*U			*U	
	*u-ko			*u-ko	
	u			u	
U-ko / *u-ko	A-ne		〗U-ko / *u-ko	*A-ne	
	*A			A	
	*a-ne			*a-ne	
	a			*a	

注:(1)A/a＝施事,U/u＝受事。大小写字母分别代表有生名词和无生名词。

(2)*代表格标记违反位置。阴影部分显示两种语言在施事论元上有不同的格标记规则。

实验假设　NP1 和 NP2 是脑电比较关键区。句末动词无论是从语义上还是从位置上都无法提供识别题元角色的线索,因此可以推断有生性和格标记将在句子加工中发挥比语序更大的作用。如果德语者能够成功地发现格标记违反,那么将产生与过往脑电实验中类似的 N400-LPS 双相效应。大量研究显示母语加工存在施受非对称性:首先,语言加工机制遇到 NP1 带宾格(故为受事)时会产生 N400,这是与施事在先的预期不匹配造成的;其次,语言加工机制根据受事 NP1 预测 NP2 为施事,当施事是无生名词时,会造成与典型施事的不匹配,诱发 N400。因为句子涉及的两个论元会竞争施事角色(Bornkessel-Schlesewsky & Schlesewsky,2009b),而一个有生命的人比一个无生命的物更能胜任及物事件中的施事角色。如果不只是母语加工,在二语学习中也存在这种施受非对称性,那么在本实验中也应该首先观测到一个明显的不对称性,即施事应该比受事产生更大的格标记违反效应。

其次,Lg1 和 Lg2 对施事采用不同格标记策略可能导致这两种语言在学习难度上存在差异。与 Lg1 相比,被试者应该更难掌握 Lg2 的格标记规则。这是因为 Lg2 的格标记规则比 Lg1 更为复杂。从(5.9)中可以看出,在 Lg1 中施事和受事的带标情况是一致的,都是有生论元带标,而在 Lg2 中施事和受事的带标情况相反,在施事上是无生名词带标,在受事上是有生名词带标。此外,Lg2 要求无生施事带标,体现了格标记的区别功能,该功能与另一个论元,即受事的有生性有关,而 Lg1 要求有生施事带标,体现了格标记的识别功能,该功能只与施事本身的有生性有关。

　　最后,被试者在实验中内隐式学习 Lg1 或 Lg2 两次,第二次应该比第一次学习具有更高的熟练水平,表现为更高的语法判断正确率和更快的语法判断速度。随着这些行为进步,可以推断被试者对格标记违反的脑电反应也将发生变化,正如在过往二语学习者(Hahne,2001;Hahne & Friederici,2001)和双语者(Ardal, Donald, Meuter, Muldrew, & Luce,1990;Moreno & Kutas,2005;Kutas & Kluender,1994;Weber-Fox & Neville,1996)的脑电实验中观测到的那样,随着训练次数的增加,第二次学习应该比第一次学习更有可能出现预期的格标记违反效应,或者该效应的潜伏期变得更早,振幅更大。

　　被试者　所有被试者在参加实验之前均没有接触 Hindi 语的历史,均为右利手,视力正常或纠正为正常,没有阅读障碍和脑疾病或精神疾病。均自愿参加实验,填写知情同意书,两次实验结束后得到一定报酬。61 位来自德国美因茨大学和马尔堡大学的德语母语者参加了实验。随机分配被试者学习 Lg1 或 Lg2。被试者中 1 名因为实验技术原因,5 名因为没有完成整个学习实验或是因为有太多的脑电伪迹,6 名因为句子测试正确率太低(使用 d-prime 对每位被试者能多大程度区分合法和不合法句子进行计算,两次句子测试 d-primes 皆低于 0.72;实验后调查问卷进一步证实其行为处在机会水平)而被剔除数据分析之外。其余 49 名被试者的数据进入最后统计分析。Lg1 组 24 名,Lg2 组 25 名。两组无论是在性别上(Lg1:其中女生 13 名;

Lg2:其中女生 15 名)还是年纪上(独立样本 t 检验,$ps>0.05$;Lg1:21~32 岁,$M=24.2$ 岁,$SD=2.5$ 岁;Lg2:20~27 岁,$M=23.0$ 岁,$SD=1.9$ 岁)都没有显著差异。两组被试者的其他信息如下:第一次和第二次学习间隔 1~3 天(Lg1:$M=2.2$,$SD=0.8$;Lg2:$M=2.2$,$SD=0.6$),词汇测试正确率(Lg1:$M=98.0$,$SD=3.5$;Lg2:$M=98.6$,$SD=2.3$),掌握 2 个以上外语的人数以及在 4 级外语水平的自我评估(1 到 4 级,1 代表基础 4 代表非常流利;Lg1:$n=21$,$M_{PRO}=1.8$,$SD=0.4$;Lg2:$n=22$,$M_{PRO}=2.0$,$SD=0.5$)。

脑电记录 采用德国 Brain Products 公司的 EEG 记录系统采集被试者的脑电数据,通过固定在 64 导电极帽上的 26 个 AgAgCl-电极记录脑电。接地电极为 AFz。双眼外侧记录水平眼电,右眼眶额上下记录垂直眼电。所有电极的头皮电阻小于 5kΩ。采样频率为 500Hz/导。在离线处理 EEG 时使用 0.3~20 Hz 滤波带排除慢漂移。通过 ICA 排除眼电干扰。平均 ERPs 时分析时程 1200 毫秒。叠加所有条件句子的脑电反应(Van Rullen,2011),最后得到 ERP 波幅总平均图。

数据分析 为了客观准确地描述脑电成分的变化,对 200~1100 毫秒进行 50 毫秒连续视窗统计分析,即使用 ANOVA 依次分析 200~250 毫秒,250~300 毫秒 … 1000~1050 毫秒,1050~1100 毫秒的效应,若相邻两个以上的 50 毫秒窗口(>100 毫秒)显示相同的效应,则视其为稳定效应(参考 Gunter,Friederici,& Schriefers,2000),合并时窗,最终确定 400~600 毫秒和 600~1000 毫秒两个主要分析时窗。使用 ANOVA 计算 NP1 上 2 个因素:题元(施事 vs 受事)和有生性(有生 vs. 无生);NP2 上 3 个因素:题元、有生性和格标记(带标 vs. 不带标)。统计每个条件中 NP1 和 NP2 处每个时窗的平均波幅。其他因素有兴趣区,分为 4 个侧区和 1 个中线:左前区(F7,F3,FC1,FC5);右前区(F8,F4,FC2,FC6);左后区(P7,P3,CP1,CP5);右后区(P8,P4,CP2,CP6);中线包括 Fz,FCz,Cz,CPz,Pz,POz。只有当交互作用的 p 值小于边际值 0.05 时才会被进一步分析。当涉及自由度大于 1 的因素多重比较时，使用 Huynh 和 Feldt(1970)纠正统计结果。

对于复杂数据，使用 R(version 3.5.1)环境下 lme4 软件包中 lmer 函数来构建混合效应模型(Bates,Mächler,Bolker,& Walker,2015)。模型的固定效应为：学习次数(第一次和第二次)，语言类型(Lg1 和 Lg2)，NP1 和 NP2 的语序(A 代表施事—受事，U 代表受事—施事)；NP1 和 NP2 的有生性(AA 代表有生—有生，AI 代表有生—无生，IA 代表无生—有生)；NP1 和 NP2 的格标记(CC 代表带标—带标，CN 代表带标—不带标)。随机效应为被试。我们从一个只包含随机截距的零模型，逐步增加固定效应和它们之间的交互效应，通过 anova 函数进行模型比较来确定各个变量的主效应和交互效应，通过 ggplot 软件包视觉化最终模型结果。

行为结果 被试者在完成句子输入之后立即参加句子测试。在测试中，每个句子结束后执行带有反馈句子合法性的判断任务。从表 5.2 中可以看到，无论是 Lg1 组还是 Lg2 组，第二次学习的表现明显优于第一次学习(组内对比两次学习，Lg1：正确率：$t=-10.37$,$p<0.0001$；反应时：$t=10.40$,$p<0.0001$；Lg2：正确率：$t=-9.26$,$p<0.0001$；反应时：$t=10.61$,$p<0.0001$)。此外，Lg1 组两次学习的表现都明显优于 Lg2 组(第一次学习对比 Lg1 vs. Lg2，正确率：$t=13.23$,$p<0.0001$，反应时：$t=-4.60$, $p<0.0001$；第二次学习对比 Lg1 vs. Lg2，正确率：$t=14.30$,$p<0.0001$，反应时：$t=-5.08$, $p<0.0001$)。

表 5.2 德语组语法判断任务正确率和反应时间的平均值(标准偏差)

平均值 (标准偏差)	正确率 /%		反应时/ms	
	Lg1	Lg2	Lg1	Lg2
第一次学习	90.6(29.2)	79.6(40.3)	545.0(336.4)	589.8(335.5)
第二次学习	97.6(15.3)	88.5(31.9)	451.9(306.6)	493.6(286.6)
两次学习平均值	94.1(22.3)	84.1(36.6)	496.9(324.7)	539.2(314.4)

脑电结果 第二次学习比第一次学习呈现出更为清晰的脑电模式。此处我们详细报告第二次学习的脑电结果,必要时提及第一次学习的脑电结果。我们依次在 NP1 和 NP2 位置上比较两种语言加工的脑电反应。

NP1 NP1 都带格标记。Lg1 中格标记与有生性保持一致,格标记违反条件是无生 NP1 却带标(Lg1:﹡a-ne/﹡u-ko vs. A-ne/U-ko)。在 Lg2 中格标记违反取决于题元角色和有生性(Lg2:﹡A-ne vs. a-ne;﹡u-ko vs. U-ko)。在 Lg1 的无生 NP1 上可以观测到一个清晰的格标记违反效应,无论其是施事还是受事,格标记违反都诱发了一个 N400-LPS;然而,在 Lg2 的 NP1 上却没有观测到类似的格标记违反效应,如图 5.4 所示。

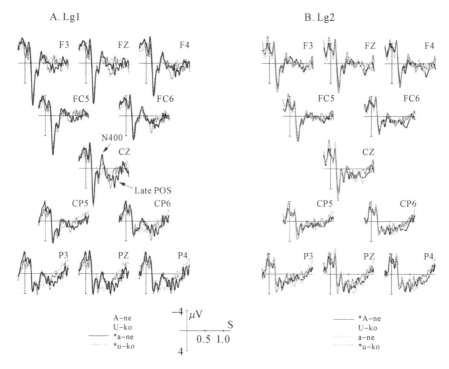

图 5.4 德语组第二次学习 NP1 处的 ERP 波幅总平均

注:图 A 为 Lg1,有效样本 24 人;图 B 为 Lg2,有效样本 25 人。

线性混合效应模型(LMM)分析显示在 N400(400~600 毫秒)和 LPS(600~1000 毫秒)时窗都存在语言类型×题元×有生性×脑区的交互作用。

如图 5.5a 所示,在 N400 时窗,Lg1 组的无生和有生 NP1 之间在头皮后区存在显著差异(* a-ne vs. A-ne, * u-ko vs. U-ko),然而 Lg2 组无此类差异。图 5.5b 显示在 LPS 时窗,Lg1 组的无生和有生 NP1 之间同样存在显著差异,并且这种差异在头皮上分布广泛,而 Lg2 组仍然没有这样的差异。

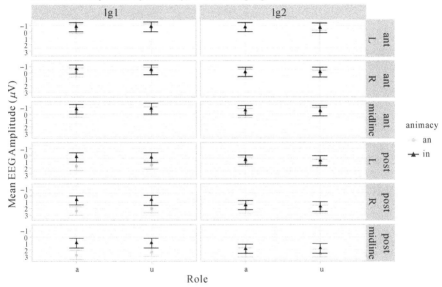

图 5.5a 德语组第二次学习 NP1 上 N400 的平均波幅存在语言类型×
题元×有生性×脑区的交互作用

注:X 轴表示题元角色,a 代表施事,u 代表受事;Y 轴表示 N400 平均波幅的拟合值。

NP2 由于 NP1 带有格标记,题元角色明确,根据语序是施事—受事—动词或是受事—施事—动词,NP2 的题元角色也随之明确(如图 5.6 所示)。因此,应该是格标记而不是题元会对 NP2 加工产生更大的影响,这在后文统计中得到了证实。

Lg1 显示无生施事的格标记违反诱发了一个明显的 N400-LPS(* a-ne vs. a)。Lg2 则没有明显的格标记违反效应,但是无生施事,无论其正确带标还是错误不带标,相对于有生施事都产生了一个强烈的 LPS(a-ne/ * a vs. * A-ne/A)。

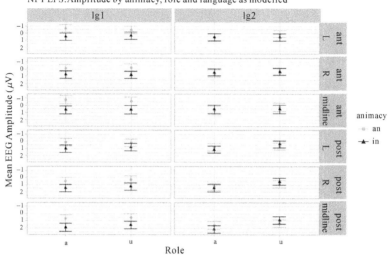

图 5.5b　德语组第二次学习 NP1 上 LPS 的平均波幅存在语言类型×
题元×有生性×脑区的交互作用

注:X 轴表示题元角色,a 代表施事,u 代表受事;Y 轴表示 LPS 平均波幅的拟合值。

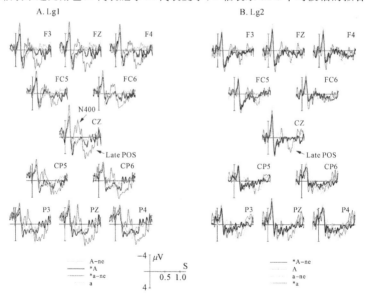

图 5.6　德语组第二次学习施事 NP2 处的 ERP 波幅总平均

注:图 A 为 Lg1,有效样本 24 人;图 B 为 Lg2,有效样本 25 人。

影响 NP2 的因素较多。LMM 分析显示在 N400 和 LPS 时窗都存在语言类型×有生性×格标记×脑区的交互作用。在图 5.7a 所示的 N400 时窗中,只有 Lg1 组无生施事条件之间存在广泛又显著的差异(＊a-ne vs. a),Lg2 组有生施事条件之间在左前区略有差异(A vs ＊A-ne)。在图 5.7b 所示的 LPS 时窗中,Lg1 组和 Lg2 组的无生施事条件之间都有显著差异(Lg1:＊a-ne vs. a;Lg2:a-ne vs. ＊a);只有 Lg1 组的有生施事条件之间在头皮前区有显著差异(＊A vs. A-ne),而 Lg2 组的有生施事条件之间无显著差异。

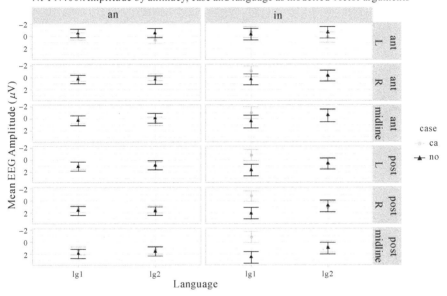

图 5.7a 德语组第二次学习施事 NP2 上 N400 的平均波幅存在语言类型×有生性×格标记×脑区的交互作用

注:X 轴表示语言类型,Y 轴表示 N400 平均波幅的拟合值。

总之,在 Lg1 中,施事 NP2 产生明显的格标记违反效应,该效应受到有生性的调节:当施事是无生名词时,格标记违反条件诱发了一个明显的 N400-LPS(＊a-ne vs. a);而当施事是有生名词时,格标记违反条件只产生了一个前区 LPS(＊A vs. A-ne)。在 Lg2 中,当施事是无生名词时,格标记正确条件相对于格标记违反条件诱发了一个 LPS(a-ne vs. ＊a);当施事是有生名词时,只有格标记正确条件诱发了一个左前区的 N400(A vs. ＊A-ne)。

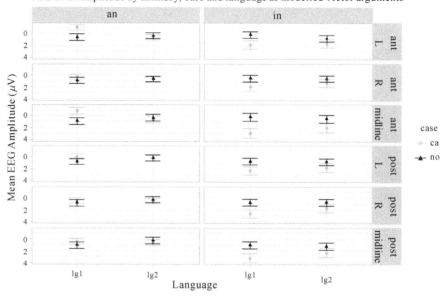

图 5.7b　德语组第二次学习施事 NP2 上 LPS 的平均波幅存在语言类型×

有生性×格标记×脑区的交互作用

注：X轴表示语言类型，Y轴表示 LPS 平均波幅的拟合值。

当 NP2 为受事时，在 Lg1 中，格标记违反条件诱发了一个 N400-LPS，这个效应在无生受事条件上更为明显。在 Lg2 中却没有清晰的 N400-LPS 效应，如图 5.8 所示。

图 5.9a 和 5.9b 分别显示了 N400 和 LPS 时窗的 LMM 分析结果。两个时窗都存在语言类型×有生性×格标记×脑区的交互作用。在 N400 时窗中，Lg1 组显示无生受事条件之间存在广泛而又显著的差异（＊u-ko vs. u）；Lg2 组则显示无生受事的格标记正确条件相对于格标记违反条件在头皮后区存在显著差异（u vs. ＊u-ko），这种差异比有生受事条件之间的差异更为明显（U-ko vs. ＊U）。在 LPS 时窗中，Lg1 组显示无生受事条件在头皮后区有显著差异（＊u-ko vs. u）；Lg1 和 Lg2 组的有生受事条件在头皮前区都存在显著差异（＊U vs. U-ko）。

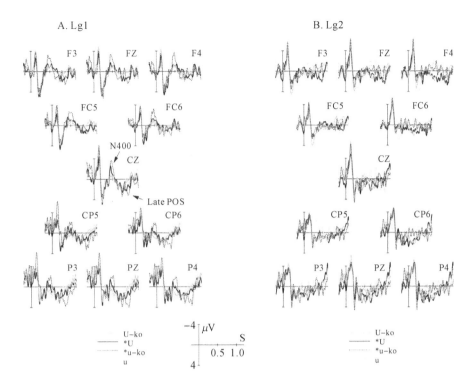

图 5.8 德语组第二次学习受事 NP2 处的 ERP 波幅总平均

注:图 A 为 Lg1,有效样本 24 人;图 B 为 Lg2,有效样本 25 人。

总之,在 Lg1 中,受事 NP2 产生了一个与施事 NP2 类似的格标记违反效应:当受事是无生名词时,格标记违反条件诱发了一个 N400-LPS(* u-ko vs. u);当受事是有生名词时,格标记违反条件只诱发了一个前区的 LPS(* U vs. U-ko)。在 Lg2 中,只有有生受事的格标记违反条件产生了一个前区的 LPS(* U vs. U-ko);而所有格标记正确条件产生了一个后区 N400(u vs. * u-ko,U-ko vs. * U)。

表 5.3 总结了实验一的脑电模式。与 Lg2 相比,Lg1 显示了清晰的格标记违反效应,这些效应明显受到有生性的调节:在 NP1 上,无生名词的格标记违反产生了 N400-LPS,该效应在无生施事上比在无生受事上略微明显。在 NP2 上,无生名词的格标记违反再次诱发了一个 N400-LPS。同样,这个

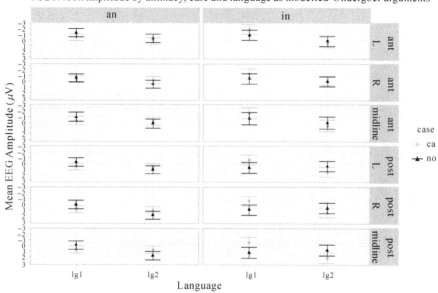

图5.9a　德语组第二次学习受事 NP2 上 N400 的平均波幅存在语言类型×

有生性×格标记×脑区的交互作用

注：X 轴表示语言类型，Y 轴表示 N400 平均波幅的拟合值。

效应在施事上比在受事上更为明显。然而，有生名词的格标记违反只产生了一个 LPS，分布在头皮前区。Lg2 既没有在 NP1 上出现显著的格标记违反效应，也没有在 NP2 上出现稳定的效应。在 NP2 上，除了有生受事的格标记违反产生了一个前区 LPS 之外，还有一些其他效应，如施事的格标记正确条件相对于格标记违反条件产生了一个左前区 N400 或者一个 LPS；受事的格标记正确条件相对于格标记违反条件产生了一个后区的 N400。

第五章　二语加工

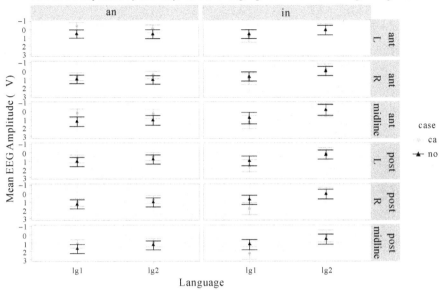

图 5.9b　德语组第二次学习受事 NP2 上 LPS 的平均波幅存在语言类型×
有生性×格标记×脑区的交互作用

注:X 轴表示语言类型,Y 轴表示 LPS 平均波幅的拟合值。

表 5.3　德语组第二次学习的脑电结果汇总

	NP1			NP2	
	Lg1	Lg2		Lg1	Lg2
施事	N400-LPS (＊a-nevs. A-ne)	n. s.	有生	前区 LPS (＊A vs. A-ne)	左前区 N400 (A vs. ＊A-ne)
			无生	N400-LPS (＊a-ne vs. a)	LPS (a-ne vs. ＊a)
受事	N400-LPS (＊u-ko vs. U-ko)	n. s.	有生	前区 LPS (＊U vs. U-ko)	后区 N400 (U-ko vs. ＊U) 前区 LPS (＊U vs. U-ko)
			无生	N400-LPS (＊u-ko vs. u)	后区 N400 (u vs. ＊u-ko)

注:＊表示格标记违反条件。阴影部分表示稳定的脑电模式,深色表示格标记违反效
应 N400-LPS,浅色表示前区 LPS,n. s. 表示效应不显著。

事实上，部分 Lg1 的格标记违反效应早在第一次学习中就可以观测到。在 NP1 上，无生名词的格标记违反条件早已诱发了一个 N400，在第二次学习中发展成为 N400-LPS，并且该 N400 的潜伏期提前了大约 50 毫秒。在 NP2 上，无生受事的格标记违反已经产生了 N400-LPS，这在第二次学习中也能看到。与 Lg1 不同的是，Lg2 所有显著的效应只出现在第二次学习，在第一次学习中还没有出现。

实验一讨论 无论是两组比较，还是两次学习比较，Lg1 和 Lg2 具有完全不同的脑电表现。实验结果总体上支持施受非对称性，主要基于以下两个事实：首先，这两种语言只是施事的格标记规则不同，Lg1 标记有生施事，Lg2 标记无生施事。但是 Lg2 不仅在施事上还是受事上都缺乏明晰的格标记违反效应，这说明只要施事的格标记稍有变化，就会造成极大的学习困难，产生极大的个体差异。其次，Lg1 的格标记违反效应明显受到有生性的调节，在无生名词上格标记违反诱发了一个 N400-LPS，在有生名词上格标记违反诱发了一个前区 LPS。更重要的是，这两种效应都在施事上比在受事上更为明显。由于 Lg2 的数据缺乏稳定的模式，下文主要讨论 Lg1 中格标记和有生性的交互作用。我们首先比较该语言施事和受事上的格标记违反效应，考察施受非对称性，然后比较两次学习结果，考察训练效果。

Lg1 的实验结果揭示格标记违反效应明显存在不对称性，即 N400-LPS 和前区 LPS 都在施事论元上比在受事论元上更为明显，支持施受非对称性。格标记违反效应明显受到有生性的调节，在无生论元上它表现为 N400-LPS，在有生论元上它表现为前区 LPS。这个 N400 是错配负波，是自上而下和自下而上信息之间的不匹配造成的（Lotze, Tune, Schlesewsky, & Bornkessel-Schlesewsky, 2011）。LPS 实质上是一个 P300（Sassenhagen, Schlesewsky, & Bornkessel-Schlesewsky, 2014），在格标记信息足够突显的时候才会出现，该效应的波幅会随着被试者在执行双项选择任务时（判断句子合法还是不合法）的确信度而发生变化（decision certainty，参见 Nieuwenhuis, Aston-

Jones,& Cohen,2005；Kretzschmar,2010)。下面依次分析 N400 和 LPS。

在无生条件中,自上而下的预期与自下而上的格标记之间的不匹配诱发了 N400。在 NP1 上,语言加工机制预期一个施事在先的语序,同时它也预期该施事是典型施事即有生施事,然而实际上遇到一个无生施事或者是无生受事,并且它们都带上了不应该带的格标记时,之前的预期落空,于是产生 N400。在 NP2 上,无论 NP2 是否有格标记,其题元角色都因 NP1 而确定。语言加工机制遇到受事 NP1 则预期 NP2 是施事,并且是有生施事。当这个预期落空时,一个无生施事又带了不该带的格标记,N400 再次出现。相反,一个施事 NP1 并不会让语言加工机制预期一个受事 NP2,因为施事语义独立,不依存于受事(cf. Philipp et al.,2008)。因此,在 NP1 和 NP2 上都能观测到无生论元带了多余的格标记产生了一个 N400,而且该效应在无生施事上更大。

然而,在有生条件中该 N400 消失,格标记违反条件只产生了一个前区 LPS。同样,该效应在施事上比在受事上更为明显。与以往格标记违反诱发的 LPS 不同,它主要分布在头皮前区。有趣的是,话语加工研究也曾报告了一个类似的前区 LPS。例如,当出现两个(而非一个)可以和动词保持一致的论元(英语:Kaan & Swaab,2003),或者出现两个(而非一个)可以恢复的脱落论元(日语:Wolff,2009),或者出现两个(而非一个)话题显著性相同的论元(日语:Wang & Schumacher,2013),都会产生前区 LPS。可见,前区 LPS 出现的共同点是,只需指认一个论元却发现有两个论元同时满足实验任务,例如都符合主谓一致性、都能恢复脱落论元、都能成为话题等。本实验要求被试者执行语法判断任务,NP1 和 NP2 都非常突显,这种突显受有生性调节。当 NP2 是有生论元时,它或与 NP1 一样显著(NP1 和 NP2 同为有生论元),或比 NP1 更为显著时(NP1 为无生、NP2 为有生),格标记违反导致前区 LPS,但是当 NP2 没有 NP1 那样显著时(NP1 为有生、NP2 为无生),这个效应就不会出现。因此,论元显著性理论不仅可以解释为什么 LPS 在施事上比在受事上更为强烈（施事本身在认知上比受事更为显著），而且可以解释为什么有时候能观测到前区 LPS 而有时候却不能。

从第一次学习到第二次学习，德语者的行为表现大有进步，具体表现为德语者在第二次学习中呈现出较高的正确率和更快的反应速度，这说明德语者可以很好地区分格标记正确条件和违反条件。比较两次学习的脑电结果可以看到脑电模式的动态变化，随着目标语输入量的增加，格标记违反中体现的施受非对称性也更加明显。

在第二次学习中，格标记违反诱发的 N400 潜伏期明显提前，这与过往二语水平高的学习者和双语者的研究发现一致。格标记违反诱发的 LPS 也在前后两次学习中发生了变化：在 NP1 上，第一次学习只有一个 N400 却没有 LPS，第二次学习才出现这个 LPS；在 NP2 上，这个 LPS 在第一次学习中无生受事上出现，在第二次学习中它在施事上总是比在受事上更为明显，特别是无生条件中。LPS 的变化直观地反映了德语者大脑通过训练能够精细地区分施事和受事。本实验中的 LPS 属于 P300 家族，因为它在格标记信息足够突显的时候出现，波幅随着被试者做双项选择任务时的确信度而发生变化。根据这一解释，LPS 的波幅与行为存在正比例关系，也就是说，LPS 波幅越大，语法判断任务的正确率也就越高。在本实验的第二次学习中确实可以看到，随着正确率增高和反应速度增快，德语者表现出比第一次学习中更为强烈的 LPS 效应，这说明德语者在判断句子"合语"和"不合法"这样的实验任务时，对自己的判断更有确信；同时，与受事的格标记违反相比，对施事的格标记违反更有确信（Lg1 中的 * a-ne 条件），或者与受事的格标记相比，对施事的格标记更有确信（Lg2 中的 a-ne）。第二次学习中 LPS 的不对称性反映了德语者学习这两种语言的最终状态。

总之，Lg1 的实验结果支持施受非对称性，这种非对称性在德语者大脑经历两次学习之后表现得十分清晰和稳定。对比 Lg1 和 Lg2 可见，施事相对于受事更具认知优势，只要其格标记规则稍加改变（从标记有生施事的 Lg1

到标记无生施事的 Lg2),就给德语者造成极大的学习困难。如果学习者的母语中没有格标记,能否掌握格标记规则?学习过程是否同样呈现施受非对称性?针对这些问题,实验二采用相同的方法训练汉语者学习 Lg1。

二、实验二:汉语组①

对于汉语者来说,学习这门人工语言相当于学习一门形态句法完全不同而在显著性信息层面十分相似的新语言。在形态句法上,汉语与这门语言完全不同,它的常规语序是 SVO,没有格标记;然而,在主要的显著性信息上汉语和这门语言十分相似,因为汉语的 SOV 和 OSV 句子加工十分倚重有生性(王路明,2015),而这门语言就是有生性决定格标记规则。由于缺乏汉语组学习格标记语言的过往研究,我们无法对汉语组的脑电模式做出具体的预测,但至少可以做出两个假设:(1)假如施受非对称性具有认知上的普遍意义,那么我们应该在汉语组中同样观测到一个完全不对称的加工效应。也就是说,汉语组应该与德语组一样,格标记违反效应在施事上比在受事上更为明显。(2)前后两次学习汉语组也应该表现出训练效果。第二次学习应该比第一次学习呈现更高的正确率,更快的反应时,更完整的脑电成分,两次学习的脑电成分在潜伏期和波幅上都应该有明显的不同。如果汉语组通过两次学习已能掌握这门语言的格标记规则,那么第二次学习应该呈现与德语组类似的格标记违反效应,而第一次学习则更容易受到母语影响,呈现汉语特有的加工个性。

被试者 30 名来自浙江工业大学的汉语母语者参加了实验。其中 3 名因行为测试正确率太低(两次句子测试 *d*-primes 皆低于 0.72。实验后调查问卷进一步证实其行为处在机会水平),2 名因眨眼过度,3 名因未能参加第二次学习而被剔除数据分析之外。22 名被试者(其中女生 12 名),年龄范围

---

① 该实验已在《语言科学》中发表,参见王路明,贾磊,彭国珍(2019)。

为 19 ～ 23 岁，平均年龄 20.7 岁。词汇测试平均正确率为 96.6%（SD＝3.1%）。

行为结果如表 5.4 所示，汉语组总体上都能较好地掌握这门语言的格标记规则。第二次测试比第一次测试水平有显著提高（正确率：$t＝-9.63$，$p＜0.0001$；反应时：$t＝13.15$，$p＜0.0001$）。

表 5.4　汉语组语法判断任务正确率和反应时间的平均值（标准偏差）

平均值（标准偏差）	正确率/%	反应时/ms
第一次学习	84.8(35.9)	683.4(441.2)
第二次学习	95.5(20.8)	496.3(230.2)
两次学习平均值	90.1(29.8)	584.3(358.2)

脑电结果　汉语组第二次学习比第一次学习呈现出更为清晰的脑电反应。下面分别展示第二次学习中 NP1 和 NP2 上的脑电反应。

NP1 带格标记，题元角色明确。根据 Lg1 只标有生施事的格标记规则，此处格标记违反条件为无生 NP1 却错误地携带了格标记（* a-ne，* u-ko），格标记正确条件为有生 NP1 并带格标记（A-ne，U-ko）。因此，NP1 上格标记违反效应体现为有生性效应，表现为无生论元相对于有生论元产生一个更大的 N400-LPS。然而，我们只在 LPS 时窗观察到一个明显的有生性效应，如图 5.10 所示。在 N400 时窗，有生性主效应并不显著［侧区和中线：$Fs (1,21)＜2.44$，$ps＞0.73$］，但存在题元主效应［右后区：$F(1,21)＝4.90$，$p＜0.04$］。在 LPS 时窗，有生性效应显著［左前区：$F(1,21)＝5.13$，$p＜0.04$；左后区：$F(1,21)＝6.06$，$p＜0.03$；中线：Pz：$F(1,21)＝5.54$，$p＜0.03$；POz 边际显著：$F(1,21)＝3.49$，$p＜0.08$］。总之，在 NP1 处，受事相较于施事诱发了一个更大的 N400（U-ko/* u-ko vs. A-ne/* a-ne）；此外，格标记违反条件相较于格标记正确条件诱发了一个更大的 LPS（* a-ne/* u-ko vs. A-ne/U-ko）。

NP2 的题元角色也因为 NP1 而明确，只是带或不带格标记。在 NP2

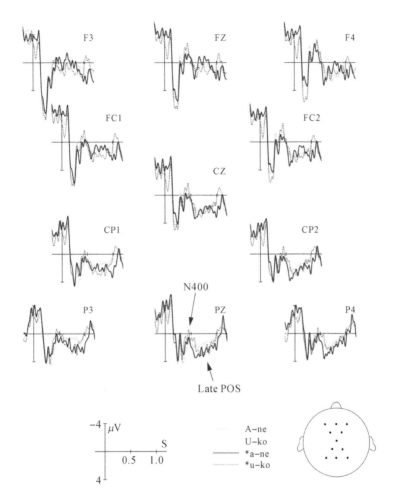

图 5.10 汉语组第二次学习 NP1 处的 ERP 波幅总平均

注:选取 PZ 为头皮后区代表性电极。有效样本 22 人。

处,无生论元的格标记违反条件诱发一个强烈的 N400-LPS,该效应的强度似乎在不同题元上有所不同,如图 5.11 所示。在 N400 时窗,格标记效应显著[右前区:$F(1,21)=9.47$,$p<0.006$;左右后区:$Fs(1,21)>8.58$,$ps<0.009$];有生论元带和不带格标记之间在中线存在显著差异[图 5.11A:A-ne vs. * A;图 5.11B:U-ko vs. * U;Cz:$F(1,21)=5.02$,$p<0.04$;CPz:$F(1,21)=6.96$,$p<0.02$;Pz:$F(1,21)=3.69$,$p<0.07$],无生论元带和不带格标

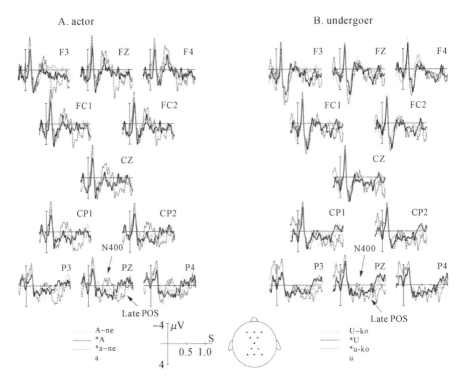

图 5.11　汉语组第二次学习 NP2 处的 ERP 波幅总平均

注：图 A 为施事 NP2 条件，图 B 为受事 NP2 条件。有效样本 22 人。

记之间存在更为显著的差异［图 5.11A：* a-ne vs. a；图 5.11B：* u-ko vs. u；Cz：$F(1,21)=13.28,p<0.002$；CPz：$F(1,21)=21.49,p<0.001$；Pz：$F(1,21)=14.63,p<0.001$］。这种差异也一直延续到 LPS 时窗。有生性×格标记在侧区的交互作用主要来自有生论元带和不带格标记之间的差异［左前区：$F(1,21)=19.89,p<0.0003$］和无生论元带和不带格标记之间更为广泛的差异［左后区：$F(1,21)=11.90,p<0.003$；右后区：$F(1,21)=16.68,p<0.0006$；中线：$F(1,21)=14.67,p<0.001$］。同时，在 350～500 毫秒这个更早的 N400 时窗范围内，题元×有生性×格标记的交互作用十分显著［侧区：$F(1,21)=4.67,p<0.05$；中线：$F(1,21)=7.00,p<0.02$］，归因于无生施事带和不带格标记之间的差异，即无生施事的格标记违反［图 5.11A：* a-ne vs. a;侧区:$F(1,21)=7.37,p<0.02$;中线:$F(1,21)=10.77,p<0.004$]。

总之,无论 NP2 是施事还是受事,带格标记的论元相对于不带格标记的论元都诱发了一个更大的 N400-LPS(A-ne vs. ＊A,＊a-ne vs. a;U-ko vs. ＊U,＊u-ko vs. u),但其在无生论元上更为显著,分布也更为广泛(＊a-ne vs. a,＊u-ko vs. u)。此外,在早于这个效应 50 毫秒的时窗内,带格标记的论元是无生论元,同时又是施事时,诱发了一个更大的 N400(350～500 毫秒,＊a-ne vs. a)。

实验二讨论　汉语组学习 Lg1 的脑电实验结果同样呈现施受非对称性。在 NP1 处主要表现为施事优先的语序偏好,受事在先的语序,不论是格标记正确与否,相对于施事在先的语序都产生了一个更大的 N400(U-ko/＊u-ko vs. A-ne/＊a-ne)。这是语言加工机制预期句首论元是施事和实际看到句首论元带宾格标记(故为受事)之间的不匹配造成的。在 NP2 处,主要有两个发现:首先,存在格标记效应,该效应受有生性的影响。表现为,带格标记的论元相对于不带格标记的论元诱发了一个更大的 N400-LPS,该效应在无生论元上表现得更为显著也更为广泛。这是因为无生论元带格标记违反了这门语言格标记规则,即叠加了格标记违反效应的结果(＊a-ne vs. a,＊u-ko vs. u)。其次,无生论元的格标记违反效应受到题元角色的影响。同样是无生论元错误地携带了格标记,只有当无生论元做施事时会更早地出现格标记违反效应(＊a-ne vs. a)。这个更早出现的 N400(350～500 毫秒)也是违反预期的结果。

与实验一相同,我们在实验二中再次看到 NP2 违反典型施事这一预期而诱发的 N400。这和 Philipp 等人(2008)的汉语母语加工结果一致。Philipp 等人在脑电实验中使用了"NP1-被/把-NP2-Verb"结构(第四章例句4.11),当 NP1 通过"被"确定为受事时,无生 NP2 做施事诱发了一个 N400,而这一效应在把字句中 NP2 处没有出现。这说明语言加工机制偏好施事是有生命的典型的施事,而对受事的典型性没有偏好,因为受事依赖于施事。

在实验二中,同样是无生论元的格标记违反,这一 N400 只出现在施事上而不出现在受事上,证明了施受非对称性。在潜伏期上,该效应与无生论元的格标记违反效应多有重合,但早于后者 50 毫秒发生,说明语言加工机制对施事典型性极其敏感,在评估施事典型性之后再匹配有生性和格标记。

上述实验结果进一步证实施受非对称性具有普遍性,这条认知规律也会影响语言学习。可是,实验二中还有一些脑电模式有待解释:按照之前的研究假设,格标记违反条件应该诱发一个 N400-LPS 的双相效应。有趣的是,在 NP1 上,格标记违反条件只诱发了一个 LPS(﹡a-ne/﹡u-ko vs. A-ne/U-ko),却没有 N400;在 NP2 上,只在无生条件中观测到了格标记违反效应(﹡a-ne vs. a,﹡u-ko vs. u),在有生条件中却只是格标记效应(A-ne vs.﹡A,U-ko vs.﹡U)。然而,从行为数据的正确率和问卷调查的结果来看,汉语者能够检测到格标记违反。后期数据分析进一步显示这可能与汉语迁移作用有关。

我们依次考察 NP1 和 NP2 上的汉语迁移效应。在 NP1 上格标记违反只诱发了一个 LPS 却没有 N400 是不是因为汉语者未能检测到格标记违反?为排除这一可能,我们对第一次学习的脑电数据进行分析。如图 5.12A 所示,无生论元的格标记违反条件相对于有生论元的格标记正确条件产生了一个更大的 N400-LPS(﹡a-ne/﹡u-ko vs. A-ne/U-ko)。无论在 N400 还是在 LPS 时窗都存在有生性效应,主要集中在后区[所有 $Fs(1,21)>6.90, ps<0.02$]。由此可见,在第一次学习中汉语者就能识别格标记违反。在第二次测试中,格标记违反诱发的 N400 消失,(施事在先)语序违反的 N400 出现,体现了汉语者逐渐摆脱汉语影响充分掌握这门语言的过程。

在形态句法方面,这门语言更接近印欧语,与汉语没有相似性。它具有表音文字以及格标记系统,语序自由,动词有稍许屈折变化;而汉语是表意文字,没有格标记,词语缺少形态变化。即便汉语者可以把汉语中的"把"和"被"分别迁移到 NP1 上的主格标记-ne 和宾格标记-ko 上,也很难做到句法上的完全匹配,因为把字句和被字句的 NP2 并没有标记,并且在汉语中这两种结构论元脱落现象也比较常见,如"自行车被(某人)偷了""(我)把悲伤留给自己"。然而,在显著性信息层面上,汉语者可以迁移汉语加工的主要信息即有生性,较为容易地发现这门语言的格标记规则。前期研究揭示汉语 NP1-NP2-V 句子加工非常依赖有生性,有生性可以促成或阻碍语言加工机制对语序的选择,即决定题元角色分配(第四章例句 4.12,王路明,2015)。因此,第一次测试出现格标记违反效应证明了汉语者并没有因为目标语言与母语在形态句法上没有相似性而产生学习困难,母语的有生性强度发挥了正迁移作用。

而在第二次学习中,格标记违反的 N400 消失,(施事在先)语序违反的 N400 取而代之,这说明汉语者开始抑制母语语序的影响,掌握这门语言的语序特点。前期研究表明,并不是受事本身就能诱发语序违反效应,只有在受事之后必须出现施事这种论元依存关系建立的情况下,才能观测到这个效应。例如在德语中,NP1$_{宾格}$ 相对于 NP1$_{主格}$ 能诱发此效应,在日语中则不能。研究人员指出,该效应很难用受事在先的句子出现频率低或者工作记忆负担大进行解释,它的出现与受事—施事依存关系有关。显然,德语不允许主语脱落,受事做句首论元势必引发对施事出现的期待,而日语则允许主语脱落。有趣的是,当研究人员在日语 NP1$_{宾格}$ 后通过语音停顿加大被试者对施事出现的期待时,也同样观测到了这个效应[见例句(4.9),Schlesewsky,Bornkessel,& Frisch,2003;Wolff et al.,2008]。同理,在本实验中,如果受汉语语序影响,则无法观测到语序违反效应,因为汉语允许主语脱落。而事实是,汉语者看到 NP1$_{宾格}$ 产生强烈的 NP2$_{主格}$ 预期,诱发了该效应,这说明汉语者开始掌握这门人工语言的语序特点。第一次学习和第二次学习 NP1 上的效应变化揭示了汉语者从利用母语有生性信息转变为利用目标语言语序信息的过程。

NP1 和 NP2 题元依存关系的建立也能解释 NP2 上的格标记效应。查

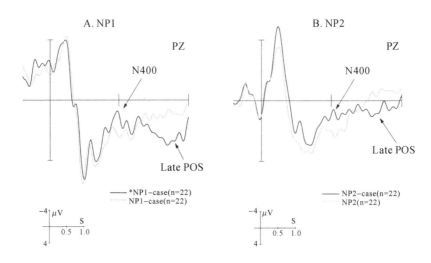

图 5.12　汉语组第一次学习的 ERP 波幅总平均

注：选取 PZ 为头皮后区代表性电极，有效样本 22 人。图 A 为 NP1 处合并了所有格标记
违反条件，以及合并了所有格标记正确条件之后的 ERP 波幅总平均图；图 B 为 NP2 处合
并了所有带格标记的条件，以及合并了所有不带格标记条件之后的 ERP 波幅总平均图。

看第一次学习 NP2 上的脑电结果发现，带格标记的 NP2 相对于不带格标记
的 NP2 诱发了一个更大的 N400-LPS，集中在头皮个别区域[400～600 毫秒：
右后区：$F(1,21)=5.69$，$p<0.03$；POz：$F(1,21)=8.50$，$p<0.009$；600～
1000 毫秒：Pz：$F(1,21)=4.92$，$p<0.04$]，如图 5.12B 所示。这说明，格标记
效应在第一次学习中就已经出现，并且在第二次学习中，与有生性产生交互
作用。同时，该效应发生的时窗与格标记违反效应重合。汉语者在 NP2 上
不存在题元指派的困难。根据对这门语言的了解，汉语者看到带格标记的
NP1，就能确定 NP2 题元角色。因此在指派题元角色方面，NP2 的格标记是
"多余"的，反而会产生加工负荷。在第二次学习中，在无生 NP2 上，除了格
标记出现所带来的加工负荷，还叠加了一个格标记违反效应，因此观测到一
个比有生条件下更大的 N400-LPS（ * a-ne vs. a，* u-ko vs. u）。这也说明
了汉语者掌握了这门语言的语序特点，在有生性的帮助下掌握格标记规则。

　　汉语组学习 Lg1 的实验结果再次实证了语言学习受到施受非对称性的

普遍制约,施事比起受事更具语言认知上的优先性。同时,学习过程是主要线索逐渐变化的动态过程,在实验二中我们也看到母语显著性信息的迁移作用。面对一门形态句法完全不同的新语言,汉语者并未显示太大的学习障碍,相反,在第一次学习中,有生性作为母语加工中的主导信息就能发挥正迁移作用,而在第二次学习中,汉语者能够抑制母语语序的负迁移,掌握这门新语言的语序规律。

三、德汉两组对比[①]

实验一和实验二分别报告了德语者和汉语者学习人工语言格标记规则的结果。在本节中,我们直接对比德语者和汉语者学习 Lg1 的结果,探讨母语形态上有格标记的德语者和母语形态上无格标记的汉语者在学习这门人工语言时的异同。通过前文中可以看到,面对一个完全对称设计的实验条件,德语组、汉语组都产生了完全不对称的格标记违反效应,即这种效应在施事上比受事上更为明显,支持施受非对称性是一个普遍的认知规律。在本节中,我们重点关注母语特点对语言学习的影响,从该角度放大德汉两组结果,并做出以下推测。

(1)格标记违反效应可能会受到母语影响。汉语无格标记,德语有格标记,但德语的格标记是基于论元的语法角色,并不基于论元的有生性,因此与这门人工语言的格标记规则不冲突。根据跨语言相似性的定义,德汉两组都是属于学习非母语(二语独有)特征。如果线索有无(cue availability)决定这门语言的学习难度,那么母语没有二语的形态就会造成学习困难,汉语组要比德语组的正确率低,更晚产生格标记违反效应,或者格标记违反效应不显著。相反,如果线索强度(cue strength)决定这门语言的学习难度,那么汉语者比德语者更容易掌握格标记规则,因为面对 NP1-NP2-V 句子加工,有生性

---

① 该实验已在《外语教学与研究》中发表,参见王路明,徐田燃(2022)。

在汉语中比在德语中更强，它强于语序能够决定题元分配，而在德语中却不能。（2）母语线索的迁移模式不同。从前文中可以看到，无论德语组还是汉语组，第二次学习都要比第一次学习速度更快，正确率更高。然而，如果跨组对比第一次学习结果，跨组对比第二次学习结果，应该可以看到德汉两组脑电效应在潜伏期和波幅上的异同。总体上，德汉两组应该在第一次学习中比在第二次学习中表现出更大的行为差异和脑电差异，因为第一次学习更容易受到母语影响。

行为结果 德语组和汉语组两次学习的正确率平均值和标准偏差再引如下：德语组第一次 M＝90.6％，SD＝29.2％，第二次 M＝97.6％，SD＝15.3％；汉语组第一次 M＝84.8％，SD＝35.9％，第二次 M＝95.5％，SD＝20.8％。无论德语组还是汉语组，相较于第一次学习，第二次学习的正确率都有显著提高。从第二次正确率高达95％以上可以看出，两组被试者都能很好地发现并掌握格标记规则。实验结束后的问卷调查结果也证实，学习者都能正确地写下这门语言的格标记规则。总体上，在第一次学习中，德汉两组的正确率差距明显，德语组表现出比汉语组更高的正确率和更小的标准偏差，然而在第二次学习中，组间差距有了明显缩小。

使用混合效应模型拟合正确率的结果证实了上述观察。如图 5.13 所示，正确率受到学习次数×母语组×有生性×格标记交互作用的影响[χ^2(23)＝197.6，$p<0.0001$]，但不受语序影响[χ^2(24)＝15.71，$p>0.90$]。第一次学习存在母语组×有生性×格标记的交互作用[χ^2(11)＝61.01，$p<0.0001$]，而第二次学习存在有生性×格标记的交互作用[χ^2(5)＝23.32，$p<0.0003$]，母语组只是边缘显著[χ^2(6)＝12.09，$p<0.06$]。

第一次学习中的有生性×格标记的交互作用来自汉语组而非德语组。具体表现为汉语组在 AA 条件下，NP2 格标记正确条件比违反条件正确率显著提高（AA:CC vs. CN:β＝0.16，SE＝0.04，t＝4.31，$p<0.0004$）；在 AI 条件下，NP2 格标记正确条件比违反条件正确率显著提高（AI:CN vs. CC:

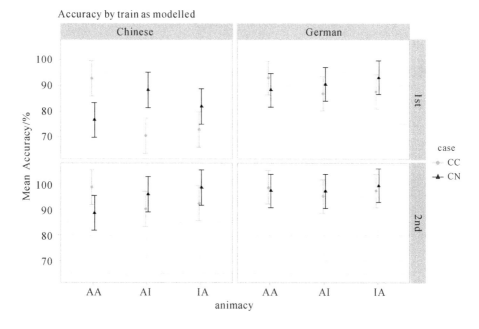

图 5.13　正确率的混合效应模型拟合结果

注:X 轴为有生性条件:AA 代表 NP1$_{有生}$-NP2$_{有生}$条件、AI 代表 NP1$_{有生}$-NP2$_{无生}$条件、
IA 代表 NP1$_{无生}$-NP2$_{有生}$条件;Y 轴为平均正确率。德语组、汉语组的数据按照学习次
数排列,1st代表第一次学习,2nd 代表第二次学习。CC 代表 NP1$_{带标}$-NP2$_{不带标}$条件,
CN 代表 NP1$_{带标}$-NP2$_{不带标}$条件。线条上下限代表 95%的置信区间。

$\beta=0.18,SE=0.04,t=4.7,p<0.0001$)。而在第二次学习中,汉语组只在
AA 条件下显示 NP2 格标记正确条件和违反条件还存在显著差异(AA:CC
vs. CN:$\beta=0.10,SE=0.02,t=4.02,p<0.001$)。其他格标记正确条件和
违反条件之间无显著差异,与德语组相比也无显著差异。

　　总之,在第一次学习中,德语组比汉语组有更高的正确率和更小的标准
偏差,在第二次学习中两组差异明显缩小。与德语组相比,汉语组明显受到
有生性和格标记的影响,表现为当 NP2 格标记正确时,不管第一次学习中
NP2 为有生论元带标还是无生论元不带标,正确率都比格标记违反条件有显
著的提高。在第二次学习中汉语组只在 NP2 为有生论元带标与不带标条件

之间还存在显著差异,其他条件与德语组均无差异。

脑电结果 同样选取 N400(400~600 毫秒)和 LPS(600~1000 毫秒)为两组被试、两次学习在 NP1 和 NP2 位置上产生格标记违反效应的共有时窗。[①] 对于潜伏期与上述时窗稍有不同的效应,我们在描述统计结果时标注出更为精确的时窗。

NP1 上的脑电反应如图 5.14 所示。NP1 带主格时为施事,带宾格时为受事。根据这门语言的格标记规则,无论 NP1 是施事还是受事,有生 NP1 带标为正确条件而无生 NP1 带标为违反条件。因此,NP1 上的格标记违反效应应该体现为无生论元相对于有生论元产生一个更大的 N400- LPS(* a-ne vs. A-ne, * u-ko vs. U-ko)。

在第一次学习中德语组只呈现一个 N400[450~800 毫秒,侧区 $F(1,23)=8.78, p<0.007$,中线 $F(1,23)=11.95, p<0.003$],而汉语组呈现了完整的格标记违反效应[N400,左后区边缘显著 $F(1,21)=3.69, p<0.07$,中线不显著;LPS 侧区 $F(1,21)=6.85, p<0.02$,中线 $F(1,21)=12.85, p<0.002$]。

在第二次学习中德语组呈现了一个完整的格标记违反效应[* a-ne, * u-ko:N400,侧区 $F(1,23)=25.75, p<0.0001$,中线除了 FZ 其余 $Fs>6.08$,$ps<0.03$;LPS,600—750 毫秒,左前区 $F(1,23)=9.16, p<0.006$,右前区 $F(1,23)=9.21, p<0.006$]。在一个更晚的时窗内存在有生性×题元的交互作用,无生施事比无生受事诱发了一个更长的 LPS[* a-ne,750—900 毫秒,侧区 $F(1,23)=17.16, p<0.0004$,中线 $F(1,23)=16.98, p<0.0005$]。汉

---

① 对 NP1 和 NP2 在上述两个时窗中的效应进行统计发现,NP1 在 N400 时窗中存在母语组×有生性的交互作用(所有 $Fs>4.60$,$ps<0.04$),在 LPS 时窗存在学习次数×母语组×有生性的交互作用(所有 $Fs>6.24$,$ps<0.02$);NP2 在 N400 时窗存在学习次数×母语组×题元的交互作用($F(1,88)=9.06, p<0.004$),以及学习次数×题元×格标记×脑区的交互作用(脑后区所有 $Fs>4.48$,$ps<0.04$),在 LPS 时窗存在学习次数与有生性、题元或格标记之间的交互作用,在 Fz 和 FCz 存在学习次数×有生性×题元×格标记×脑区的交互作用($Fs>4.49$,$ps<0.04$)。根据这些交互作用,也为了方便比较,我们分别从学习次数和母语组呈现脑电图。

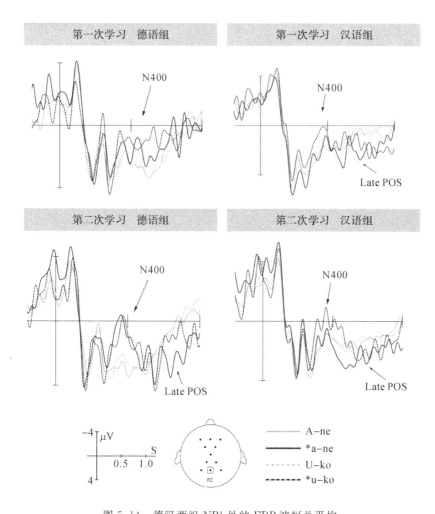

图 5.14　德汉两组 NP1 处的 ERP 波幅总平均

注:选取 PZ 为代表电极。德语组有效样本 24 人,汉语组有效样本 22 人。

语组在早期时窗内存在有生性×题元的交互作用,主要来自无生受事的格标记违反所产生的 N400[* u-ko:侧区不显著,中线边缘显著 $F(1,21)=3.70$, $p<0.07$],而在晚期时窗内存在有生性效应,即格标记违反条件产生了一个 LPS[* a-ne, * u-ko:左后区 $F(1,21)=8.63,p<0.008$,中线 $F(1,21)=5.83,p<0.03$]。

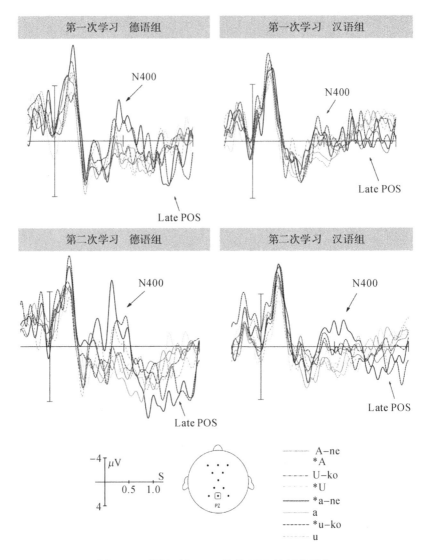

图 5.15　德汉两组 NP2 处的 ERP 波幅总平均

注：选取 PZ 为代表电极。德语组有效样本 24 人，汉语组有效样本 22 人。

NP2 上的脑电反应如图 5.15 所示。有生 NP2 却没有带格标记，无生 NP2 却错误地带了格标记，都为格标记违反条件，应该相对于格标记正确条件产生一个更大的 N400-LPS。

在第一次学习中，德语组的无生 NP2 诱发一个明显的格标记违反效应，统计结果显示存在有生性×格标记×脑区的交互作用,主要由部分脑区的无生 NP2 的格标记违反造成,其中无生施事的格标记违反效应分布更为广泛 [＊a-ne,＊u-ko:N400,450～700 毫秒,左右后区 $Fs(1,23) > 10.40$,$ps < 0.004$,＊a-ne 在 Fz 和 FCz 均为 $Fs(1,23) > 5.27$,$p < 0.04$];LPS,700～950 毫秒,左右前区 $Fs(1,23) > 4.63$,$ps < 0.05$,Fz 和 FCz 均为 $Fs(1,23) > 5.20$,$ps < 0.04$]。而在汉语组中,格标记违反效应并不明显。N400 时窗存在有生性×格标记的交互作用,只是有生 NP2 的格标记违反诱发了一个边缘显著的 N400[＊A,＊U:侧区 $F(1,21) = 3.56$,$p < 0.08$,中线不显著];在 LPS 时窗,侧区存在题元×有生性×脑区的交互作用,来自有生和无生施事之间的差异[A-ne/＊A vs. ＊a-ne/a:左前区 $F(1,21) = 6.07$,$p < 0.03$],中线存在格标记主效应,NP2 带标相对于不带标产生了一个更大的 LPS[Pz $F(1,21) = 5.08$,$p < 0.04$,POz $F(1,21) = 3.66$,$p < 0.07$]。

在第二次学习中,德语组的无生 NP2 同样诱发了一个清晰的格标记违反效应,该效应在无生施事上更为明显。N400 时窗存在题元×格标记×脑区的交互作用以及有生性×格标记×脑区的交互作用,格标记效应主要来自施事 NP2[＊a-ne,A-ne:300～600 毫秒,左右后区均 $Fs > 20.50$,$ps < 0.0002$,中线 $F(1,23) = 19.32$,$p < 0.0003$]或无生 NP2[＊a-ne,＊u-ko:侧区 $F(1,23) = 19.10$,$p < 0.0003$,中线所有电极均 $Fs > 6.57$,$ps < 0.02$]。LPS 时窗存在题元×有生性×格标记×脑区的交互作用,格标记违反效应来自施事条件[＊a-ne,＊A,750～1000 毫秒,右前区均 $Fs > 9.80$,$ps < 0.005$,FzFs > 8.30,$ps < 0.009$]和有生受事条件[＊U,在中线 $F(1,23) = 5.00$,$p < 0.04$]。值得注意的是,无生施事的格标记违反效应出现更早[＊a-ne,200—300 毫秒,侧区 $F(1,23) = 24.28$,$p < 0.0001$,Fz 和 FCz 均为 $Fs(1,23) > 18.60$,$p < 0.0003$;600～750 毫秒,侧区 $F(1,23) = 3.52$,$p < 0.08$,中线 $F(1,23) = 5.47$,$p < 0.03$]。汉语组总体呈现出格标记效应,即 NP2 带标相对于不带标产生一个 N400-LPS,该效应在无生 NP2 中更为明显,因为无生

NP2 带标产生格标记违反效应,这在无生施事上比较明显。在 N400 时窗,后区存在格标记效应(左右后区均为 $Fs>10.80$, $ps<0.004$)和前区存在边缘显著的有生性效应(左右前区均为 $Fs>3.80$, $p<0.07$)。同时,中线存在题元×有生性的交互作用,来自无生施事和有生施事的差异[*a-ne vs. A-ne, $F(1,21)=7.81$, $p<0.02$],还有有生性×格标记×脑区的交互作用,来自有生条件的格标记效应[A-ne,U-ko,PZ $F(1,21)=8.24$, $p<0.01$]和无生条件的格标记违反效应[*a-ne,*u-ko,Pz $F(1,21)=28.35$, $p<0.0001$]。在 LPS 时窗,后区存在格标记效应(左右后区均 $Fs>6.95$, $ps<0.02$,Cz 至 POz 均 $Fs>4.80$, $ps<0.04$),还存在广泛的有生性×格标记的交互作用,来自无生条件的格标记违反效应[*a-ne,*u-ko,侧区 $F(1,21)=4.91$, $p<0.04$,中线 $F(1,21)=8.72$, $p<0.008$]。

德汉两组对比 讨论德语组和汉语组学习 Lg1 的过程也是格标记、有生性、语序等多种线索互相竞争,直至学习者完全掌握格标记规则的过程。虽然在这门语言中论元带不带格标记取决于有生性,但是在句子加工过程中学习者并不只是关注有生性,单纯地认为只要是有生论元就带格标记,只要是无生论元就不带格标记即可,而是需要理解句子,完成题元角色分配。因为格标记区分主格和宾格,分别标注施事和受事,学习者需要借助格标记理解孰为施事孰为受事。从语法判断任务的高正确率来看,学习者能发现格标记规则,并能区分施事和受事。从脑电结果来看,学习者也能区分发生在施事上和发生在受事上的格标记违反。以下我们通过比较德汉两组来考察跨语言相似性,通过比较第一次学习和第二次学习来考察语言训练效果。表 5.5 为德汉两组的脑电结果汇总,*代表格标记违反。

表 5.5　德语组和汉语组脑电结果汇总

		德语组	汉语组
NP1	第一次	＊ N400	＊ N400-LPS
	第二次	1. ＊ N400-LPS 2. ＊无生施事条件:LPS	1. ＊ LPS 2. ＊无生受事条件:N400
NP2	第一次	＊无生条件:N400-LPS	1. 格标记(带标比不带标):LPS 2. ＊有生条件:N400 3. 施事条件(有生比无生):LPS
	第二次	1. ＊无生条件:N400 2. ＊施事条件:N400-LPS 3. ＊有生受事条件:LPS	1. 格标记(带标比不带标):N400-LPS 2. ＊无生条件:N400-LPS 3. 有生条件的格标记:N400 4. 施事(无生比有生):N400

　　通过对比可以发现母语形态对于学习格标记语言而言重要也不重要。认为重要是因为在学习这门语言的初始阶段,德语组的确呈现出比汉语组更高的正确率,具有入门优势。根据跨语言相似性的定义,德汉两组都是学习二语独有特征。德语自身的格标记与这门语言的格标记规则并不存在竞争和冲突,德语者并非学习相异特征。德语的主格和宾格通常显示在名词形态、冠词形态或其修饰语形态上,当接触这门语言时,德语者会对句中带格标记的名词产生亲切感。汉语没有显性的格标记,或者说没有格标记概念,因为它的功能常常由语序来完成,譬如在常规语序 SVO 中,通过动词位置分配题元角色,动词之前的名词为施事,动词之后的名词为受事。正因为汉语没有显性的格标记,汉语者反而会对不带格标记的名词习以为常。总之,理论上,不管母语是德语还是汉语,学习者都无法从母语中获得完整的正迁移,都需要发觉使用或者不使用格标记的规律是什么,都需要学习一整套新的格标记系统。

　　然而,从德语组和汉语组第一次学习的行为结果来看,同样是学习非母语特征,德语者还是比汉语者更有优势。这可能是因为这门人工语言更接近印欧语,如表音文字、有格标记、动词有稍许屈折变化,这些更有利于德语者接受这门语言。也有可能是因为线索有无比线索强度更早发挥作用。在语序、有生性和格标记这三个显著性信息中,语序不再发挥决定题元的作用,德汉两组的正确率都不受语序的影响,这说明学习者完全能够接受 SOV(施事在先语序)或 OSV(受事在先语序)这样灵活的语序,格标记和有生性成为决定题元角色的两个显著性信息,它们在德汉两组中有竞争有差异:在线索有无上,德语"有"而汉语"无"格标记,但在线索强度上,以往母语加工的实验结果显示汉语者比德语者更为依赖有生性线索。对比德汉两组的结果显示,尽管汉语组能够成功迁移母语中生命性的强度,发现这门语言的格标记规则,但这种迁移需要时间。母语有无格标记的问题似乎更先于母语中生命性强不强的问题。该结果在统一竞争模型的基础上进一步揭示线索有无应该是影响学习早期的因素而线索强度会在学习后期发挥作用。

母语形态对于学习格标记语言也不重要是因为德汉两组的正确率差距在与第二次学习中迅速缩小。可见,德语者的入门优势并不长久,格标记规则是可以通过训练迅速习得。脑电反应也与行为结果保持一致:语言训练是为了让学习者逐渐摆脱母语显著性信息,开始掌握目标语言的显著性信息。德语组和汉语组学习同一个目标语言,随着训练的增加,他们的脑电反应也逐渐趋同。在下文中,我们先基于 eADM 讨论德汉两组脑电反应的共同点和不同点,然后再看第一次和第二次学习,讨论德汉两组线索迁移模式的差异。

在第二次学习中,德汉两组都呈现施受非对称性。它主要表现在同样是违反了格标记规则,施事总是比受事显示出潜伏期更久或波幅更强的格标记违反效应,这在第二次学习中十分明显。首先,德语组在 NP1 处产生了一个完整的格标记违反效应,其中 LPS 在施事条件上比在受事条件上更久(图 5.15 左下: * a-ne vs. * u-ko)。汉语组在 NP1 处只产生了一个 LPS,同样在施事条件上更久(图 5.15 右下: * a-ne vs. * u-ko);此外,无生受事上出现了一个 N400,这点我们稍后讨论。其次,在 NP2 处,虽然德语组和汉语组都存在多个线索的主效应和交互效应,但脑电数据模式较为一致。在德语组中,格标记违反效应主要来自无生条件和施事条件,特别是无生施事(错误地带标)产生了完整的格标记违反效应。在汉语组中,格标记违反效应主要来自无生条件,同时该效应还叠加了一个独立的格标记效应,即带标条件比不带标条件产生了一个更大的 N400-LPS,另有一个施事效应,即无生施事比有生施事产生了一个更大的 N400。可以说,与其他条件相比,无生施事(错误地带标)产生了完整的格标记违反效应(图 5.15 下德汉两组 ＊a-ne vs. a>＊u-ko vs. u)。因此我们推测,如果增加训练次数,如第三次学习,德汉两组的脑电结果应该最终一致。

根据以往语言训练研究,学习者在学习初期往往会缺失某种效应,譬如在违反主谓一致性的情况下母语者会产生 LPS,而学习者只产生了 N400。随着训练的增加,学习者才会产生与母语者类似的 LPS(Osterhout et al. 2008)。德语组两次学习的变化比较符合这种观察。德语组在第一次学习出现部分格标记违反效应,在第二次学习出现了完整的格标记违反效应,甚至还分化出施事和受事,无生和有生(表 5.5 德语组:NP1 第一次 vs. 第二次;NP2 第一次 vs. 第二次)。

与德语组不同,汉语组更多地表现出母语线索与二语线索的竞争。在第一次学习中,汉语组在母语有生性的迁移作用下,在 NP1 上已出现一个完整的格标记违反效应,而德语组还没有(表 5.5 汉语组:NP1 第一次)。在第二次学习中,汉语组在 NP1 处的格标记违反诱发了一个 LPS,受事在先语序因为违反了施事在先的语序偏好而产生了 N400,这个效应在无生受事上更为明显。如前文所述,一方面,该 N400 必须是在被试者已经建立起题元依存关系,即看到 NP1-宾格就能预测 NP2 为施事的情况下才能出现。这说明汉语组已经掌握这门语言的语序规律。另一方面,该 N400 在无生受事上更为明显,这说明汉语组对无生受事的格标记违反十分敏感,这可能是因为母语 NP1-NP2-V 加工存在 O-无生 S-有生 V 偏好的缘故,体现了汉语母语加工的特性。在 NP2 上,汉语组存在有生性、语序(题元角色)和格标记等多种显著性信息的竞争,脑电效应并不稳定。譬如,第一次为有生条件,第二次为无生条件产生格标记违反效应;又如,第一次为有生施事,第二次为无生施事产生额外的效应。然而,格标记效应十分稳定,带格标记的 NP2 总是比不带格标记的产生了一个更大的 LPS 或 N400-LPS(表 5.5 汉语组:NP2 第一次 vs. 第二次)。这点与汉语组受 NP2 格标记影响的正确率结果十分吻合。

总之,德汉两组在第二次学习中表现出共同点,都能掌握这门语言的格标记规则,格标记违反效应都支持施受非对称性。但是德汉两组表现出不同的脑电变化模式,反映了显著性信息迁移模式的不同。随着训练的增加,德语组从部分格标记违反效应发展出完整的格标记效应,较快地掌握这门语言多个显著性信息之间的关系,而汉语组更多地受到母语影响以及这门语言的格标记影响。但是从最终实验结果来看,第二次训练是有效的,德汉两组的脑电模式开始趋同。

第五节 综合评述

本章首先介绍了有关跨语言相似性和可训练性的二语研究,研究人员可以根据实验目的选择自然语言或者人工语言为刺激语料,外显式或者内隐式训练被试者学习目标语言。与国际学界相比,国内二语研究多集中于汉语母语者学习英语,使用人工语言范式的研究并不多见,训练性研究更是稀少。本章将研究目光从一种语言(英语)转向一类语言(格标记语言),从单一的形态句法特征学习转向一套抽象的语法规则学习,关注以下问题:如果施受非对称性是句子加工的普遍规律,那么二语加工是否也遵循这一规律?母语的显著性信息对二语加工带来怎样的影响,这种影响随着训练次数的增加将产生怎样的变化?为了回答上述问题,我们根据语言类型学的跨语言发现设计了人工语言,在脑电实验中训练学习者内隐式掌握这门语言的格标记规则,比较不同母语者的学习结果以及同一母语者在不同学习阶段的脑电变化。换言之,实验目的在于考察语言学习中的施受非对称性、母语迁移作用以及成人大脑可塑性。

实验一比较了德语者学习人工语言 Lg1 和 Lg2 的行为和脑电结果。这两组只在施事上有不同的标记规则:在施事上 Lg1 标记有生施事,Lg2 标记无生施事;在受事上 Lg1 和 Lg2 都标记有生受事。实验结果支持施受不对称性:与 Lg1 相比,虽然 Lg2 只是标记不典型施事,也就是无生施事,但是给学习者造成了学习这门语言的总体困难,无论是施事还是受事都缺乏明晰的格标记违反效应;就 Lg1 而言,格标记违反效应在施事上比在受事上更为明显。实验二考察了汉语者学习 Lg1 的行为和脑电结果。汉语者的学习结果再次实证了语言学习呈现施受非对称性,施事比起受事更具语言认知上的优先性。同时,在显著性信息层面上也存在母语正迁移和负迁移作用。在第一次学习中，有生性作为母语加工中的主导信息就能发挥正迁移作用，帮助汉语者发现这门语言的格标记规则，而在第二次学习中，汉语者能够有效抑制母语语序的负迁移作用，建立起"受事之后是施事"的依存关系，掌握了这门新语言的语序规则。

之后，通过直接比较德语者和汉语者学习 Lg1 的实验结果可以看到不同母语者学习同一门语言的共性和差异：在施事和受事具有相同格标记规则的情况下（都是标记有生名词，不标记无生名词），学习者对施事条件比对受事条件更为敏感，施事条件总是比受事条件更早或者更强烈引起格标记违反效应，支持施受非对称性。一个更令人振奋的实验发现是汉语者也能习得这门格标记语言：一方面，汉语者在母语中没有格标记，与德语者相比，在学习这门语言的时候没有入门优势；而另一方面，有生性在汉语 NP1-NP2-V 句子中的强度比在德语中更大，汉语者能够有效利用有生性发现这门语言的格标记规则。因此，在竞争模型讨论线索强度的基础上，我们的实验进一步揭示，线索有无只在二语学习的初期发挥重要作用，线索强度决定了二语学习的最终效果。该结果支持成人大脑可塑性，并且对外语教学带来一定的启示：即使母语和目标语言在形态句法上不具有相似性，但是可以通过训练强化某种信息，也能达到习得新语法的效果。

上述实验结果也有助于拓宽我们对 N400 和 P600 的认识。二语加工研究总是在母语加工的传统框架下分析脑电成分所代表的功能意义，即语义违反产生 N400，句法违反产生 P600，通过比较学习者和母语者的脑电数据，得出学习者是否掌握二语的词汇意义或句法知识。然而，母语加工中再分析 N400 和语义 P600 的出现挑战了这种句法加工和语义加工的两分关系。本实验中出现的 N400 和 P600（LPS）也很难单纯地定性为语义加工或句法加工，因为格标记违反效应显然是格标记（传统意义上的形态信息）和有生性（传统意义上的语义信息）共同作用的结果。我们倾向于把 N400 视为错配负波，由违反预期造成。LPS 属于一种 P300，与被试者在执行是或否双项选择任务时的确定性有关。随着二语输入的增多和试次反馈的积累,学习者开始熟悉这门语言的规则,对格标记违反的检测也越来越准确。与第一次学习相比,学习者在第二次学习中,除了对格标记,对有生性和题元角色也有了更为细致的区分,在NP1(格标记违反)和NP2上(无生施事的格标记违反)都出现了这个显著的晚期正波,这与正确率显著提高的行为结果保持一致。因此,N400和P600背后所代表的功能已经突破了以往的解释框架,具有一般认知意义。

总结和展望篇

第六章　跨语言视角下的
句子加工研究展望

本书介绍和演绎了神经语言学领域一些跨语言研究成果，一个不可否认的现实是该领域长期以英语文献占主导，跨语言研究仍是少数。事实上，早在20世纪70年代末和80年代初，Bates，MacWhinney及其团队就在心理语言学领域开始倡导跨语言研究（Bates et al. ，1982；MacWhinney & Bates，1989），到目前为止该领域在整体上仍然会低估一些语言特征的重要性，这些特征可能在英语中不存在或者少量存在，就以本书关注的句子层面上的几个特征为例，比如，自由语序、丰富的格标记、中心词置后性（如动词置后），都无法在英语中测试。在神经语言学领域，直到2006年以eADM为标志的神经类型学诞生，跨语言句子加工模型（无论跨语言是作为研究动机还是研究方法）的重要性才获得学界认可，而在神经生物学领域，直到最近才有显著的跨语言成果，如2022年7月麻省理工学院脑与认知科学系副教授Evelina Fedorenko带领团队在Nature上发表了一项跨语言工作，通过研究12个语系的45种语言揭示一个通用语言网络（universal language network）。

如果想正确认识语言加工机制，就必须在跨语言的视角下开展实证研究：首先，跨语言实验可以检验句子加工的普遍规律，比如最早在印欧语范围内得到证实的主语优势，在主语频繁脱落的土耳其语，以及主语概念本身有争议的汉语中进行重复性测试，足以考验主语优势能否成为句子加工的普遍规律;其次,跨语言实验可以选择那些不在现有理论考察范围之内的语言进行测试,从而完善甚至重构现有理论。研究者在构建理论的过程中难免会受到被测语言属性的影响,被测语言是印欧语,就很容易采用句法理论去解释主语优势(第四章第一节);被测语言是英语,就很容易认为句首论元一定会产生有生性效应(第四章第三节);被测语言是英语、荷兰语,就很容易得出题元颠倒句只会导致语义 P600 的片面结论(第三章第三节)。一旦将这些议题放在现有理论范围之外语言中进行考察,势必会挑战当下认知,促进现有理论的完善和新理论的诞生。

本章将回顾汉语简单句加工的研究成果。考察世界语言的目的是更好地认识汉语。我们有必要对汉语实验结果进行专门的总结,对语言加工的共性和汉语特性进行分离,然后对汉语简单句加工研究进行展望。之后,正如语言多样性和人类大脑之间的关系,神经类型学还有大量待测议题,这里我们不局限于汉语,也不局限于简单句,将在宏观层面探讨语言类型学和神经语言学、语言类型学和神经生物学融合的可能性,展望句子加工研究的未来。

第一节　跨语言视角下的汉语简单句加工

本书中一个最让人惊讶的实验结果是汉语居然与印欧语一样存在主语在先的语序优势,它说明汉语在简单句加工中表现得比我们"想象"的更加保守。这种不一致促使我们思考主语优势的由来。首先,基于句法的句子加工理论很难对汉语简单句加工做出预测。主语范畴存在跨语言差异,正如汉语语法书所描写的那样,要从句法上去定义汉语主语十分棘手,反而是话题和述评更能有效地解释汉语句子结构(刘丹青,1995;沈家煊,2017)。其次,基于语义的句子加工理论认为主语优势来自语言加工机制偏好把句首有生论元分析为施事,但是该理论无法解释在汉语 NP1-V 句加工中,为什么句首宾语都是无生名词，都不是典型的施事，却仍然产生了再分析成本；也无法解释为什么在把字句和被字句加工中句首论元不受有生性的影响，直到第二个论元出现有生性才发挥作用，参与题元分配。显然主语优势不可能是一种语义或者题元导向的选择。最后，基于频率的句子加工理论也很难解释主语优势。早有汉语语料库调查显示，49％的及物句子存在代词脱落现象（或因话题持续而省略），其中68％是主语脱落（Huang & Chui，1997）。也就是说，主语比其他任何成分更容易脱落。即便如此，汉语仍然呈现主语优势。土耳其语的主语优势更是反驳了频率理论，因为语料库调查显示句首歧义论元中，无生名词做宾语比有生名词做宾语的频率更高（Demiral et al.，2008），而实验结果却表明句首歧义论元，无论有生还是无生，都存在主语优势。因此，频率理论也面临来自汉语和其他语言事实的挑战。

eADM 提出的最简结构和语义依存最小化定律能较好地解释汉语的主语优势。与句法加工理论不同，它指出主语优势是语言加工机制尽量减少语义依存的结果，与短语结构无关。在句首论元是歧义的情况下，语言加工机制在第一阶段首先选择最简单的结构 NP-V，在第二阶段根据语义依存最小化定律赋予 S[-dep]特征，产生 SV 解读，因为一个不及物事件不涉及第二个论元，S 在语义上是独立的。当句子向及物事件发展，出现第二个论元或及物动词时，语言加工机制从 SV 切换到 AV（此时形成施事优势），而非 OV，因为 O 在语义上依赖于 A（Primus，1999），此时选择 A[-dep]以避免产生不必要的语义依存，同样遵循了语义依存最小化定律。需要注意的是，最简结构会对语义依存最小化定律下的主语优势产生制约作用。在汉语双论元歧义句加工中，当第一阶段不能构建 NP-V 模板时，S 解读也不再成立，面对 NP1-NP2-V 模板，汉语的语言加工机制会根据最简结构选择 OSV 而不是 SOV，产生宾语优势。因此，无论是主语优势还是宾语优势，它们都是表象，都是语言加工机制遵循最简结构和语义依存最小化的产物。由于这些定律不依赖主语或宾语这些句法概念，即使这些句法概念在汉语中很有争议，但也不妨碍这门语言仍然会呈现主语优势或者宾语优势。

eADM 提出的区别性定律能较好地解释有生性效应的跨语言共性。跨语言脑电实验结果揭示单个歧义论元的解读不受有生性的影响(英语除外),因为一个无生名词完全可以成为语义独立的 S[-dep](如"足球不见了"),语言加工机制不会因为 NP1 是无生名词而把其分析为受事。然而,当句子发展成两个论元时,有生性开始在题元分配过程发挥更大的作用。此时,在 eADM 的第二阶段,显著性越是相似的两个论元就越容易竞争[-dep]特征,即施事角色,显著性越是不同的两个论元就越能避免这种竞争,越有利于语言加工机制构建题元关系。在广义层面上,主语优势也可以视为语言加工机制区别论元的产物,因为区别论元的最简单方法就是把其分析为句子的唯一论元,即不及物事件的 S(vacuous distinctness,Bornkessel-Schlesewsky & Schlesewsky,2009c)。因此,区别性定律能够解释有生性不是在单个论元而是在一个以上论元时介入题元分配,表现为语言加工机制期待施事的显著性比受事更高。上文的主语优势(解歧为及物句子后为施事优势)以及这种选择显著性更高的论元做施事(典型施事)的偏好可以概括为施受不对称性,这是到目前为止我们看到的跨语言共性。

汉语脑电实验结果充分印证了有生性效应的跨语言共性,也折射出一些有趣的加工个性。一方面,NP1-V 句和 NP1-把/被-NP2-V 句加工结果显示汉语与德语、土耳其语十分相似,有生性效应主要发生在第二个论元;当第一个论元是受事时,第二个论元被预期为有生施事,无生施事会产生加工成本(Philipp et al.,2008)。首先,该加工成本不是违反区别性定律造成的,因为题元标记"把""被"已经区分了两个论元;其次,如果该效应来自违反区别性定律,那么把字句(NP1 是无生施事)和被字句(NP2 是无生施事)应该出现一个对称的效应,然而我们只在被字句中观测到该效应。因此,该效应只可能是违反预期造成的,即语言加工机制在遇到受事论元之后随即期待一个典型的施事,却遇到一个非典型的施事。另一方面,NP1-NP2-V 加工结果体现了汉语特性。在句子加工的第一阶段,NP1-NP2-V 模板可以兼容 OSV 和 SOV 两种可能。由于 OSV 结构比 SOV 更加简单,语言加工机制偏好 OSV。在第二阶段,当有生性也支持这种语序偏好时($O_{无生}$-$S_{有生}$-V),这种偏好变得更加强烈和稳定;当有生性不支持 OSV 语序时($O_{有生}$-$S_{无生}$-V),汉语的语言加工机制起初没有表现出一个清晰的加工偏好,OSV 和有生性势均力敌,之后有生性推翻 OSV,呈现 $S_{有生}$-$O_{无生}$-V 偏好。从这里可以看到最简结构(OSV)和显著性信息(有生性)实时交互过程,有生性是区别两个歧义论元,构建题元关系的显著性信息。汉语特性也在语言对比中得到展现。有生性在汉语中能够推翻语序偏好,而在德语中却不能。这说明在论元都是歧义的情况下,汉语比德语更加倚重有生性。

　　有生性强度在不同语言中有所不同,而且在不同句型中也有所不同,这与被测语言或被测句型中其他显著性信息的强度有关。例如,英语主要利用语序也就是论元位置区分两个论元,德语主要通过格标记区分两个论元。在这些语言中,有生性能在题元分配过程中发挥作用的空间相对有限。同理,在汉语 NP1-V 句中,动词前位置和主语之间对应紧密,有生性很难影响 NP1 的主语解读。NP1-把/被-NP2-V 句通过题元标记(类似于格标记)区别动词前的两个论元,有意思的是,当两个论元都是无生名词时,在无生 NP2 上产生了一个晚期正波,而在后续的关系从句加工实验中("把/被NP1V 的NP2……"),两个无生论元被动词隔断成动词前和动词后位置,无生 NP2 上却没有该效应(Philipp et al.,2008,实验二)。可见,有生性强度与句中其他因素(如语序等)有关。在 NP1-NP2-V 句中,话题语境使得两个论元的位置比较自由,此时有生性而不是语序成为区分两个论元的有效信息。总体上,句子加工遵循区别性定律,即两个论元必须足够的不同,而实现这种不同的主要显著性信息因语言而异,因句型而异。至此,我们可以对句子加工中的有生性作用做以下的概述:

(6.1)有生性是一个跨语言适用的显著性信息。它不会影响单个论元的解读，可是一旦句子解歧成及物事件，涉及两个论元时，它立即参与题元角色分配。

(6.2)有生性的强度存在跨语言差异甚至跨句型差异。它在多大程度上调节题元分配取决于被测语言以及其他参与题元分配的显著性信息。

以上概述同样适用其他显著性信息，同一显著性信息在不同语言中强度会有所不同。Haupt 等人（2008）和 Kretzschmar 等人（2012）分别通过脑电实验、眼动实验发现，在德语中，限定性/特指性与有生性一样，无法推翻施事优势。但是我们不排除在有些语言中限定性/特指性可能是区分两个论元的主要信息，它可以强到推翻语序优势，正如有生性在汉语中一样。显著性信息的这种强度差异也可以在二语加工中得到印证。强度不同会阻碍二语学习，反之，强度相同能促进二语学习。在第五章中，我们设计的人工语言具有格标记，格标记的隐现取决于论元的有生性。同时，这门语言的施事论元和受事论元位置相对自由，因此区分论元主要依靠格标记、有生性，而不是语序。实验结果表明，虽然汉语没有显性的格标记，但有生性在汉语 NP1-NP2-V 句中的强度足以帮助汉语者发现并掌握这门语言的格标记规则。与母语中本身就有格标记的德语者相比，汉语者并没有持续显示出学习劣势。同时，与德语者相比，汉语者也在这门语言的学习中呈现出特有的母语迁移（语序影响）作用。

未来研究需要着力于汉语简单句加工中的语境作用。与语序、格标记和有生性这些显著性信息相比，学界对语境还没有统一的定义，在实际操作中研究者往往按自身兴趣去定义语境。它既可以特指句子的信息结构，从话语层面（如话题、焦点等）考察语境对句子加工的影响，又可以泛指句子本身之外的所有因素,从语用层面(如说话人意图、身份甚至社会文化等)考察语境对句子加工的影响。目前语境对汉语简单句加工的影响尚不清楚,跨语言研究更是稀少。王路明(2015,2017)对语境中的一种也就是话题语境有过一些探索和思考。汉语 NP1-V 句的前期研究表明,在无语境的情况下宾语在先句子相对于主语在先句子会产生再分析成本,支持主语优势(Wang et al.,2009)。根据汉语是话题突出型语言,印欧语是主语突出型语言这一著名的类型学观察,王路明(2017)在前期研究基础上加入了话题语境,语境一(IN)使无生 NP1 成为话题,语境二(AN)使有生 NP1 成为话题。比较在听到不同的语境问题之后,宾语在先句子(IO)和主语在先句子(AS)在解歧动词处的脑电反应,如(6.3)所示。

(6.3)汉语,NP1-V 句,出自王路明(2017)

语境一(IN)：　小说怎么了？　　语境二(AN)：　演员怎么了？

a.IO　小说<u>理解</u>了一点点。　　c.IO　小说<u>理解</u>了一点点。

b.AS　演员<u>理解</u>了一点点。　　d.AS　演员<u>理解</u>了一点点。

如果宾语在先句的 NP1 是无生名词又是上下文的话题(IN-IO 条件),那么 NP1 可否被直接分析成宾语,不会产生再分析成本呢？事实证明,话题语境只是在 NP1 上诱发了一个类似 N400 的话题效应(非话题 NP1 vs 话题 NP1),但是在解歧动词上,无论是哪种语境,宾语在先句子相对于主语在先句子都产生了加工成本(IO vs. AS),这说明主语优势不会受到话题语境的影响。该实验结果有力地证明了汉语不但有主语优势,而且这个优势十分稳定,它不受话题语境的影响。即使这门语言的句首位置通常被描述为话题而不是主语,话题语境也根本无法逆转语言加工机制把 NP1 分析为主语的偏好。结合前文有生性作用可以看出,话题语境和有生性一样,都无法左右 NP1 的主语解读。这符合 eADM 的观点,作为句子唯一论元的 S,它既可以是有生名词也可以是无生名词，既可以是话题也可以是非话题。因此，主语优势不等同于施事优势，也不等同于话题优势。

如何通过语言加工模型来把握语境信息，这一问题值得深思。就 eADM 而言，语境信息最有可能介入句子加工的第一阶段或第三阶段。以汉语 NP1-NP2-V 句加工为例，语言加工机制在第一阶段出于最简结构原则会选择 OSV 而不是 SOV，然而我们不能排除这种语序偏好有可能来自话题语境（NP1 总是话题，参见例句 4.12），也就是说，语境信息可能在第一阶段就已经影响语言加工机制选择哪个模板。还有一种可能是，语境信息在第三阶段的"综合匹配"发挥作用，第一阶段形成的 OSV 优势，经过第二阶段显著性信息的加持，在第三阶段可能被语境信息所推翻，呈现 SOV 优势。第二种似乎更符合一种高效的句子加工策略：在加工早期，语言加工机制只需根据最简结构和语义依存最小化原则对句内成分进行解读，如 SV（NP-V）或 OSV（NP1-NP2-V），在加工后期才利用句外的语境信息进行语用解读。

与显著性信息相比，我们对语境信息的认识还很局限，有不少问题留待解决。如上文所述，话题语境究竟是在哪个加工阶段推翻语序优势的？这在话题突出型语言和主语突出型语言中是否有差异？其他语境信息如何影响语序优势？语境加工的脑电表现是什么，是否存在跨语言差异？前期研究告诉我们，语义 N400 和句法 P600 这种一一对应的关系并不成立（参见再分析 N400 和语义 P600），然而，这并不意味着我们无法区别句法、语义以及语境加工，这只是意味着我们不能采用贴标签的方式去诠释脑电成分。结合实验设计（比较哪个词、哪种句子和哪种语言）和实验任务（使用哪种任务），我们仍然分离出语境效应，如在德语的倒置宾语上发现的"焦点正波"（Bornkessel, Schlesewsky, & Friederici, 2003），或者在汉语句首论元上发现的"非话题负波"（王路明，2017）。也许一个更具挑战的课题是，假如我们把语境研究推进到语用层面，又如何模型化语境作用？这些问题都需要更多的实验研究和跨语言对比工作进行解答。

第二节　语言类型学和神经语言学的融合趋势

从学理上看语言类型学和神经语言学自然相融。一方面,前者为后者提供跨语言概括和丰富多样的语言特征,驱动后者检验和完善语言加工模型;另一方面,后者为前者提供了另一种划分世界语言的新视角(如神经类型学),也为语言学理论争议提供了另一种解决途径。无论是大规模跨语言调查还是构建语言加工模型,如何把握语言的共性和差异,是语言类型学和神经语言学研究者的共同兴趣。其实语言类型学最早与心理语言学融合,当心理语言学逐渐向神经语言学发展时,这种融合得到了继承和发展。下文以句法复杂性(syntactic complexity)为例,阐述神经语言学(和心理语言学)为什么需要语言类型学的跨语言工作;之后以主语性(subjecthood)即主宾非对称性(subject-object asymmetry)为例,阐述语言类型学(和理论语言学)为什么需要神经语言学的实证研究。

句法复杂性带来不同的加工成本。一个最经典的例子是关系从句加工,有充分证据表明主语关系从句比宾语关系从句更容易理解。事实上,正是语言类型学的跨语言工作让人们意识到不同关系从句的理解成本是不同的。Keenan 和 Comrie(1977)调查了 50 多种来自不同地域和不同谱系的语言样本,他们发现这些样本中的所有语言都能形成主语关系从句(如 The man [who ran away]$_{RC\cdots}$,是从句主语位置的关系化),而能够形成其他类型的关系从句如直接宾语关系从句、间接宾语关系从句,以及斜格关系从句(如 the man [(whom)I was talking about]$_{RC}\cdots$, the man 是从句介词的宾语位置的关系化)的语言数量却依次递减。由此,他们开创性地提出每个语言能够形成关系从句的类型是有一定限制的,这种限制可以概括为可及性层级(Accessibility Hierarchy),即主语＞直接宾语＞间接宾语＞斜格。它隐含的规律是，如果一个语言允许这个层级较低的语法成分关系化（relativization），那么它也允许比该位置更高的语法成分关系化，反之则不行。显然，能够形成主语关系从句的语言数量最多，主语关系从句是可及性最高、最容易形成的无标记（unmarked）关系从句类型。他们推测，可及性层级根源于不同关系从句的加工难度上的差异，主语关系从句普遍比宾语关系从句容易理解。受此启发，大量心理学研究在英语中比较不同类型的关系从句加工，均证实了关系从句加工中的主语优势（Ford，1983；Grodner & Gibson，2005；Keenan & Hawkins，1987；King & Just，1991；Traxler，Morris，& Seely，2002）。

大致有三类理论可以解释关系从句加工中的主语优势（同理也可以解释简单句加工中的主语优势）：第一类是基于短语结构的理论（phrase structure theories），它认为主语关系从句普遍比宾语关系从句容易加工是因为主语的句法结构位置比宾语高；第二类是基于记忆的理论（memory-based theories），它认为主语优势的原因在于主语关系从句中填充词-空位发生整合的线性距离更短，填充词在记忆中的储存成本和它到空位的整合成本更少；第三类是基于预期的理论（expectation-based theories），它认为不是短语结构因素或者记忆因素，而是经验（又称频率或者概率）造成了主语优势。以英语为例，主语关系从句的语序与常规语序 SVO 一致，该语序的频率远远高于宾语关系从句的语序（OSV），或者主语关系从句出现的概率远远高于宾语关系从句，都会造成主语优势。除了短语结构理论预测关系从句加工的主语优势会跨语言存在之外，其他两类理论都会因被测语言不同而得出不同的预测结果。

如果我们把类型学变量如关系从句在中心名词之前还是在中心名词之后（prenominal vs. post-nominal）纳入考量，就可以得到以下观察：关系从句在中心名词之后的语言如英语、荷兰语、法语、德语等呈现统一的主语优势，符合短语结构理论和记忆理论的预测；关系从句在中心名词之前的语言呈现不一致的结果,日语、韩语呈现主语优势,符合短语结构理论的预测,而常规语序是SVO但关系从句罕见地位于中心名词之前的汉语却呈现宾语优势,符合记忆理论(Gibson & Wu,2013;Qiao,Shen, & Forster,2012,但是也有研究报告主语优势,如Lin & Bever,2006;Vasishth,Chen,Li, & Guo,2013;刘涛,周统权,杨亦鸣,2011)。当前两类理论都不能很好地解释这种不一致的实验结果时,研究者开始转向第三类预期理论。来自语料库的频率分布的确能够成功地预测某一个语言中的某种关系从句比另一种关系从句更容易理解,这种预测甚至可以细化到主语关系从句和宾语关系从句下面的某个子类(Reali & Christiansen,2007),但是也不能解释为什么(在中心名词和关系从句内部的名词都是有定的普通名词的情况下)汉语呈现宾语优势,即使在这门语言中宾语关系从句比主语关系从句频率少。这些不同语言的实验结果最终显示不同的语言类型可能更符合一种或另一种理论的预测,没有一种理论能够给出统一的解释。这促使我们思考,特定的实验结果到底与被测语言的什么特征有关? 如果不存在一个通用理论,那么如何把握语言加工机制和这些跨语言差异之间的互动关系?[①]

　　有趣的是,上述理论争议已经扩展到迄今为止句子加工文献还比较少的语言——作格语言(ergative languages),例如Basque语、东北高加索语族的Avar语以及玛雅语族的Ch'ol和Q'anjob'al语。我们平时熟悉的语言几乎都属于宾格语言(accusative languages),具有主宾型配列(nominative—accusative alignment,记为{S,A}≠{O}),而作格语言具有罕见的作通型配列(ergative—absolutive alignment,记为{S,O}≠{A})。在作格语言中,不及物句子的主语S和及物句子的受事宾语O在形态上表现一致,因为它们都带通格标记并且这种标记通常不显示,有别于带作格标记的施事主语A。那么,作格语言的关系从句加工是否也有主语优势?

―――――――――――

　　① 解决此类问题可参考第三章题元颠倒句加工议题下eADM的做法。

　　Carreiras 等人（2010）比较了 Basque 语的主语和宾语关系从句加工，实验结果呈现宾语优势。这门语言动词位于句末，关系从句位于中心名词之前。宾语空位在线性距离上更接近其填充词，这个结果符合记忆理论的预测，但是 Carreiras 等人还提出了另一种解释可能，即加工难度可能与标记性（markedness）有关。在 Basque 语中，施事主语在形态上必须带作格标记（有标），而不及物句子的主语和受事宾语则不带通格标记（无标）。Carreiras 等人进而推测，以往观测到的主语优势也有可能是由标记性造成的。只是在以往所测的宾格语言中，所有主语的标记是一致的，标记性因素和短语结构因素无法分离；而在作格语言中，不及物句子的主语和施事主语的标记是不一致的，这样可以分离标记性因素和短语结构因素。

　　与 Carreiras 等人的主张不同，Polinsky 等人（2012）认为不是有标和无标的区别，而是格标记的配列会影响作格语言关系从句的加工难度。他们考察了 Avar 语，这门语言与 Basque 语一样，动词置于句末，关系从句置于名词前。他们比较了不及物的主语关系从句（空位为不及物句子的主语，带通格标记），施事主语关系从句（空位为施事主语，带作格标记）和受事宾语关系从句（空位为受事宾语，带通格标记）的加工过程，发现不及物的主语关系从句比其他两种关系更具加工优势。与 Basque 语的实验结果不同，他们发现施事主语关系从句与受事宾语关系从句之间没有加工成本上的差异。Polinsky 等人认为实验结果反映了两种不同加工偏好的组合效应，一种是基于形态的加工偏好，另一种是基于句法的加工偏好。一方面，在宾语关系从句中已经有一个带作格标记的施事主语，它暗示后面存在受事宾语空位。这种形态线索使宾语关从句更容易理解，因为宾语空位是可以预料的（这也符合预期理论）。另一方面，主语偏好也发挥了作用，表现为不及物的主语关系从句和施事主语关系从句在加工难度上的差异，而在施事主语关系从句和受事宾语关系从句加工中，这两种加工偏好相互抵消，导致两者没有差异。

　　之后，Clemens 等人（2015）研究了 Ch'ol 和 Q'anjob'al 这两种作格语言。

这两门语言不是通过作格标记,而是通过附着在动词上的人称语素来表达作通型配列的,在语言类型学上被称为中心词标记(head marking,语法关系标记在动词上)语言,与依存标记(dependent marking,语法关系标记在名词上)语言相对。Clemens 等人发现这两种语言都呈现了主语优势,并且与 Avar语不同,这个主语优势与被测语言的名词论元是否带作格标记无关。由此,他们得出结论,(名词上)依存标记是比(动词上)中心词标记更强的形态线索。

总之,作格语言的实验结果为理论争议提供了新的视角和新的洞见。不同形态标记(有无标,如何标,标何处)都可能导致不同的加工结果。至此,从句法复杂性这个议题上可以看到,语言类型学的大规模跨语言工作对于我们理解句子加工的普遍机制,产生一系列新的研究问题至关重要。虽然不同语言的实验结果很可能会不一致,但这并不意味着我们可以无视语言多样性,构建一种只适用于被测语言的理论解释,而是意味着我们需要构建一种能够解释语言加工普遍机制和语言特性如何交互的新理论。

接下来我们反观神经语言学对语言类型学的贡献。以主语性这一议题为例,语言学界长期存在句法和语用之争,争论焦点在于作为话题突出型的汉语有没有主语,它的主语性(而不是话题性)到底体现在何处。以普遍语法(UG)为代表的句法理论认为句法在人类所有语言中发挥相同的作用,主宾非对称性普遍存在[①],这是因为主语和宾语具有不同的句法位置。Huang(1994)反对句法平等作用于所有语言的观点,他认为句法和语用存在互动,互动程度因语言而异。句法在英语、法语和德语这些印欧语言发挥的作用常常在汉语、日语和韩语中通过语用手段实现。他还指出在语用型语言中,语法过程中的许多制约实际上是语言使用的制约,而不是句法结构的制约。

关于汉语的主语性,学界存在两种截然不同的观点,一种如 Huang,Li

---

① 在及物句子中,主宾非对称性与施受非对称性重合。

和 Li(2009)完全从句法出发，理所当然地认为汉语有主语；另一种如 LaPolla(1990,1993)认为汉语不需要主语，因为汉语句子的结构特征完全可以通过语义和语用来解释。Bisang(2006a,2006b,2009)在这两种的观点中采取了中立立场，他赞同 Huang(1994)关于句法与语用的角力存在跨语言差异的观点，认为相对于印欧语，语用推理在汉语及其他东亚和东南亚语言中更为重要。此外，Bisang(2009)认为美国语言学家约翰·海曼(John Haiman)在1983 年提出的观点，即语言表达是明晰性与经济性(explicitness vs. economy)竞争的产物，能很好地解释汉语现象。如果句子结构是这两种动因竞争的产物，那么一个语法范畴(如主语)多大程度在句中表达出来就会有跨语言差异。在汉语中，经济性似乎比明晰性发挥了更为重要的作用，造成汉语句子表面非常简单，但是用于理解句子所需的语义和语用推理过程非常复杂，因此汉语句子具有"隐藏的复杂性"(hidden complexity)。Bisang,Wang和 Bornkessel-Schlesewsky(2012)进一步指出，汉语的主语性也存在跨句型差异：在有些句子中看不到主语性，比如，并列句的回指照应(如第四章例句4.4，第二分句省略成分既可以回指第一分句中的 A"那个人"又可以回指第一分句中的 O"西瓜")，中心名词与关系从句名词的共指关系(如"找的人还没有回来"这句中，中心名词"人"既可以是去找的人 A，也可以是被找的人 O)，简单句中施事论元和受事论元的话题化(如"鸡吃完了"这句中，话题"鸡"既可以是吃这个动作的执行者 A，也可以是被吃的对象 O)；然而，在另一些句子中却能看到主语性，如反身代词回指句(如"王先生以为徐小姐爱上了自己"这句中，"自己"更容易回指到"王先生"而不是"徐小姐")。

总的来说，面对汉语有没有主语性，语言类型学(和理论语言学)习惯从一个抽象的静止的视角看待句子结构，往往采用内省式分析。研究者不关心说话双方的大脑如何进行句子加工，也不关心句子是一个随时间展开的动态过程。但是在现实交际中，听者根本没有时间对整个句子进行各种不同的分析，而是每时每刻对每一个进入大脑的句子成分进行加工。如今我们可以通过脑电技术轻松地将这个递增式加工可视化,观测大脑在听到或者看到句中某一个词上的即时反应,这为我们解决"主语"争议带来新的方案。正如第四章所述,尽管汉语看似主语性不强,当仍然表现出主语优势。因为大脑接收到句子第一个歧义论元时,语言加工机制就把这个论元分析为 S。为了保证交际效率,语言加工机制必须分析该论元,即使这种分析在句子展开过程中可能被推翻,也不会等到句子结束才开始分析。Bisang 等人(2012)认为,从句子加工的角度来看,上述表现出主语性的句式结构可视为形态句法特征和语义特征的结合体,并且这些特征影响句子加工的时间进程有所不同。因此,确定一个语言或者一种句子是否有主语性,可以考虑加工初期的主语解读在多大程度上可以被加工后期的语义因素或者语用因素所推翻。而语言与语言的差异在于,有些语言允许这些语义因素和语用因素推翻初期的主语解读,而另一些语言则不允许。例如,汉语的主语解读不能被话题语境所推翻,证实了汉语简单句 NP1-V 句中的主语性,其他句式的主语性还有待今后研究。总之,神经语言学的实证发现为语言类型学(和理论语言学)中的争议问题提供了潜在的解决方案。

综上,尽管句法复杂性和主语性这两个议题都涉及理论争议,这些争议至今也都未得到彻底解决,但无疑都受到了跨语言数据和实证科学的深刻影响。基于 eADM 的神经类型学工作以及 Bisang 等人(2012)的研究让我们看到了这两个领域合作对话的可能,期待更多的青年学者投入跨语言视角下的语言加工机制研究。

第三节　语言类型学和神经生物学的融合趋势

初看语言类型学和神经生物学这两个领域没有太多共同之处。前者研究语言,描述语言特征,总结隐藏在语言多样性背后的跨语言规律;后者研究大脑,揭示大脑工作的生物学原理和结构。要想说明这两个领域有可能融合,首先要说明神经生物学的下属分支领域,即语言的神经生物学(neurobiology of language)的由来。

随着功能性磁共振成像(fMRI)技术在语言研究中的广泛应用,语言的神经生物学也就应运而生。这个新兴领域试图理解语言背后的神经生物学制约,它关注的不是如何使用神经科学方法来回答认知问题,而是回答语言如何从人类大脑独特的神经生物学制约中产生这一问题。该问题极具挑战,因为到目前为止比较成熟的认知神经科学成果是动物的大脑模型,而语言是一种人类独有的能力,显然基于动物的研究范式不能直接用于解答上述问题。有一些学者提出了初步构想,试图从大脑结构和信息加工回路的基本设计原则去理解语言(Bornkessel-Schlesewsky, Schlesewsky, Small, & Rauschecker,2015;Poeppel,Emmorey,Hickok,& Pylkkänen,2012;Small, 2008)。语言类型学与神经生物学的融合实际上是语言类型学与神经生物学的下属分支即语言的神经生物学之间的融合①,虽然它们采用的研究手段不同,但都是研究语言,两者可以互补产生新的洞见。这方面的合作研究还处

---

① 通常人们认为心理语言学是神经语言学的前身,目标都是构建语言加工理论模型,都强调实证研究,运用实验技术。前者主要采用行为技术,后者采用认知神经技术。具体而言,后者利用脑电技术构建认知神经性质的语言加工理论模型,也可以利用脑成像技术构建神经生物性质的语言加工模型。只从研究工具这个角度来看,神经语言学似乎包括了神经生物学。但是鉴于两者侧重点不同,本书对神经语言学和神经生物学进行了分割;前者仍然属于语言学,以语言为本体,探讨语言加工问题;后者属于解剖学,以大脑为本体,语言不过是认知能力中的一种。当然,两者在语言的神经生物学领域可以非常接近直到重合。

在起步阶段,这里我们探讨两者融合的基本思路,简要说明(语言的)神经生物学为什么需要语言类型学;反过来,语言类型学又为什么需要(语言的)神经生物学。

从本书中可以看到,基于个别语言或者小规模语言样本的特性得出语言加工的一般规律,这种做法往往很危险。同理,要想构建一个尽可能正确的神经生物学模型,也必须重视语言类型学的跨语言工作。在前文关系从句加工的研究历史中可以看到,最先报告有主语优势即{S,A}优势的语言都是主宾型配列的宾格语言({S,A}≠{O},记为 S=A),但如果要证明主语优势是跨语言适用的普遍规律,还要考察另一种语言,即具有作通型配列的作格语言({S,O}≠{A},记为 S≠A),因为这种语言区别对待 S 和 A,对主语优势提出了挑战。同样,在简单句加工中,如果作格语言中也存在主语优势,那么主语优势背后的认知神经机制甚至神经生物机制就值得深思。根据 eADM,{S,A}这一加工偏好适用于所有语言的句首歧义名词(歧义可以是 S/A/O,也可以是 S/O 或 A/O),因为 S 更容易切换成 A 而不是 O。我们可以推测{S,A}比{S,O}更省力应该有相应的神经生物学证据。

有趣的是,定量类型学(quantitative typology)完全从另一个角度,即语言变化角度,做出了一个类似的推测。基本思路是,研究者会先假设存在一个类型学分布,在一个大规模语言样本中控制样本语言的谱系、地域等变量,然后比较两个对立特征 A 和 B。如果发现一个偏向 A 远离 B 的趋势,即呈现 A 特征的语言远远多于我们的预期(而呈现 B 特征的语言远远少于预期),并且这个趋势也无法通过语言之间的谱系关系或者地域接触来解释,那么研究者就可以推测 A 在一定程度上与某种神经生物学制约有关。这种制约可以是多个。它们可能来自语言加工方面的制约,说明 A 比 B 更容易加工;或是来自语言习得方面的制约,说明 A 比 B 更容易习得。这些制约并不互相排斥。从语言变化的角度来看,这个统计结果说明语言朝 A 而非 B 方向变化,所以才会有上述类型学分布。例如,Bickel 等人统计了主宾型配列和作通型配列在世界语言中的分布（也统计了一种语言中存在多种配列类型的情况），发现它们的分布是不均衡的，宾格语言明显比作格语言多。同时，他们也发现一些语言的作格性正在向宾格性转变。语言特征的类型学分布暗示了 S＝A 配列将会成为语言演化的最终目标。此外，Bickel 等人在脑电实验中测试了 Hindi 语，一种分裂作格语言（split-ergative language）的简单句加工，并在这门语言中也发现了主语优势，这说明该优势可以扩展到作格语言中（S≠A）（Bickel，Witzlack-Makarevich，Choudhary，Schlesewsky，& Bornkessel-Schlesewsky，2015）。至此，无论是关系从句加工，还是简单句加工的实验结果都支持主语优势是跨语言存在的普遍规律。其背后的神经生物学制约值得探索。

此外，对脑电数据进行神经生物学分析如时频分析可以发现一些神经生物学特征可能与语言类型相关。在时频分析中，语言刺激诱发的脑电活动可以被分解成不同频率的节律（Giraud & Poeppel，2012）。从神经生物学的角度来看，脑电活动是在不同时间单位上随着语言信号而变化的能量波动。假设语言信号的基本单位（如音素、音节、词语等）都有相应的生物学基础，譬如，大脑在加工音节时会产生一定的时频特征，那么日语这种并不是以音节而是以莫勒（mōra）为单位的语言，以及 Gokana 语这种没有音节概念的语言，都会对这一假设带来挑战（Hyman，2015）。除了时频分析之外，已有脑成像研究证实大脑将语言信号（和其他认知信号）整合到不同大小的时窗中（Hasson，Chen，& Honey，2015）。也就是说，从小到大排列语言信号的基本单位，会形成一个音素、词语、句子、段落、故事的层级；从小到大排列时间单位，会形成短时（毫秒），中时（秒），长时（分钟）的时窗。不同层级的加工对应不同的时窗，这意味着我们可以根据不同时窗中做不同层级的语言加工预测（Bornkessel-Schlesewsky et al.，2015；Kandylaki et al.，2016）。

神经生物学对语言类型学的作用主要表现在它能为语言特征的类型学分布提供科学依据。上文提到多个神经生物学制约之间可能存在某种联系，这些制约会影响语言加工策略、语言变化,从而影响语言特征的分布。事实上,早在 1994 年,Hawkins 就开始使用语言加工理论来解释语言变化和语法产生,只是他提出的语言加工规律还缺乏实证基础。导致语言变化的原因也很复杂,它包括社会文化、语言接触等方面的因素,负责信息加工的神经生物学制约也是其中之一。如果有一种语言加工理论基于神经生物学证据,那么它将能够解释语言的变化和语法的产生,最可贵的是,它能为那些寻找语言加工策略、语言变化、语言特征分布之间联系的各种理论提供可测试、可证伪的假设。

总之,如果把有关语言的每一个重要问题看成是一块拼图的话,那么现在已经到了把若干拼图组合成一张大图的时候了。人类语言是如何进化的,它是如何变化的,为什么会发生变化,它为何会有这样的结构,它是如何习得的,以及它是如何从人脑中数十亿神经元细胞的相互作用中产生的? 为了回答这些问题,就十分有必要建立一个可测试的、可证伪的详细的人脑模型,这类模型能够把握语言神经生物学、语言加工、语言习得、语言变化和语法产生以及类型分布之间关系,有可能会成为"现代"语言学理论。

参考文献

Aissen J. Markedness and subject choice in optimality theory[J]. Natural Language & Linguistic Theory, 1999, 17(4): 673-711.

Aissen J. Differential object marking: Iconicity vs. economy[J]. Natural Language & Linguistic Theory, 2003, 21(3): 435-483.

Altmann G T M, Kamide Y. Incremental interpretation at verbs: Restricting the domain of subsequent reference[J]. Cognition, 1999, 73(3): 247-264.

Amato M S, MacDonald M C. Sentence processing in an artificial language: Learning and using combinatorial constraints[J]. Cognition, 2010, 116 (1): 143-148.

Angrilli A, Penolazzi B, Vespignani F, et al. Cortical brain responses to semantic incongruity and syntactic violation in Italian language: An event-related potential study[J]. Neuroscience Letters, 2002, 322(1): 5-8.

Ardal S, Donald M W, Meuter R, et al. Brain responses to semantic incongruity in bilinguals [J]. Brain and Language, 1990, 39 (2): 187-205.

Austin P. Case marking in southern Pilbara languages [J]. Australian

Journal of Linguistics，1981，1(2)：211-226.

Bader M，Meng M. Subject-object ambiguities in German embedded clauses：An across-the-board comparison ［ J ］. Journal of Psycholinguistic Research，1999，28(2)：121-143.

Barber H，Carreiras M. Grammatical gender and number agreement in Spanish：An ERP comparison[J]. Journal of Cognitive Neuroscience，2005，17(1)：137-153.

Bates D，Mächler M，Bolker B，Walker S. Fitting linear mixed-effects models using lme4[J]. Journal of Statistical Software，2015，67(1)：1-48.

Bates E，Devescovi A，Wulfeck B. Psycholinguistics：A cross-language perspective [J]. Annual Review of Psychology，2001，52(1)：369-396.

Bates E，McNew S，MacWhinney B，et al. Functional constraints on sentence processing：A cross-linguistic study[J]. Cognition，1982，11(3)：245-299.

beim Graben P，Saddy J D，Schlesewsky M，et al. Symbolic dynamics of event-related brain potentials[J]. Physical Review E，2000，62(4)：5518-5541.

Berger H. Über das elektroenkephalogramm des menschen[J]. Archiv für psychiatrie und nervenkrankheiten，1929，87(1)：527-570.

Bever T G. The cognitive basis for linguistic structures[M]//Hayes J R. Cognition and the Development of Language. New York：Wiley，1970：279-362.

Bever T G. The ascent of the specious，or there's a lot we don't know about mirrors ［ M ］//Cohen D. Explaining Linguistic Phenomena. Washington：Hemisphere，1974：173-200.

Bhat D N S, Ningomba M S. Manipuri Grammar [M]. München: Lincom, 1997.

Bickel B. Grammatical relations typology [M]//Song J J. The Oxford Handbook of Language Typology. Oxford: Oxford University Press, 2011.

Bickel B, Witzlack-Makarevich A, Choudhary K K, et al. The neurophysiology of language processing shapes the evolution of grammar: Evidence from case marking [J]. PLoS One, 2015, 10 (8): e0132819.

Birbaumer N, Schmidt R F. Biologische Psychologie[M]. 3rd. ed. Berlin: Heidelberg, 1996.

Bisang, W. From meaning to syntax semantic roles and beyond [M]// Bornkessel I, Schlesewsky M, Comrie, B, et al. Semantic Role Universals and Argument Linking: Theoretical, Typological and Psycholinguistic Perspectives. Berlin: Mouton de Gruyter, 2006a: 191-236.

Bisang W. Widening the perspective: Argumenthood and syntax in Chinese, Japanese and Tagalog[M]//Hole D, Meinunger A, Abraham W. Datives and Other Cases. Amsterdam: John Benjamins, 2006b: 331-381.

Bisang W. On the Evolution of Complexity: Sometimes Less It More in East and Mainland Southeast Asia[M]. Oxford: Oxford University Press, 2009: 34-49.

Bisang W, Wang L M, Bornkessel-Schlesewsky, I. Subjecthood in Chinese: Neurolinguistics meets typology[M]//Zhuo J S. Increased Empiricism: Recent advances in Chinese Linguistics. Amsterdam: John

Benjamins，2012：23-48.

Bornkessel I. The argument dependency model：A neurocognitive approach to incremental interpretation ［D］. Leipzig：University of Potsdam，2002.

Bornkessel I，McElree B，Schlesewsky M，et al. Multi-dimensional contributions to garden path strength：Dissociating phrase structure from case marking［J］. Journal of Memory and Language，2004，51 (4)：495-522.

Bornkessel I，Schlesewsky M. The extended argument dependency model：A neurocognitive approach to sentence comprehension across languages ［J］. Psychological Review，2006a，113(4)：787-821.

Bornkessel I，Schlesewsky M. The role of contrast in the local licensing of scrambling in German：Evidence from online comprehension ［J］. Journal of Germanic Linguistics，2006b，18(1)：1-43.

Bornkessel I，Schlesewsky M，Friederici A D. Grammar overrides frequency：Evidence from the online processing of flexible word order ［J］. Cognition，2002，85(2)：21-30.

Bornkessel I，Schlesewsky M，Friederici A D. Contextual information modulates initial processes of syntactic integration：The role of inter- versus intrasentential predictions ［J］. Journal of Experimental Psychology：Learning，Memory，and Cognition，2003，29(5)：871.

Bornkessel-Schlesewsky I，Kretzschmar F，Tune S，et al. Think globally：Cross-linguistic variation in electrophysiological activity during sentence comprehension［J］. Brain and Language，2011，117(3)：133-152.

Bornkessel-Schlesewsky I，Schlesewsky M. An alternative perspective on "semantic P600" effects in language comprehension[J]. Brain Research Reviews, 2008, 59(1): 55-73.

Bornkessel-Schlesewsky I, Schlesewsky M. Processing Syntax and Morphology: A Neurocognitive Perspective [M]. Oxford: Oxford University Press, 2009a.

Bornkessel-Schlesewsky I, Schlesewsky M. The role of prominence information in the real-time comprehension of transitive constructions: A cross-linguistic approach[J]. Language and Linguistics Compass, 2009b, 3(1): 19-58.

Bornkessel-Schlesewsky I, Schlesewsky M. Minimality as vacuous distinctness: Evidence from cross-linguistic sentence comprehension [J]. Lingua, 2009c, 119(10): 1541-1559.

Bornkessel-Schlesewsky I, Schlesewsky M. Neurotypology: Modeling crosslinguistic similarities and differences in the neurocognition of language comprehension [M]//Sanz M, Laka I, Tanenhaus M K. Language Down the Garden Path: The Cognitive and Biological Basis for Linguistic Structures. Oxford: Oxford University Press, 2013a: 241-252.

Bornkessel-Schlesewsky I, Schlesewsky M. Reconciling time, space and function: A new dorsal-ventral stream model of sentence comprehension[J]. Brain and Language, 2013b, 125(1): 60-76.

Bornkessel-Schlesewsky I, Schlesewsky M. Scales in real-time language comprehension: A review[M]//Bornkessel-Schlesewsky I, Malchukov A L, Richards M D. Scales and Hierarchies. Berlin: De Gruyter, 2014: 321-352.

Bornkessel-Schlesewsky I, Schlesewsky M. The argument dependency model[M]//Hillert I D G. Neurobiology of Language. New York：Academic Press，2016：357-369.

Bornkessel-Schlesewsky I，Schlesewsky M. Toward a neurobiologically plausible model of language-related，negative event-related potentials [J]. Frontiers in Psychology，2019a，10：298.

Bornkessel-Schlesewsky I，Schlesewsky M. Is it a bird? Is it a mammal? Perspectives on the learnability/trainability of new grammatical constructions[M]//Brown J M M，Schmidt A，Wierzba M. Of Trees and Birds. A Festschrift for Gisbert Fanselow. Potsdam：University Press Potsdam，2019b：275-286.

Bornkessel-Schlesewsky I，Schlesewsky M，Small S L，et al. Neurobiological roots of language in primate audition：common computational properties[J]. Trends in Cognitive Sciences，2015，19 (3)：142-150.

Bösel R. Die EEG-Grundaktivität：Ein Laborhelfer[M]. Regensburg：Roderer，1996.

Bossong G. Empirische Universalienforschung：Differentielle Objektmarkierung in den neuiranischen Sprachen[M]. Tübingen：Narr，1985.

Bresnan J. Lexical-Functional Syntax[M]. Oxford：Blackwell，2001.

Brouwer H，Fitz H，Hoeks J. Getting real about semantic illusions：Rethinking the functional role of the P600 in language comprehension [J]. Brain Research，2012，1446：127-143.

Burkhardt P. The P600 reflects cost of new information in discourse memory[J]. Neuroreport，2007，18(17)：1851-1854.

Carreiras M，Duñabeitia J A，Vergara M，et al. Subject relative clauses are not universally easier to process：Evidence from Basque[J]. Cognition，

2010，115(1)：79-92.

Casado P，Martín-Loeches M，Muñoz F，et al. Are semantic and syntactic cues inducing the same processes in the identification of word order? [J]. Cognitive Brain Research，2005，24(3)：526-543.

Chappell H. Formal and colloquial adversity passives in standard Chinese [J]. Linguistics，1986，24，1025-1052.

Chen E，West W C，Waters G，et al. Determinants of BOLD signal correlates of processing object-extracted relative clauses[J]. Cortex，2006，42(4)：591-604.

Chen L，Shu H，Liu Y，et al. ERP signatures of subject-verb agreement in L2 learning[J]. Bilingualism：Language and Cognition，2007，10(2)：161-174

Chomsky N. Lectures on Government and Binding [M]. Dordrecht：Kluwer，1981.

Chwilla D J，Brown C M，Hagoort P. The N400 as a function of the level of processing[J]. Psychophysiology，1995，32(3)：274-285.

Clahsen H，Felser C. How native-like is non-native language processing? [J]. Trends in Cognitive Sciences，2006，10(12)：564-570.

Clemens L E，Coon J，Mateo Pedro P，et al. Ergativity and the complexity of extraction：A view from Mayan[J]. Natural Language & Linguistic Theory，2015，33(2)：417-467.

Coles M G H，Rugg M D. Event-related brain potentials：An introduction [M]//Rugg M D，Coles M G H. Electrophysiology of Mind. Event-Related Brain Potentials and Cognition. Oxford：Oxford University Press，1995：1-26.

Comrie B. Linguistic Universals and Language Typology[M]. 2nd ed.

Oxford: Blackwell, 1989.

Coulson S, King J W, Kutas M. Expect the unexpected: Event-related brain response to morphosyntactic violations [J]. Language and Cognitive Processes, 1998, 13(1): 21-58.

Crocker M W. On the nature of the principle-based sentence processor [M]//Clifton Jr C, Frazier L, Rayner K, et al. Perspectives on Sentence Processing. Mahwah: Lawrence Erlbaum Associates, 1994: 245-266.

Crocker M W. Relational models of comprehension: Addressing the performance paradox [M]//Cutler A. Twenty-first Century Psycholinguistics: Four Cornerstones. Mahwah: Lawrence Erlbaum, 2005: 332-350.

Croft W. Radical Construction Grammar[M]. Oxford: Oxford University Press, 2001.

Crystal D. The Cambridge Encyclopedia of Language [M]. 2nd ed. Cambridge: Cambridge University Press, 1997.

Culicover P W, Jackendoff R. Simpler Syntax [M]. Oxford: Oxford University Press, 2005.

de Hoop H, de Swart P. Cross-linguistic variation in differential subject marking [M]//Hoop H, Swart P. Differential Subject Marking. Springer: Dordrecht, 2009: 1-16.

de Hoop H, Malchukov A L. Case-marking strategies [J]. Linguistic Inquiry, 2008, 39(4): 565-587.

de Swart P. Cross-linguistic Variation in Object Marking[M]. Utrecht, The Netherlands: LOT, 2007.

de Vincenzi, M. Syntactic parsing strategies in Italian[M]. Dordrecht, the

Netherlands：Kluwer，1991.

de Vincenzi M，Job R，Di Matteo R，et al. Differences in the perception and time course of syntactic and semantic violations［J］. Brain and Language，2003，85(2)：280-296.

Demiral S B. Incremental argument interpretation in Turkish sentence comprehension［D］. Leipzig：University of Leipzig，2007.

Demiral S B，Schlesewsky M，Bornkessel-Schlesewsky I. On the universality of language comprehension strategies：Evidence from Turkish［J］. Cognition，2008，106(1)：484-500.

Dixon R M W. Ergativity［J］. Language，1979，55，59-138.

Dowty D R. Thematicproto-roles and argument selection［J］. Language，1991，67(3)：547-619.

Dryer M S. Case distinctions，rich verb agreement，and word order type ［J］. Theoretical Linguistics，2002，28：151-157.

Dryer M S. Order of subject，object，and verb［M］//Haspelmath M，Dryer M S，Gil D，et al. The World Atlas of Language Structures. Oxford：Oxford University Press，2005：330-333.

Erdocia K，Laka I，Mestres-Missé A，et al. Syntactic complexity and ambiguity resolution in a free word order language：Behavioral and electrophysiological evidences from Basque［J］. Brain and Language，2009，109(1)：1-17.

Ernst T，Wang C. Object preposing in mandarin Chinese［J］. Journal of East Asian Linguistics，1995，4(3)：235-260.

Fanselow G. Free constituent order：A minimalist interface account［J］. Folia Linguistica，2003,37：191-231.

Farrell P. Grammatical Relations ［M］. Oxford：Oxford University

Press，2005.

Federmeier K D，Kutas M. A rose by any other name：Long-term memory structure and sentence processing［J］. Journal of Memory and Language，1999，41(4)：469-495.

Ferreira F，Clifton Jr C. The independence of syntactic processing［J］. Journal of Memory and Language，1986，25(3)：348-368.

Fodor J D. Parsing strategies and constraints on transformations［J］. Linguistic Inquiry，1978，9(3)：427-473.

Fodor J D. Superstrategy［M］//Cooper W E，Walker E C T. Sentence Processing：Psycholinguistic Studies Presented to Merrill Garrett. Mahwah：Lawrence Erlbaum，1979：249-279.

Foley W A，VanValin R D. Functional Syntax and Universal Grammar［M］. Cambridge：Cambridge University Press，1984.

Ford M. A method for obtaining measures of local parsing complexity throughout sentences［J］. Journal of Verbal Learning and Verbal Behavior，1983，22(2)：203-218.

Frauenfelder U，Segui J，Mehler J. Monitoring around the relative clause［J］. Journal of Verbal Learning and Verbal Behavior，1980，19(3)：328-337.

Frazier L. Syntactic processing：Evidence from Dutch［J］. Natural Language and Linguistic Theory，1987，5(4)：519-559.

Frazier L，Clifton C Jr. Construal［M］. Cambridge：MIT Press，1996.

Frazier L，d'Arcais G B F. Filler driven parsing：A study of gap filling in Dutch［J］. Journal of Memory and Language，1989，28(3)：331-344.

Frazier L，Fodor J D. The sausage machine：A new two-stage parsing model［J］. Cognition，1978，6(4)：291-325.

Frazier L，Rayner K. Making and correcting errors during sentence comprehension： Eye movements in the analysis of structurally ambiguous sentences［J］. Cognitive Psychology，1982，14（2）：178-210.

Friederici A D. The time course of syntactic activation during language processing： A model based on neuropsychological and neurophysiological data［J］. Brain and Language，1995，50（3）：259-281.

Friederici A D. The neurobiology of language comprehension［M］// Friederici A D. Language Comprehension：A Biological Perspective. Berlin：Springer，1999：263-301.

Friederici A D. Towards a neural basis of auditory sentence processing[J]. Trends in Cognitive Sciences，2002，6(2)：78-84.

Friederici A D. Processing local transitions versus long-distance syntactic hierarchies[J]. Trends in Cognitive Sciences，2004，8(6)：245-247.

Friederici A D，Hahne A，Saddy D. Distinct neurophysiological patterns reflecting aspects of syntactic complexity and syntactic repair［J］. Journal of Psycholinguistic Research，2002，31(1)：45-63.

Friederici A D，Mecklinger A. Syntactic parsing as revealed by brain responses：First-pass and second-pass parsing processes[J]. Journal of Psycholinguistic Research，1996，25(1)：157-176.

Friederici A D，Mecklinger A，Spencer K M，et al. Syntactic parsing preferences and their on-line revisions：A spatio-temporal analysis of event-related brain potentials[J]. Cognitive Brain Research，2001，11（2）：305-323.

Friederici A D，Steinhauer K，Pfeifer E. Brain signatures of artificial language processing: Evidence challenging the critical period hypothesis[J]. Proceedings of the National Academy of Sciences, 2002, 99(1): 529-534.

Frisch S, Schlesewsky M. The N400 reflects problems of thematic hierarchizing[J]. Neuroreport, 2001, 12(15): 3391-3394.

Frisch S, Schlesewsky M. The resolution of case conflicts from a neurophysiological perspective[J]. Cognitive Brain Research, 2005, 25 (2): 484-498.

Frisch S, Schlesewsky M, Saddy D, et al. The P600 as an indicator of syntactic ambiguity[J]. Cognition, 2002, 85(3): B83-B92.

Fry J. Ellipsis and Wa-marking in Japanese Conversation[M]. New York: Routledge, 2003.

Gair J. Colloquial Sinhalese Clause Structure[M]. Berlin: De Gruyter Mouton, 1970.

Gärtner H M, Steinbach M. What do reduced pronominals reveal about the syntax of Dutch and German? Part 1: Clause-internal positions[J]. Linguistische Berichte, 2003a, 195: 257-294.

Gärtner H M, Steinbach M. What do reduced pronominals reveal about the syntax of Dutch and German? Part 2: Fronting[J]. Linguistische Berichte, 2003b, 196: 459-490.

Gibson E. Linguistic complexity: Locality of syntactic dependencies[J]. Cognition, 1998, 68(1): 1-76.

Gibson E. The dependency locality theory: A distance-based theory of linguistic complexity[M]//Marantz A, Miyashita Y, O'Neil W. Image, Language, Brain. Cambridge: MIT Press, 2000: 95-126.

Gibson E, Wu H H I. Processing Chinese relative clauses in context[J].

Language and Cognitive Processes，2013，28(1-2)：125-155.

Giraud A L，Poeppel D. Cortical oscillations and speech processing：Emerging computational principles and operations [J]. Nature Neuroscience，2012，15(4)：511-517.

Göksel A，Kerslake C. Turkish：A Comprehensive Grammar [M]. London：Routledge，2005.

Gordon P C，Hendrick R，Johnson M. Memory interference during language processing [J]. Journal of Experimental Psychology：Learning，Memory，and Cognition，2001，27(6)：1411.

Gorrell P. Parsing theory and phrase-order variation in German V2 clauses [J]. Journal of Psycholinguistic Research，1996，25(1)：135-156.

Gorrell P. The subject-before-object preference in German clauses[M]// Hemforth B，Konieczny L. Cognitive Parsing in German. The Netherlands：Kluwer，2000：25-63.

Greenberg J H. Some universals of grammar with particular reference to the order of meaningful elements [M]//Greenberg J H. Universals of Language. Cambridge：MIT Press，1963：73-113.

Grodner D，Gibson E. Consequences of the serial nature of linguistic input for sentenial complexity[J]. Cognitive Science，2005，29(2)：261-290.

Gunter T C，Friederici A D，Schriefers H. Syntactic gender and semantic expectancy：ERPs reveal early autonomy and late interaction [J]. Journal of Cognitive Neuroscience，2000，12(4)：556-568.

Gunter T C，Stowe L A，Mulder G. When syntax meets semantics[J]. Psychophysiology，1997，34(6)：660-676.

Hagoort P. How the brain solves the binding problem for language：A neurocomputational model of syntactic processing [J]. Neuroimage，

2003, 20: S18-S29.

Hagoort P, Brown C, Groothusen J. The syntactic positive shift (SPS) as an ERP measure of syntactic processing[J]. Language and Cognitive Processes, 1993, 8(4): 439-483.

Hahne A. What's different in second-language processing? Evidence from event-related brain potentials [J]. Journal of Psycholinguistic Research, 2001, 30(3): 251-266.

Hahne A, Friederici A D. Electrophysiological evidence for two steps in syntactic analysis: Early automatic and late controlled processes[J]. Journal of Cognitive Neuroscience, 1999, 11(2): 194-205.

Hahne A, Friederici A D. Processing a second language: Late learners' comprehension mechanisms as revealed by event-related brain potentials[J]. Bilingualism: Language and Cognition, 2001, 4(2): 123-141.

Hahne A, Friederici A D. Differential task effects on semantic and syntactic processes as revealed by ERPs[J]. Cognitive Brain Research, 2002, 13 (3): 339-356.

Haider H. Deutsche Syntax generativ: Vorstudien zur Theorie einer projektiven Grammatik[M]. Tübingen: Gunter Narr, 1993.

Haider H, Rosengren I. Scrambling: Nontriggered chain formation in OV languages[J]. Journal of Germanic Linguistics, 2003, 15(3): 203-267.

Handy T C. Event-related Potentials. A Methods Handbook [M]. Cambridge: MIT Press, 2004.

Haspelmath M, Dryer M, Gil D, et al. The World Atlas of Language Structures Online[M]. Oxford: Oxford University Press, 2008.

Hasson U, Chen J, Honey C J. Hierarchical process memory: Memory as an integral component of information processing [J]. Trends in Cognitive Sciences，2015，19(6)：304-313.

Haupt F S，Schlesewsky M，Roehm D，et al. The status of subject-object reanalyses in the language comprehension architecture[J]. Journal of Memory and Language，2008，59(1)：54-96.

Hawkins，J A. Performance Theory of Order and Constituency [M]. Cambridge：Cambridge University Press，1994.

Hemforth B. Kognitives Parsing：Repräsentation und Verarbeitung sprachlichen Wissens. Sankt Augustin [M]. Berlin：Infix Verlag，1993.

Hirotani M. Constraints on prosodic structures in grammar and parser：Scrambled and unscrambled sentences in Japanese[M]//Kawahara S. University of Massachusetts Occasional Papers in Linguistics 29：Studies on Prosody. Amherst：GLSA，University of Massachusetts，2005：1-42.

Hoeks J C J，Stowe L A，Doedens G. Seeing words in context：The interaction of lexical and sentence level information during reading[J]. Cognitive Brain Research，2004，19(1)：59-73.

Holmberg A. Is there a little pro? Evidence from Finnish[J]. Linguistic Inquiry，2005，36(4)：533-564.

Holmes V M，O'Regan J K. Eye fixation patterns during the reading of relative-clause sentences[J]. Journal of Verbal Learning and Verbal Behavior，1981，20(4)：417-430.

Hopf J M，Bayer J，Bader M，et al. Event-related brain potentials and case information in syntactic ambiguities [J]. Journal of Cognitive Neuroscience，1998，10(2)：264-280.

Hsiao F, Gibson E. Processing relative clauses in Chinese[J]. Cognition, 2003, 90(1): 3-27.

Huang C T J, Li Y H A, Li Y F. The Syntax of Chinese[M]. Cambridge: Cambridge University Press, 2009.

Huang S F, Chui K W. Is Chinese a pragmatic order language[J]. China Language and Linguistics, 1997, 4: 51-97.

Huang Y. The Syntax and Pragmatics of Anaphora [M]. Cambridge: Cambridge University Press, 1994.

Huynh H, Feldt L S. Conditions under which mean square ratios in repeated measurements designs have exact F-distributions[J]. Journal of the American Statistical Association, 1970, 65(332): 1582-1589.

Hyman L M. Does Gokana really have syllables? A postscript [J]. Phonology, 2015, 32(2): 303-306.

Jäger G. Evolutionary game theory and typology: A case study [J]. Language, 2007, 83: 74-109.

Kaan E, Harris A, Gibson E, et al. The P600 as an index of syntactic integration difficulty[J]. Language and Cognitive Processes, 2000, 15 (2): 159-201.

Kaan E, Swaab T Y. Repair, revision, and complexity in syntactic analysis: An electrophysiological differentiation [J]. Journal of Cognitive Neuroscience, 2003, 15(1): 98-110.

Kandylaki K D, Nagels A, Tune S, et al. Predicting "when" in discourse engages the human dorsal auditory stream: An fMRI study using naturalistic stories[J]. Journal of Neuroscience, 2016, 36(48): 12180-12191.

Keenan E L, Comrie B. Noun phrase accessibility and universal grammar

[J]. Linguistic Inquiry, 1977, 8(1): 63-99.

Keenan E L, Hawkins S. The psychological validity of the accessibility hierarchy [M]//Keenan E L. Universal Grammar. London: Routledge, 1987: 60-85.

Kempe V. Processing of morphological and semantic cues in Russian and German [J]. Language and Cognitive Processes, 1999, 14 (2): 129-171.

Kim A, Osterhout L. The independence of combinatory semantic processing: Evidence from event-related potentials [J]. Journal of Memory and Language, 2005, 52(2): 205-225.

Kimball J. Seven principles of surface structure parsing in natural language [J]. Cognition, 1973, 2(1): 15-47.

King J, Just M A. Individual differences in syntactic processing: The role of working memory[J]. Journal of Memory and Language, 1991, 30 (5): 580-602.

King J W, Kutas M. Who did what and when? Using word-and clause-level ERPs to monitor working memory usage in reading[J]. Journal of Cognitive Neuroscience, 1995, 7(3): 376-395.

Kluender R, Kutas M. Bridging the gap: Evidence from ERPs on the processing of unbounded dependencies [J]. Journal of Cognitive Neuroscience, 1993, 5(2): 196-214.

Knoeferle P, Habets B, Crocker M W, et al. Visual scenes trigger immediate syntactic reanalysis: Evidence from ERPs during situated spoken comprehension[J]. Cerebral Cortex, 2008, 18(4): 789-795.

Kolk H H J, Chwilla D J, van Herten M, et al. Structure and limited capacity in verbal working memory: A study with event-related potentials[J]. Brain and Language, 2003, 85(1): 1-36.

Krause E, von Heusinger K. Gradient effects of animacy on differential object marking in Turkish[J]. Open Linguistics, 2019, 5(1): 171-190.

Kretzschmar F. The electrophysiological reality of parafoveal processing: On the validity of language-related ERPs in natural reading[D]. Marburg: Philipps-Universität Marburg, 2010.

Kretzschmar F, Bornkessel-Schlesewsky I, Staub A, et al. Prominence facilitates ambiguity resolution: On the interaction between referentiality, thematic roles and word order in syntactic reanalysis [M]//Swart P D, Lamers M. Case, Word Order and Prominence. Berlin:Springer, Dordrecht, 2012: 239-271.

Kuperberg G R, Kreher D A, Sitnikova T, et al. The role of animacy and thematic relationships in processing active English sentences: Evidence from event-related potentials[J]. Brain and Language, 2007, 100(3): 223-237.

Kutas M, Federmeier K D. Electrophysiology reveals semantic memory use in language comprehension[J]. Trends in Cognitive Sciences, 2000, 4 (12): 463-470.

Kutas M, Hillyard S A. Reading senseless sentences: Brain potentials reflect semantic incongruity[J]. Science, 1980a, 207(4427): 203-205.

Kutas M, Hillyard S A. Event-related brain potentials to semantically inappropriate and surprisingly large words[J]. Biological Psychology, 1980b, 11(2): 99-116.

Kutas M, Hillyard S A. Event-related brain potentials to grammatical errors and semantic anomalies[J]. Memory & Cognition, 1983, 11 (5): 539-550.

Kutas M，Hillyard S A. Brain potentials during reading reflect word expectancy and semantic association[J]. Nature，1984，307（5947）：161-163.

Kutas M，Kluender R. What is who violating? A reconsideration of linguistic violations in light of event-related brain potentials[M]// Heinze H J，Münte T F，Münte，G R，et al. Cognitive Electrophysiology. Boston：Birkhäuser，1994：183-210.

Kutas M，Van Petten C K. Psycholinguistics electrified：Event-related brain potential investigations[M]//Gernsbacher M A. Handbook of Psycholinguistics. New York：Academic Press，1994：83-143.

Kutas M，Van Petten C K，Kluender R. Psycholinguistics electrified II （1994-2005）[M]//Traxler M，Gernsbacher M A. Handbook of Psycholinguistics. London：Elsevier，2006：659-724.

Kwon N，Polinsky M，Kluender R. Subject preference in Korean[C]// Baumer D，Montero D，Scanlon M. Proceedings of the 25th West Coast Conference on Formal Linguistics（WCCFL 25）. Somerville：Cascadilla Press，2006：1-14.

LaPolla R J. Grammatical relations in Chinese：Synchronic and diachronic considerations[D]. Los Angeles：University of California，1990.

LaPolla R J. Arguments against "subject" and "direct object" as viable concepts in Chinese[J]. Bulletin of the Institute of History and Philology，1993，63：759-812.

Lee C K，Stromswold K. Comprehension of relative clauses in Korean：RC type effect. Interdisciplinary approaches to relative clauses[D]. Cambridge：University of Cambridge，2007.

Lee H. Quantitative variation in Korean case ellipsis：Implications for case theory[M]//Differential Subject Marking. Springer: Dordrecht, 2009: 41-61.

Lee H, Kim N. Non-canonical word order and subject-object asymmetry in Korean case ellipsis [C]//Proceedings of the 19th International Conference on Head-driven Phrase Structure Grammar. Stanford: CSLI Publications, 2012: 427-442.

Lee M W, 2004. Another look at the role of empty categories in sentence processing (and grammar)[J]. Journal of Psycholinguistic Research, 2004, 33(1): 51-73.

Lenerz J. Zur Abfolge nominaler Satzglieder im Deutschen[M]. Tübingen: Gunter Narr Verlag, 1977.

Lewis R L, Vasishth S, van Dyke J A. Computational principles of working memory in sentence comprehension[J]. Trends in Cognitive Sciences, 2006, 10(10): 447-454.

Li C N, Thompson S A. Subject and topic: A new typology of language [M]//Li C N. Subject and Topic. New York: Academic Press, 1976: 457-489.

Li C N, Thompson S A. Mandarin Chinese: A Functional Reference Grammar[M]. Los Angeles: The University of California Press, 1981.

Li P, Bates E, MacWhinney B. Processing a language without inflections: A reaction time study of sentence interpretation in Chinese[J]. Journal of Memory and Language, 1993, 32(2): 169-192.

Lin C J C, Bever T G. Subject preference in the processing of relative clauses in Chinese [C]//Baumer D, Montero D, Scanlon M. Proceedings of the 25th West Coast Conference on Formal Linguistics. Somerville: Cascadilla Press, 2006: 254-260.

Liu H. Dependency distance as a metric of language comprehension difficulty[J]. Journal of Cognitive Science, 2008, 9(2): 159-191.

Lotze N, Tune S, Schlesewsky M, et al. Meaningful physical changes mediate lexical – semantic integration: Top-down and form-based bottom-up information sources interact in the N400 [J]. Neuropsychologia, 2011, 49(13): 3573-3582.

Luck S J. An Introduction to the Event-Related Potential Technique[M]. 2nd ed. Cambridge: MIT Press, 2014.

MacWhinney B. Starting points[J]. Language, 1977, 53: 152-168.

MacWhinney B. Basic syntactic processes [M]//Kuczaj S. Syntax and Semantics Language acquisition (1): Syntax and Semantics. Hillsdale: Lawrence Erlbaum, 1982: 73-136.

MacWhinney B. Second language acquisition and the competition model [M]//de Groot A M B, Kroll J F. Tutorials in Bilingualism: Psycholinguistic Perspectives, Lawrence Erlbaum,1997: 113-142.

MacWhinney B, Bates E. The Crosslinguistic Study of Sentence Processing [M]. New York: Cambridge University Press, 1989.

MacWhinney B, Bates E, Kliegl R. Cue validity and sentence interpretation in English, German, and Italian[J]. Journal of Verbal Learning and Verbal Behavior, 1984, 23(2): 127-150.

Mak W M, Vonk W, Schriefers H. The influence of animacy on relative clause processing[J]. Journal of Memory and Language, 2002, 47(1): 50-68.

Mak W M, Vonk W, Schriefers H. Animacy in processing relative clauses: The hikers that rocks crush[J]. Journal of Memory and Language, 2006, 54(4): 466-490.

Malchukov A L. Animacy and asymmetries in differential case marking[J]. Lingua, 2008, 118(2): 203-221.

Marslen-Wilson W. Linguistic structure and speech shadowing at very short latencies[J]. Nature, 1973, 244(5417): 522-523.

McDonald J L. Sentence interpretation in bilingual speakers of English and Dutch1[J]. Applied Psycholinguistics, 1987, 8(4): 379-413.

McElree B, Griffith T. Syntactic and thematic processing in sentence comprehension: Evidence for a temporal dissociation[J]. Journal of Experimental Psychology: Learning, Memory, and Cognition, 1995, 21(1): 134-157.

Mecklinger A, Schriefers H, Steinhauer K, et al. Processing relative clauses varying on syntactic and semantic dimensions: An analysis with event-related potentials[J]. Memory & Cognition, 1995, 23 (4): 477-494.

Miao X C, Chen G, Ying H. Sentence comprehension in Chinese[M]//Zhu M. Studies in Child Language Development. Shanghai: East China Normal University Press, 1986.

Miyamoto E T, Nakamura M. Subject/object asymmetries in the processing of relative clauses in Japanese [C]//Garding G, Tsujimura M. Proceedings of the 22nd West Coast Conference on Formal Linguistics. Somerville: Cascadilla Press, 2003: 342-335.

Mohanan, T. Argument Structure in Hindi [M]. Stanford: CSLI Publications, 1994.

Moreno E M, Kutas M. Processing semantic anomalies in two languages: An electrophysiological exploration in both languages of Spanish-English bilinguals [J]. Cognitive Brain Research, 2005, 22 (2):

205-220.

Müller J L, Girgsdies S, Friederici A D. The impact of semantic-free second-language training on ERPs during case processing [J]. Neuroscience Letters, 2008, 443(2): 77-81.

Müller J L, Hahne A, Fujii Y, et al. Native and nonnative speakers' processing of a miniature version of Japanese as revealed by ERPs[J]. Journal of Cognitive Neuroscience, 2005, 17(8): 1229-1244.

Münte T F, Schiltz K, Kutas M. When temporal terms belie conceptual order[J]. Nature, 1998, 395(6697): 71-73.

Nevins A, Dillon B, Malhotra S, et al. The role of feature-number and feature-type in processing Hindi verb agreement violations[J]. Brain Research, 2007, 1164: 81-94.

Nieuwenhuis S, Aston-Jones G, Cohen J D. Decision making, the P3, and the locus coeruleus—norepinephrine system [J]. Psychological Bulletin, 2005, 131(4): 510-532.

Nieuwland M S, Martin A E, Carreiras M. Event-related brain potential evidence for animacy processing asymmetries during sentence comprehension[J]. Brain and Language, 2013, 126(2): 151-158.

Nieuwland M S, van Berkum J J. Testing the limits of the semantic illusion phenomenon: ERPs reveal temporary semantic change deafness in discourse comprehension [J]. Cognitive Brain Research, 2005, 24(3): 691-701.

O' Grady W. Syntactic Development [M]. Chicago: ChicagoUniversity Press, 1997.

Osterhout L, Holcomb P J. Event-related brain potentials elicited by syntactic anomaly[J]. Journal of Memory and Language, 1992, 31(6):

785-806.

Osterhout L, Holcomb P J. Event-related potentials and syntactic anomaly: Evidence of anomaly detection during the perception of continuous speech[J]. Language and Cognitive Processes, 1993, 8(4): 413-437.

Osterhout L, Poliakov A, Inoue K, et al. Second-language learning and changes in the brain[J]. Journal of Neurolinguistics, 2008, 21(6): 509-521.

Otten L, Rugg M D. Interpreting event-related brain potentials [M]// Handy T C. Event-related Potentials. A Methods Handbook. Cambridge: MIT press, 2004: 3-16.

Penke M, Weyerts H, Gross M, et al. How the brain processes complex words: an event-related potential study of German verb inflections[J]. Cognitive Brain Research, 1997, 6(1): 37-52.

Penolazzi B, de Vincenzi M, Angrilli A, et al. Processing of temporary syntactic ambiguity in Italian "who"-questions: A study with event-related potentials[J]. Neuroscience Letters, 2005, 377(2): 91-96.

Philipp M, Bornkessel-Schlesewsky I, Bisang W, et al. The role of animacy in the real time comprehension of Mandarin Chinese: Evidence from auditory event-related brain potentials[J]. Brain and Language, 2008, 105(2): 112-133.

Pickering M J, Garrod S. Toward a mechanistic psychology of dialogue[J]. Behavioral and Brain Sciences, 2004, 27(2): 169-190.

Poeppel D, Emmorey K, Hickok G, et al. Towards a new neurobiology of language[J]. Journal of Neuroscience, 2012, 32(41): 14125-14131.

Polinsky M, Gallo C G, Graff P, et al. Subject preference and ergativity [J]. Lingua, 2012, 122(3): 267-277.

Primus B. Cases and Thematic Roles[M]. Tübingen: Niemeyer, 1999.

Qiao X, Shen L, Forster K. Relative clause processing in mandarin: Evidence from the maze task[J]. Language and Cognitive Processes, 2012, 27(4): 611-630.

Rayner K, Carlson M, Frazier L. The interaction of syntax and semantics during sentence processing: Eye movements in the analysis of semantically biased sentences [J]. Journal of Verbal Learning and Verbal Behavior, 1983, 22(3): 358-374.

Reali F, Christiansen M H. Processing of relative clauses is made easier by frequency of occurrence[J]. Journal of Memory and Language, 2007, 57(1): 1-23.

Reif P S, Strzelczyk A, Rosenow F. The history of invasive EEG evaluation in epilepsy patients[J]. Seizure, 2016, 41: 191-195.

Roehm D, Bornkessel-Schlesewsky I, Rösler F, et al. To predict or not to predict: Influences of task and strategy on the processing of semantic relations [J]. Journal of Cognitive Neuroscience, 2007, 19 (8): 1259-1274.

Roehm D, Schlesewsky M, Bornkessel I, et al. Fractionating language comprehension via frequency characteristics of the human EEG [J]. Neuroreport, 2004, 15(3): 409-412.

Roland D, Dick F, Elman J L. Frequency of basic English grammatical structures: A corpus analysis[J]. Journal of Memory and Language, 2007, 57(3): 348-379.

Rösler F. From single-channel recordings to brain-mapping devices: The impact of electroencephalography on experimental psychology [J]. History of Psychology, 2005, 8(1): 95-117.

Rösler F, Pechmann T, Streb J, et al. Parsing of sentences in a language with varying word order: Word-by-word variations of processing demands are revealed by event-related brain potentials[J]. Journal of Memory and Language, 1998, 38(2): 150-176.

Rugg M D, Coles M G H. Event-related brain potentials: An introduction [M]//Rugg M D, Coles M G H. Electrophysiology of Mind: Event-related Brain Potentials and Cognition. New York: Oxford University Press, 1996: 1-26.

Sassenhagen J, Schlesewsky M, Bornkessel-Schlesewsky I. The P600-as-P3 hypothesis revisited: Single-trial analyses reveal that the late EEG positivity following linguistically deviant material is reaction time aligned[J]. Brain and Language, 2014, 137: 29-39.

Scheepers C, Hemforth B, Konieczny L. Linking syntactic functions with thematic roles: Psych-verbs and the resolution of subject-object ambiguity [M]//Hemforth B, Konieczny L. German Sentence Processing. The Netherlands: Kluwer, 2000: 95-135.

Schlesewsky M. Kasusphänomene in der Sprachverarbeitung. Eine Studie zur Verarbeitung von kasusmarkierten und Relativsatzkonstruktionen im Deutschen[D]. Potsdam: University of Potsdam, 1996.

Schlesewsky M, Bornkessel I. On incremental interpretation: Degrees of meaning accessed during sentence comprehension[J]. Lingua, 2004, 114(9/10): 1213-1234.

Schlesewsky M, Bornkessel I. Context-sensitive neural responses to conflict resolution: Electrophysiological evidence from subject-object ambiguities in language comprehension [J]. Brain Research, 2006, 1098(1): 139-152.

Schlesewsky M，Bornkessel-Schlesewsky I. When semantic P600s turn into N400s：On cross-linguistic differences in online verb-argument linking [M]//Alter K，Horne M，Lindgren M，et，al. Brain Talk：Discourse with and in the brain. Papers from the first Birgit Rausing Language Program Conference in Linguistics. Lund：Birgit Rausing Language Program，2009：75-97.

Schlesewsky M，Bornkessel I，Frisch S. The neurophysiological basis of word order variations in German[J]. Brain and Language，2003，86 (1)：116-128.

Schlesewsky M，Fanselow G，Kliegl R，et，al. The subject preference in the processing of locally ambiguous wh-questions in German[M]// Hemforth B，Konieczny L. German Sentence Processing. The Netherlands：Kluwer，2000：65-93.

Schmitt B M，Lamers M，Münte T F. Electrophysiological estimates of biological and syntactic gender violation during pronoun processing[J]. Cognitive Brain Research，2002，14(3)：333-346.

Schriefers H，Friederici A D，Kühn K. The processing of locally ambiguous relative clauses in German[J]. Journal of Memory and Language，1995，34(4)：499-520.

Schwartz B D，Vikner S. The verb always leaves IP in V2 clauses[M]// Belletti A，Rizzi L. Parameters and Functional Heads. New York：Oxford University Press，1996：11-62.

Scott G. The Fore language of Papua New Guinea[M]. Canberra：The Australian National University，1978.

Silverstein M. Hierarchy of features and ergativity[M]// Dixon R M W. Grammatical Categories in Australian Languages. Linguistic Series 22

（Australian Institute of Aboriginal Studies）. Canberra：Australian National University，1976：112-171.

Sinnemäki K. Word order in zero-marking languages [J]. Studies in Language，2010，34(4)：869-912.

Sinnemäki K. A typological perspective on differential object marking[J]. Linguistics，2014，52(2)：281-313.

Small S L. The neuroscience of language[J]. Brain and Language，2008，106(1)：1-3.

Stabler E P. The finite connectivity of linguistic structures[M]//Clifton C Jr，Frazier L. ，Rayner K. Perspectives on Sentence Processing. Mahwah：Erlbaum，1994：303-336.

Steele S. Word order variation：A typological study[M]//Creenberg J H，Ferguson C A，Moravcsik A. Universal of Human Language. Redwood City：Stanford University Press，1978：585-624.

Steinhauer K，Drury J E. On the early left-anterior negativity (E)LAN in syntax studies[J]. Brain and Language，2012，120(2)：135-162.

Steinhauer K，Mecklinger A，Friederici A D，et al. Wahrscheinlichkeit und strategie：Eine EKP-Studie zur verarbeitung syntaktischer anomalien [J]. Zeitschrift für experimentelle Psychologie，1997，44(2)：305-331.

Sturt P，Crocker M W. Monotonic syntactic processing：A cross-linguistic study of attachment and reanalysis [J]. Language and Cognitive Processes，1996，11(5)：449-494.

Su I R. Transfer of sentence processing strategies：A comparison of L2 learners of Chinese and English[J]. Applied Psycholinguistics，2001，22(1)：83-112.

Tao H Y. Units in Mandarin Conversation：Prosodic，Discourse，and

Grammar[M]. Amsterdam：Benjamins，1996.

Tokowicz N，MacWhinney B. Implicit and explicit measures of sensitivity to violations in second language grammar：An event-related potential investigation[J]. Studies in Second Language Acquisition，2005，27 (2)：173-204.

Tolentino L C，Tokowicz N. Across languages，space，and time：A review of the role of cross-language similarity in L2 （morpho） syntactic processing as revealed by fMRI and ERP methods[J]. Studies in Second Language Acquisition，2011，33(1)：91-125.

Traxler M J，Morris R K，Seely R E. Processing subject and object relative clauses：Evidence from eye movements[J]. Journal of Memory and Language，2002，47(1)：69-90.

Traxler M J，Pickering M J，Clifton Jr C. Adjunct attachment is not a form of lexical ambiguity resolution[J]. Journal of Memory and Language，1998，39(4)：558-592.

Traxler M J，Williams R S，Blozis S A，et al. Working memory，animacy，and verb class in the processing of relative clauses[J]. Journal of Memory and Language，2005，53(2)：204-224.

Trueswell J C，Tanenhaus M K，Garnsey S M. Semantic influences on parsing：Use of thematic role information in syntactic ambiguity resolution[J]. Journal of Memory and Language，1994，33 (3)：285-318.

Ueno M，Garnsey S M. An ERP study of the processing of subject and object relative clauses in Japanese [J]. Language and Cognitive Processes，2008，23(5)：646-688.

Ullman M T. A neurocognitive perspective on language：The declarative/

procedural model[J]. Nature Reviews Neuroscience, 2001, 2(10): 717-726.

Ura H. Checking Theory and Grammatical Functions in Universal Grammar [M]. Oxford: Oxford University Press, 2000.

van de Meerendonk N, Kolk H H J, Vissers C T W M, et al. Monitoring in language perception: Mild and strong conflicts elicit different ERP patterns[J]. Journal of Cognitive Neuroscience, 2010, 22(1): 67-82.

van den Brink D, Hagoort P. The influence of semantic and syntactic context constraints on lexical selection and integration in spoken-word comprehension as revealed by ERPs [J]. Journal of Cognitive Neuroscience, 2004, 16(6): 1068-1084.

van Dyke J A, McElree B. Retrieval interference in sentence comprehension [J]. Journal of Memory and Language, 2006, 55(2): 157-166.

van Gompel R P G, Pickering M J, Pearson J, et al. Evidence against competition during syntactic ambiguity resolution [J]. Journal of Memory and Language, 2005, 52(2): 284-307.

van Gompel R P G, Pickering M J, Traxler M J. Reanalysis in sentence processing: Evidence against current constraint-based and two-stage models[J]. Journal of Memory and Language, 2001, 45(2): 225-258.

van Herten M, Kolk H H J, Chwilla D J. An ERP study of P600 effects elicited by semantic anomalies[J]. Cognitive Brain Research, 2005, 22 (2): 241-255.

van Valin Jr R D, LaPolla R J. Syntax: Structure, Meaning and Function [M]. Cambrige: Cambridge University Press, 1997.

van Valin Jr R D. Exploring the Syntax-semantics Interface [M]. Cambridge: Cambridge University Press, 2005.

van Patten B, Smith M. Aptitude as grammatical sensitivity and the initial stages of learning Japanese as a L2: Parametric variation and case marking [J]. Studies in Second Language Acquisition, 2015, 37(1): 135-165.

van Patten B, Smith M. Word-order typology and the acquisition of case marking: A self-paced reading study in Latin as a second language[J]. Second Language Research, 2019, 35(3): 397-420.

van Rullen R. Four common conceptual fallacies in mapping the time course of recognition[J]. Frontiers in Psychology, 2011, 2: 365.

Vasishth S, Chen Z, Li Q, et al. Processing Chinese relative clauses: Evidence for the subject-relative advantage[J]. PloS One, 2013, 8 (10): e77006.

Vissers C T W M, Chwilla D J, Kolk H H J. Monitoring in language perception: The effect of misspellings of words in highly constrained sentences[J]. Brain Research, 2006, 1106(1): 150-163.

Wang L M, Schlesewsky M, Bickel B, et al. Exploring the nature of the 'subject'-preference: Evidence from the online comprehension of simple sentences in Mandarin Chinese[J]. Language and Cognitive Processes, 2009, 24: 1180-1226.

Wang L M, Schumacher P B. New is not always costly: Evidence from online processing of topic and contrast in Japanese[J]. Frontiers in Psychology, 2013, 4: 363.

Weber-Fox C M, Neville H J. Maturational constraints on functional specializations for language processing: ERP and behavioral evidence in bilingual speakers[J]. Journal of Cognitive Neuroscience, 1996, 8(3): 231-256.

Weckerly J, Kutas M. An electrophysiological analysis of animacy effects in the processing of object relative sentences [J]. Psychophysiology, 1999, 36(5): 559-570.

Weyerts H, Penke M, Dohrn U, et al. Brain potentials indicate differences between regular and irregular German plurals [J]. Neuro Report, 1997, 8(4): 957-962.

Wolff S. The interplayof free word order and pro-drop in incremental sentence processing: Neurophysiological evidence from Japanese[D]. Leipzig: University ofLeipzig (published in the MPI Series in Cognitive Neuroscience), 2009.

Wolff S, Schlesewsky M, Hirotani M, et al. The neural mechanisms of word order processing revisited: Electrophysiological evidence from Japanese[J]. Brain and Language, 2008, 107(2): 133-157.

Wu F Y, Kaiser E, Andersen E. Animacy effects in Chinese relative clause processing[J]. Language and Cognitive Processes, 2012, 27 (10): 1489-1524.

Yu S B. Nominative-accusative asymmetry in the processing of case drop sentences in Japanese and Korean [D]. Nagoya: University of Naoya, 2020.

Zhang Y, Li P, Piao Q, et al. Syntax does not necessarily precede semantics in sentence processing: ERP evidence from Chinese [J]. Brain and Language, 2013, 126(1): 8-19.

Zhang Y, Yu J, Boland J E. Semantics does not need a processing license from syntax in reading Chinese [J]. Journal of Experimental Psychology: Learning, Memory, and Cognition, 2010, 36 (3): 765-781.

蔡振光，董燕萍. 竞争模型中的语义线索：纯生命性[J]. 外国语，2007(2)：
　　45-52.

常欣，王沛. 晚期汉—英二语者英语被动句句法加工的 ERP 研究[J]. 心理
　　学报，2013，45(7)：773.

常欣，朱黄华，王沛. 跨语言句法结构相似性对二语句法加工的影响[J]. 外
　　语教学与研究：外国语文双月刊，2014，46(4)：560-571.

耿立波. 汉语母语者英语形态加工，形式加工的分离[J]. 语言科学，2012，11
　　(6)：572-585.

耿立波，杨丽，杨亦鸣. 基于微型人工语法范式的语言学习实证研究综述[J].
　　中国科学：信息科学，2018，48(11)：1487-1496.

何文广，陈宝国. 认知神经科学及多学科视域中的宾主关系从句[J]. 南京师
　　大学报：社会科学版，2011(3)：132-139.

胡建华，潘海华，李宝伦. 宁波话与普通话中话题和次话题的句法位置[M]//
　　徐烈炯，刘丹青，话题与焦点新论. 上海：上海教育出版社，2003：
　　164-175.

贾广珍，刘友谊，舒华，等. 生命性信息在语言加工中的作用[J]. 心理科学进
　　展，2013，21(8)：1371-1381.

刘丹青. 语义优先还是语用优先——汉语语法学体系建设断想[J]. 语文研
　　究，1995，2：10-15.

刘涛，杨亦鸣. 主语关系从句加工优势的普遍性[J]. 语言科学，2011，10(1)：
　　1-20.

屈承熹. Please，let topic and focus co-exist peacefully！[M]//徐烈炯，刘丹
　　青. 话题与焦点新论. 上海：上海教育出版社，2003：260-280.

沈家煊. 汉语有没有"主谓结构"[J]. 现代外语，2017，40(1)：1-13.

田银，徐鹏. 脑电与认知神经科学[M]. 北京：科学出版社，2020.

王路明. 优势语序还是优势解读？利用 ERP 考察汉语双论元歧义句的解歧

过程[J]. 心理学报,2015,47(7):869.

王路明. 主语优先等同于施事者优先或话题优先吗? 来自汉语简单句加工的脑电实验发现[J]. 外国语,2017,40(3):43-51.

王路明,贾磊,彭国珍. 施受非对称性和汉语迁移效应——人工语言学习的 ERP 实验发现[J]. 语言科学,2019,18(4):372-383.

王路明,徐田燃.母语形态重要吗? 汉语者和德语者学习人工语言格标记规则的行为和 ERP 研究[J].外语教学与研究,2022,54(2):252-264.

王瑞乐,李妮,陈宝国. 句子加工中的语义 P600 效应[J]. 心理科学进展,2010,18(4):545-552.

吴芙芸. 句子加工研究[M]. 北京:外语教学与研究出版社,2022.

张伯江. 从施受关系到句式句义[M]. 上海:学林出版社,2016.

张辉,余芳,卞京. 跨语言句法相似性对二语句法加工的影响——来自中国英语学习者的 ERP 证据[J]. 外语教学与研究,2017,49(6):803-817.

周长银. "单线加工"还是"多线加工"? ——语义 P600 研究的争议与最新进展[J].外国语,2017,40(6):98-107.

柴谷方良. 日本語の分析[M]. 東京:大修館書店,1978.

金谷武洋. 日本語に主語はいらない[M]. 東京:講談社,2002.

三上章. 続・現代語法序説——主語廃止論[M]. 東京:くろしお,1959.

尾上圭介. 主語と述語をめぐる文法[M]. 東京:朝倉書店,2004.

附　录

例句英文注释缩写表

1. SG,2. SG	first，second person singular	第一、第二人称单数
ACC	accusative	宾格
ASP	aspect	完成体
AUX	auxiliary	助动词
CL	classifier	量词
COM	comment	述评
DAT	dative	与格
FEM	feminine	阴性
IC	infinitival clause	不定式从句
LOC	location	处所格
MAS	masculine	阳性
NEU	neuter	中性
NOM	nominative	主格
PL	plural	复数
PST	past	过去时
PSTP	past participle	过去分词
RC	relative clause	关系从句
TOP	topic	话题
S	sentence	句子
VP	verb phrase	动词短语

语言一览表

汉语	Hindi 语
英语	Manipuri 语
德语	Fore 语
荷兰语	Sinhalese 语
日语	Yiddish 语
韩语	Bayungo 语
意大利语	Basque 语
土耳其语	Avar 语
西班牙语	Ch'ol 语
冰岛语	Q'anjob'al 语
法语	
拉丁语	

汉英术语对译表

第一章	
递增原则	Incrementality
神经类型学	Neurotypolgy
竞争模型	Competition Model，CM
线索强度	cue strength
施受非对称性	Actor-Undergoer Asymmetry
主语优势	subject-preference
相似性干扰	similarity-based interference
宾语倒置句	scrambling sentence
主宾语歧义	subject-object ambiguity
简单性	Simplicity
最小附加定律	Minimal Attachment Principle

续表

第一章	
最小结构构建	Minimal Structure Building
填充词-空位依存关系	Filler-Gap Dependency
空位作为第二手段策略	Gap-as-Second-Resort Strategy
主动填充词策略	Active Filler Strategy
句法预测局域理论	Syntactic Prediction Locality Theory，SPLT
依存局域理论	Dependency Locality Theory，DLT
最小链环定律	Minimal Chain Principle
句法驱动再分析理论	syntax-driven reanalysis
制约满足理论	constraint-satisfaction account
一般认知系统	domain-general system
违反范式	violation paradigm
格标记脱落	case drop/case ellipsis
主宾非对称性	Subject-Object Asymmetry
宾语差异化标记	Differential Object Marking，DOM
显著性等级	prominence hierarchy
模块化模型	modular model
交互模型	interactive model
限定动词	finite verb
区别性原则	distinctness
名词等级	nominal hierarchy
第二章	
句法优先模型	syntax-first model
词汇-语义关联度	lexical-semantic relateness
可预测性	expectedness
扩展的论元依存模型	the extended Argument Dependency Model，eADM
语义 P600	semantic P600
题元颠倒句	semantic reversal anomalies

第二章	
一致性	agreement
语序冻结	word order freezing
论元角色识别	role identification
论元角色典型性	role prototypicality
第三章	
角色指称语法	Role and Reference Grammar，RRG
最小化定律	the Minimality Principle
一切尽简定律	the Minimal Everything Principle
平均依存距离	Mean Dependency Distance，MDD
合理性加工	plausibility processing
动词后置句/语言	verb-final sentence/language
与格	dative
交替动词	alternating verb
第四章	
主语脱落	subject-drop
双主格违反	double case violation
话题-述评	topic-comment
代词脱落	pro-drop
双话题结构	double topicalisation
回指照应	anaphoric reference
词类识别点	word category recognition point
主语突出型语言	subject-prominent language
话题突出型语言	topic-prominent language
非主谓一致性/话语语境下代词脱落型语言	agreement-less/discourse pro-drop language
主谓一致性代词脱落型语言	agreement pro-drop language

续表

第五章	
跨语言相似性	cross-linguistic similarity
母语迁移	L1 transfer
成人大脑可塑性	brain plasticity
可训练性	trainability
关键期假说	Critical Period Hypothesis
少即是多假说	Less-Is-More Hypothesis
无语义型训练	semantic-free training
人工语言	artificial language
线索有无	cue availability
论元配列	argument alignment
倒置负波	scrambling negativity
时频分析	time-frequency analysis
第六章	
句法复杂性	syntactic complexity
可及性层级	Accessibility Hierarchy
关系从句	relative clause
神经生物学	neurobiology
标记性	markedness
作通型配列/作格语言	ergative-absolute alignment/ergative language
主宾型配列/宾格语言	nominative-accusative alignment/accusative language
中心词标记语言	head marking language
依存标记语言	dependent marking language